Günter Huth

TATORT Revier

Günter
Huth

TATORT Revier

NEUMANN - NEUDAMM

Bildnachweis:
Die Titel-Abbildung wurde mit freundlicher Genehmigung des Sponholtz-Verlages, Hameln, dem Werk von U. Dunkel, „Wilderer in der Schlinge“ entnommen.

Die Kapitel 2, 4, 5 und 7 - 11 sind bereits in der „Pirsch“ erschienen. Der Nachdruck erfolgt mit freundlicher Genehmigung der Redaktion „Die Pirsch“.

Die Deutsche Bibliothek – CIP-Einheitsaufnahme
Huth, Günter:
Tatort Revier / Günter Huth. – Morschen/Heina : Neumann-Neudamm, 1992
ISBN 3-7888-0652-4

3509 Morschen/Heina
Printed in Germany
Titelgestaltung: Philipp Schneider unter Verwendung einer Zeichnung von Hans Arlart
Satz und Druck: Silber Druck, 3501 Niestetal-Heiligenrode
Buchbinderische Verarbeitung: Willy Keller, 6402 Kleinlüder

Schrift: 10/12 Garamond
Papier: Textteil 90 g Werkdruck
Umschlag: Pappband, Polylein-Kaschierung
Druck: Offsetdruck, MAN-Roland
Verarbeitung: Fadenheftung, begazt, Deckenband

Inhaltsverzeichnis

Zu diesem Buch

Vergessen worden ist es nicht, das Vorwort. Vorwörter fallen oft fade, ja sogar den Leser abschreckend aus. Die Jagdkriminalgeschichten Günter Huths sind so fesselnd, daß es keiner langwierigen Einstimmung bedarf. Überzeugen Sie sich selbst!

Morschen, im August 1992

Verlag J. Neumann-Neudamm

Die Wildererbande

Man schrieb das Jahr 1923. Das Revier des schlesischen Freiherrn Gunther von Hohenstein, an der bömisch-schlesischen Grenze gelegen, war ein besonders wildreiches Jagdgebiet, mit einem beeindruckenden Wildbestand, insbesondere Rotwild. Letzteres war der ganze Stolz des Jagdherrn. Forstmeister August Starke betreute mit fünf Förstern und drei Jagdaufsehern dieses Revier.
Diese Männer hatte zur Zeit große Sorgen. Suchte doch seit einiger Zeit eine Wildererbande das Revier heim. Der Verlust einiger kapitaler Hirsche und zahlreicher Stücke Rehwild ging schon auf das Konto dieser Bande. Kein Wunder, daß der Jagdherr seinem Jägermeister und den Jägern die Hölle heiß machte, diese Wildfrevler zu fassen. Ein sehr schwieriges und gefährliches Unterfangen, denn die Wälder waren in dieser Gegend groß, dicht und verschwiegen. Der Bevölkerung ging es nicht gut, allenthalben litt man Hunger. Da war ein geschlingter Hase oder ein in Netzen gefangenes Kaninchen oftmals die einzige Abwechslung zu Kartoffeln und Salz oder Hirsebrei.
Deshalb wurden die Wilderer, die sich überall im Land bemerkbar machten, von den Landleuten gedeckt. Fiel doch öfters mal der eine oder andere Braten für die Häusler ab, wenn sie den Mund hielten. Und das war auch der Grund, warum die Ermittlungen der Forstbediensteten im Revier Hohenstein bisher ergebnislos geblieben waren.
Der junge Forstanwärter Wilhelm Androwski saß in der Abenddämmerung auf der Wiesenkanzel, die, geschickt verblendet, in eine Buche hingebaut worden war. Hier hatte er gute Sicht über den Wiesengrund, der sich – eingerahmt von der hohen, grünen Mauer des Hochwaldes – in sanften Wellen vor ihm erstreckte.
Der Forstmeister hatte ihn hier angesetzt, weil er den alten, zurückgesetzten Sechsender bestätigen sollte. Einen Abschußhirsch, den der Jagdherr in den nächsten Tagen erlegen wollte.

Androwski war rechtschaffen müde. Seit einigen Tagen pflegte er engeren Kontakt mit der Tochter des Adlerwirtes. Dem Besitzer der einzigen Wirtschaft von Hohensteinfeld, dem Dorf, das dem Forsthaus am nächsten lag.
Da ihn sein Dienst sehr in Anspruch nahm, wurde es immer sehr spät, bis er mit dem Fahrrad vom Forsthaus nach Hohensteinfeld und, nach geleistetem Minnedienst, wieder zurückgeradelt war. Wen wundert es also, daß dem jungen Burschen die Augen zufielen?
Als ihn der Schuß aus seinem Schlaf riß, war es bereits finster. Es dauerte einen Moment, bis sich Androwski soweit zurechtgefunden hatte, daß er wußte, wo er war. Schlagartig richtete er sich auf! Hatte er nur geträumt oder war da wirklich ein Schuß gefallen? Seine Hand tastete nach der einschüssigen Hahnbüchse, die er gegen die Innenwand der Kanzelverkleidung gelehnt hatte.
Er wischte sich die Augen. War dort auf der Wiese nicht eine Bewegung? Der Vollmond war aufgegangen und tauchte den Grund vor der Kanzel in ein silbriges Licht. Androwski nahm das Jagdglas an die Augen und suchte die Freifläche ab.
Das Glas war nicht sonderlich nachtstark, aber, begünstigt durch das Mondlicht, konnte er schemenhaft eine Gestalt erkennen.
Natürlich fielen ihm jetzt die Berichte über die Wildererbande ein, die er in den letzten Wochen nur allzuoft gehört hatte. Ihm war sofort klar, daß es dort vor ihm, auf der Wiese, nicht mit rechten Dingen zuging.
Der Jagdherr war heute nicht im Revier und auch der Forstmeister und das andere Jagdpersonal befand sich nicht in diesem Revierteil. Sonst hatte hier niemand etwas zu suchen.
Was sollte er tun? Er war noch niemals in einer solchen Lage gewesen. Wieder spähte er durch das Glas, während ihm kalte Schweißtropfen auf die Stirne traten.
Ihm fiel ein, was der Jagdherr ihm bei seiner Einstellung vor wenigen Wochen eingeschärft hatte: die Wildererbekämpfung hat höchste Priorität!
Dort im Gras lag ein dunkler Klumpen, an dem sich jetzt die Gestalt zu schaffen machte. Für Androwski gab es keine Zweifel, hier war ein Wilderer am Werk. Sollte er es wagen? Offenbar handelte es sich nur um einen einzelnen Wilddieb. Wenn er jetzt kniff und der Jagdherr von seiner Feigheit erfuhr, war seine Laufbahn wahrscheinlich beendet, ehe sie richtig begonnen hatte.

Er steckte das Jagdglas unter seine Joppe, damit es nicht gegen die Kanzelverkleidung stieß, dann schob er vorsichtig die Büchse über den Rücken und tastete sich in Richtung Leiter.
Fast lautlos erreichte er den Waldboden. Da die Kanzel auf einer kleinen Anhöhe stand, konnte er das Geschehen auf der Wiese noch immer im Auge behalten. Die Gestalt war noch da.
Androwski blieb einen Augenblick stehen, damit sich sein Atem wieder beruhigen konnte. Als er etwas ruhiger geworden war, zog er die Büchse von der Schulter. Ihm war klar, daß er sich hier auf ein Vorhaben auf Leben und Tod eingelassen hatte.
Er nahm sich die Zeit, um die Entfernung zu schätzen. Ein kräftiger Steinwurf weit. Höchstens!
Das Gewehr vor der Brust, huschte er in gebückter Haltung über die Wiese bis zu einem niederwüchsigen Busch. Das Herz schlug ihm bis zum Hals, als er in der Deckung auf die Knie niederfiel.
Ungefähr ein Drittel der Strecke hatte er unbemerkt hinter sich gebracht. Noch zehn, fünfzehn Schritte und er konnte den Kerl anrufen.
Der Wilderer hatte sich erhoben und lief um das gefällte Stück herum. Androwski schien es, als würde er beim Gehen hinken.
Fest faßte er die dunkle Gestalt ins Auge, biß die Zähne zusammen und rannte los. Es gab für ihn kein Zurück mehr. Im Laufen spannte er die Waffe.
Kurz bevor er die Position erreicht hatte, von der aus er den Mann stellen wollte, trat er auf einen trockenen Ast. Das Brechen klang wie ein Schuß.
Beide, Jäger und Wilderer, waren für den Augenblick wie versteinert. Dann geschah mehreres gleichzeitig.
Der Finsterling schnellte aus seiner gebückten Haltung hoch und wirbelte herum. Deutlich konnte Androwski die lange Klinge des Messers im Mondlicht aufblitzen sehen, welches er in der Rechten hielt. Die Entfernung zwischen den beiden Männern war so kurz, daß der junge Forstanwärter das Weiße im Auge seines Gegenübers erkennen konnte. Deutlich drang ihm ein ekelerregender, stechender Geruch in die Nase.
Als der Mann einen Schritt zur Seite machte, zuckte der Forstanwärter zusammen. War es eine Reflexbewegung oder gesteuerte Handlung? Er konnte es später nicht mehr sagen. Jedenfalls löste sich aus seiner Büchse der Schuß.

Ehe Androwski eine Wirkung seines Schusses erkennen konnte, spürte er einen fürchterlichen Schlag gegen den Schädel. Von einer Sekunde zur anderen versank er in eine tiefe Ohnmacht.

Als der Niedergeschlagene aufwachte, spürte er ein schreckliches Pochen in seinem Schädel, Stöhnend richtete er sich auf. Es war noch immer Nacht. Er wußte nicht, wie lange er im Gras gelegen war. Vorsichtig fuhr er sich mit seiner Hand über den Kopf. Als er eine Stelle über dem Ohr berührte, zuckte er zusammen. Er fühlte eine klebrige Flüssigkeit an seinen Fingern. Das war sein Blut! Er war verwundet! Er fühlte Panik aufkommen. Mit aller Willenskraft versuchte er, dieses Gefühl zu unterdrücken.

Langsam stand er auf. Sofort wurde ihm schwindelig. Der Schlag war nicht von schlechten Eltern gewesen. Er biß die Zähne zusammen und wartete, bis der Schwindel verging. Wenn nur sein Schädel nicht so dröhnen würde!

Er sah sich um. Von den Wilderern war natürlich nichts mehr zu sehen. Daß es sich um mindestens zwei Täter handeln mußte, war für ihn klar. Der Schlag war von einer Person gekommen, die hinter ihm gestanden haben mußte.

Wo war seine Büchse? Sie mußte doch hier irgendwo im Gras liegen! Er wankte über die Wiese und suchte den Platz ab, so gut es ihm in seinem Zustand möglich war. Er konnte das Gewehr nicht finden.

Androwski war verzweifelt. Erst dieser Reinfall mit den Wilderern und dann hatten sie ihm auch noch die Waffe gestohlen. Wie sollte er dem Forstmeister unter die Augen treten? Langsam, mit schmerzendem Schädel, machte sich der junge Bursche auf den Heimweg.

Der Forstmeister hörte dem stockend vorgetragenen Bericht seines jüngsten Mitarbeiters mit gerunzelter Stirne zu. Man hatte die Verletzung gereinigt und einen Kopfverband angelegt. Es war drei Uhr früh, doch im Forsthaus war alles auf den Beinen. Die Rückkehr des verletzten Androwski hatte alle Männer alarmiert.

Als Androwski endete, sprang der Forstmann erregt auf. „So eine verdammte Schweinerei! Diese Bande schreckt vor keinem Verbrechen mehr zurück!“

Er marschierte im Zimmer auf und ab. Schließlich blieb er vor dem jungen Mann stehen. Seine Stimme klang ruhiger als er erklärte: „Es war reichlich leichtsinnig, sich alleine einer Wildererbande zu nähern. Es gab in der Vergangenheit zahlreiche Fälle, in denen solche Unternehmungen für den Förster mit dem Tode endeten. Du bist mutig, das gefällt mir. Aber du hast noch keine Erfahrungen mit solchen Lumpen. Ich hoffe, das ist dir eine Lehre. – Lege dich jetzt nieder und ruhe dich aus. Wir werden bei Tagesanbruch hinausgehen und den Tatort untersuchen. Vielleicht können wir eine Spur finden. Morgen werde ich dem Jagdherrn Bericht erstatten. Ich möchte, daß du mich begleitest. Wirst du das schaffen?"

Der Forstanwärter nickte.

Wenig später lag Androwski in seinem Bett. Trotz der Schmerzen, die er noch hatte und der Erschöpfung, erfüllte ihn jetzt ein unbeschreibliches Gefühl der Geborgenheit und Erleichterung. Irgendwann schlief er ein.

Am Vormittag des nächsten Tages war er mit dem Forstmeister zum Jagdherrn auf das Gut befohlen. Androwski hatte noch immer starke Kopfschmerzen, aber er versuchte sich zu beherrschen.

Freiherr von Hohenstein empfing seine beiden Forstbediensteten im Jagdzimmer. Er hielt sich nicht lange mit der Begrüßung auf, sondern bat seinen jungen Forstanwärter um eine ausführliche Schilderung der Ereignisse. Mit immer finsterer werdender Miene hörte er sich den Bericht Androwskis an. Als der junge Mann fertig war, betrachtete der Jagdherr die Verletzung.

„Du hast großes Glück gehabt," sagte er ernst. „Diese Verbrecher sind Mörder, allesamt! – Der Verlust der Waffe ist allerdings sehr ärgerlich!"

Er wandte sich dem Forstmeister zu. „Haben sie am Tatort irgendwelche brauchbaren Spuren gefunden?"

Der Forstmeister erwiderte: „Wir waren heute beim ersten Büchsenlicht an der Stelle des Anschusses gewesen, wo nach der Aussage des Forstanwärters der Hirsch gewildert wurde. Wir haben Schweißspuren gefunden, die dafür sprechen, daß dort ein Stück aufgebrochen und zerwirkt wurde. Außerdem haben wir auch einige Sohlenabdrücke von Stiefeln gefunden. Wir haben die Abdrücke sicherheitshalber mit Gips ausgegossen und für einen späteren Vergleich aufgehoben. Ich verspreche mir allerdings nicht viel davon. Es handelt sich um die typischen Nagelstiefel, wie sie hier von der männlichen Bevölkerung getragen werden. – Weitere Hinweise haben wir nicht gefunden."

Freiherr von Hohenberg nickte verstehend. Schließlich wandte er sich an Androwski.

„Können Sie sich an etwas erinnern, was uns weiterhilft?" Androwski schüttelte bedauernd den Kopf. „Nichts genaues. Ich hatte den Eindruck, daß der Wilderer, an den ich mich herangepirscht habe, hinkte. Aber ich bin mir nicht sicher. Es war einfach zu dunkel und zu wenig Zeit. Ich wurde ja dann auch sofort niedergeschlagen. Den Mann, der mich außer Gefecht gesetzt hat, habe ich gar nicht gesehen. Als ich aus der Ohnmacht erwachte, war ich alleine."

Der Freiherr starrte einige Zeit aus dem Fenster hinaus, auf die Kastanienallee, die den Fahrweg zum Gutshaus säumte. Schließlich drehte er sich um und befahl:

„Herr Forstmeister, an allen gefährdeten Punkten des Reviers werden Sie die Männer Patrouille gehen lassen. Richten Sie Doppelstreifen ein, damit nicht noch einmal so eine Sauerei geschieht, wie mit unserem jungen Freund hier. Besonders die bekannten Schmugglerpfade müssen wir überwachen. Die Wildererjagd hat Vorrang vor allen anderen Aufgaben im Revier."

Er legte dem Forstmeister die Hand auf die Schulter und sah ihn ernst an:

„Starke, sagen Sie ihren Männern, daß sie im Ernstfall von der Schußwaffe Gebrauch machen sollen. Die Kerle haben uns den Krieg erklärt, jetzt müssen sie sich auch nach Kriegsrecht behandeln lassen. – Wir müssen dieser verdammten Bande unbedingt Einhalt gebieten!"

Die nächsten Wochen waren für die Forstleute des Freiherrn von Hohenstein sehr anstrengend. Jede Nacht waren sie im Wald unterwegs, lauerten auf Hochsitzen, an Äsungsflächen, paßten an Wechseln und Schmugglerpfaden oder pirschten durch den Bestand. Der Schlafmangel machte ihnen allen zu schaffen. Es war aber wie verhext. Wo immer der Forstschutz auftauchte, war von den Wilderern kein Haar zu sehen. Trotzdem gelang es der Bande von Zeit zu Zeit, ein Stück zu erlegen. Der Forstmeister schäumte vor Wut.

Eines Tages bat Starke den jungen Forstanwärter, am Nachmittag mit dem Einspänner nach Honigestedt zu fahren. Einem Dorf

jenseits der Grenze. Dort gab es einen guten Gerber, bei dem der Forstmeister immer die anfallenden Decken und Bälge präparieren ließ. Androwski war für dieses Aufgabe dankbar. Bedeutete es doch, daß er endlich wieder einmal aus dem Revier herauskam. Im Stillen hoffte er, auf der Rückfahrt einen Abstecher zu seinem Mädchen machen zu können.
Das Dörfchen Honigestedt war ein kleines Nest. Seine Einwohner waren einfache Bauern und Tagelöhner, die mehr schlecht als recht ihr Dasein fristeten. An Handwerksbetrieben gab es in Honigestedt neben der Schmiede nur noch die Gerberei.
Als Androwski in den Hof der Gerberei einbog, schlug ihm schon der typische Aasgeruch entgegen, der untrennbar mit diesem Gewerbe verbunden ist. Der junge Forstanwärter verzog das Gesicht. Er konnte nicht verstehen, wie die Männer, die hier ihr Brot verdienten, diesen Gestank den ganzen Tag aushalten konnten.
Als er den Wallach am Geländer der Werkstatt anband, kam ihm schon Meister Duczizek entgegen. Der Gerbermeister war ein Hüne von einem Mann. Mit seinem langen grauen Bart, den stechenden blauen Augen unter buschigen Augenbrauen und den wirren Haaren sah er aus wie eine Figur aus der Bibel. Seine wuchtige Gestalt war unter einem langen, speckigen Lederschurz verborgen.
„Guten Morgen, Meister!“ grüßte Androwski höflich. „Der Forstmeister schickt mich, um die fertigen Decken und Bälge abzuholen.“
Der Alte erwiderte brummelnd den Gruß, dann nickte er. „Wenn der Herr Förster sich einen Augenblick geduldet. Ich lasse alles auf den Wagen laden.“ Seine Stimme klang dunkel und sonor. Er drehte sich um und rief in die Werkstatt hinein: „Lorenz, geh nach hinten und hole die Lieferung für das Hohenberg'sche Forsthaus!“
„Ja, Meister!“ kam gedämpft die Antwort von drinnen.
Der Gerbermeister trat langsam an den Wallach heran und strich dem Pferd über den Rücken, dabei fragte er:
„Euer Gesicht habe ich noch nicht gesehen. Seid ihr neu im Forstdienst?“
Androwski, der gegen einen kleinen Schwatz nichts einzuwenden hatte, erzählte wahrheitsgetreu, daß er erst seit wenigen Wochen beim Freiherrn diene.
„Seid ihr das etwa gewesen, den die Wilderer so zugesetzt haben?“ fragte der Alte und musterte den Forstanwärter eindringlich.

Androwski bestätigte die Frage. Ehe er weitersprechen konnte, kam ein mittelalter Mann aus der Werkstatt. Auf seinem Rücken trug er ein Bündel gegerbter Felle, das er auf den Ladekasten des Einspänners fallen ließ.
Als er sich aufrichtete, fiel sein Blick auf Androwski. Einen Augenblick hatte der Forstanwärter den Eindruck, als wäre der Mann bei seinem Anblick erschrocken. Die beiden musterten sich einen Augenblick, dann fuhr die Stimme des Meisters dazwischen:
„Lorenz, steh' nicht herum! Der Herr Förster hat es eilig!" Hastig eilte der Mann davon. Androwski bemerkt, daß er ein Bein ein wenig schonte. Nachdenklich verfolgte er mit seinen Blicken den Mann, bis er in der Werkstatt verschwunden war. Seit er überfallen worden war, löste jeder hinkende Mann, dem er begegnete, Alarmglocken in ihm aus.
Ehe er sich über den Gerbergesellen weiter Gedanken machen konnte, wurde er schon wieder von der Stimme des Alten aus seinen Überlegungen gerissen.
„Es wäre an der Zeit, daß man diesem Wilderergesindel das Handwerk legte", erklärte er laut. „Man ist sich ja im Wald seines Lebens nicht mehr sicher!"
Wieder kam ein Mann aus der Werkstatt und schleppte ein Bündel. Diesmal war es nicht Lorenz, das konnte Androwski sofort sehen. Der Mann legte die Felle zu den anderen und ging wortlos in die Werkstatt zurück.
„So, das war es für heute", stellte Duczizek fest und gab Androwski die Hand. „Kommt gut nach Hause ... und meine Empfehlung an den Herrn Forstmeister."
Ehe Wilhelm Androwski dem Gerbermeister ein paar Fragen stellen konnte, die ihm auf der Zunge brannten, hatte ihn der Alte auf den Kutschbock hinaufkomplimentiert und der Wallach zog geduldig dorfauswärts.
Der Forstmann atmete tief durch. Die reine Luft war köstlich. Der Gestank der Gerberei lag ihm jedoch noch immer als ekeliger Geschmack auf der Zunge.
Er kam an einem Wirtshaus vorbei. Es war eine mit wildem Wein fast überwuchertes, niedriges Bauernhaus. Kurz entschlossen hielt er an. Er hatte Hunger und Durst. Vielleicht würde nach einem Glas Schnaps der abstoßende Geschmack aus dem Mund verschwinden.

Der Wirt des „Goldenen Hirschen“ musterte seinen einzigen Gast eingehend, dann stellte er den bestellten Schnaps auf den Tisch und verschwand in der Küche.
Androwski sah aus dem Fenster. Neben dem hinkenden Mann gab es in der Gerberei noch etwas, was ihn an das unrühmliche Zusammentreffen mit der Bande erinnerte. Er zermarterte sich das Gehirn, doch er kam nicht darauf.
Mit einem Male fiel es ihm wie Schuppen von den Augen. Na klar! Der Gestank war es! Der Kleidung des Wilderers, der ihm im Wald gegenübergestanden hatte, war der gleiche unangenehme Geruch entströmt, wie er ihn vorhin in der Gerberei wahrgenommen hatte. Androwski schlug das Herz plötzlich bis zum Halse. Er war überzeugt, daß er hier auf eine heiße Fährte gestoßen war. Zwischen der Gerberei und der Wildererbande mußte eine Verbindung bestehen! Das wäre auch eine Erklärung dafür, warum sich dieser Lorenz so merkwürdig verhalten hatte.
Der junge Forstanwärter sprang von seinem Sitz auf. Er mußte unbedingt ins Forsthaus zurück. Das war die erste heiße Spur die sie hatten.
Er warf eine Münze auf den Wirtshaustisch und eilte hinaus. Der Wallach zeigte sich zuerst etwas unwillig, trabte dann aber zügig an. Als Androwski den Waldrand erreichte, hatte sich sein erster Eifer wieder gelegt und wich kühler Überlegung. Es war ihm klar, daß seine Aussage eine sofortige Aktion des Forstmeisters auslösen würde. Was war, wenn sich sein Verdacht als Luftblase herausstellte? Er gab sich einen Ruck. Er mußte dieses Risiko einfach eingehen!
Da es bereits stark dämmerte, ließ er dem Pferd die Zügel auf den Rücken klatschen. Es warf den Kopf auf und galoppierte an.
Als er wenig später in eine Wegbiegung einbog, riß er plötzlich erschrocken am Zügel. Erschreckt wiehernd stemmte sich der Wallach gegen den nachschiebenden Wagen und kam zum Stillstand.
Vor ihm auf dem Waldweg standen fünf vermummte Männer und versperrten ihm wortlos den Weg. Sie hielten Schußwaffen in den Händen, die sie drohend auf Androwski gerichtet hielten. „Hände hoch und runter vom Wagen!“ knurrte ein auffallend großer Mann, offenbar der Anführer. Alle trugen lange Militärmäntel, die die Konturen ihrer Körper weitgehend verbargen. Ihre Gesichter waren geschwärzt, zusätzlich trugen sie über die untere Hälfte Halstücher. Hüte und Mützen vervollständigten die Kleidung.

Ohne Zögern riß Androwski die Hände in die Höhe und sprang vom Kutschbock. Es wäre Wahnsinn gewesen, gegen diese Übermacht anzugehen.
Mit schußbereiten Waffen kamen die Männer langsam näher und kreisten ihn ein. Androwski sah schon sein letztes Stündlein gekommen, als ihn wider ein fürchterlicher Schlag am Kopf traf. Das letzte, was er noch bewußt wahrnahm, war ein ekeliger Geruch, der seine Schleimhäute traf.

Androwski erschien das Aufwachen aus der Ohnmacht, wie das Auftauchen aus einem zähen Schlamm. Das Blut pochte in seinem Schädel wie die schmerzhaften Schläge einer Pauke. Grelles Licht traf auf seine geschlossenen Lider und bereitete ihm Unbehagen, obwohl seine Augen geschlossen waren. Er fühlte noch andere Schmerzen an seinem Körper, die er sich aber im Augenblick nicht erklären konnte.
Es kostete ihn viel Kraft, die Augenlider hochzuzwingen. Sofort schloß er sie wieder, da die Sonne mit schmerzhafter, greller Lichtstärke die Netzhäute traf. Als er mit der Hand über die tränenden Augen wischen wollte, bemerkte er, daß das nicht möglich war. Ein starker Zug an den Handgelenken hinderte ihn daran.
Er blinzelte so lange, bis er klar sehen konnte. Was er danach entdeckte, trieb ihm das Entsetzen ins Herz.
Die Wilderer hatten die elastischen Wipfel zweier schlanker, etwas mehr als dreimannshoher Birken, die einige Meter auseinanderstanden, herabgebogen. An jedem Baum hatten die Verbrecher mit Stricken ein Handgelenk gefesselt. Durch das Gewicht des Gefangenen wurden die Bäumchen herabgezwungen. Wie zwei gespannte Bogen zogen die Birken die Hände des Gefesselten auseinander. Obwohl Androwski, trotz der Zugkraft der Bäume, stehen konnte, waren die Schmerzen, die die zerrenden Baumwipfel erzeugten, fast unerträglich. Er hing zwischen den Bäumen wie ein Gekreuzigter. Ein lautes Stöhnen erschütterte den gemarterten Körper und die Füße scharrten haltsuchend über den steinigen Boden. Einige Steine lösten sich und Androwski hörte ein lautes Poltern. Unwillkürlich drehte er den Kopf. Der Schreck war so intensiv, daß er fast wieder das Bewußtsein verloren hätte. Hinter ihm gähnte eine tiefe Schlucht, in die die Steine gefallen waren. Die beiden Birken standen so nahe

am Abgrund, daß seine Füße nur einige Handspannen von dem tödlichen Absturz entfernt waren. Verzweifelt bemühte er sich, die drohende Ohnmacht und den Schwindel zu überwinden. Eine falsche Bewegung und er würde über die Kante der Schlucht stürzen. Er konnte sich nicht vorstellen, daß die vergleichsweise schwachen Bäumchen sein volles Gewicht halten konnten. Die Verbrecher hatten eine teuflisch grausame Art gefunden, ihn für die Störung bei ihrem gesetzesbrecherischen Tun zu bestrafen.
Die Erregung hatte seinen Herzschlag beschleunigt. Das Pochen in seinem Schädel wurde fast unerträglich. Es erinnerte ihn an den fürchterlichen Schlag, den er erhalten hatte.
Die Bande hatte ihm einwandfrei aufgelauert. Ein weiterer Beweis, daß die Gerber damit zu tun hatten. Nur sie wußten, daß er auf dem Heimweg war und welchen Weg er nehmen mußte. Wahrscheinlich hatten sie Angst, daß er jemandem erkannt hätte.
Er versuchte sich zu erinnern, um sein Zeitgefühl wiederzubekommen. Als er niedergeschlagen wurde, war es früher Abend gewesen. Nach dem jetzigen Stand der Sonne war der Morgen schon fortgeschritten. Er war also mindestens vierzehn Stunden ohnmächtig gewesen. Hing er genauso lange hier am Rande des Abgrunds?
Er verspürte plötzlichen Durst. Er hatte gestern mittag geräuchertes Bauchfleisch gegessen. Er erinnerte sich, daß das Fleisch stark gesalzen war. Langsam leckte er sich die trockenen Lippen. Was hätte er jetzt für ein Glas Wasser gegeben!
Sein Blick glitt zu den Handfesseln. Es waren Hanfstricke, wie sie die Bauern zum Binden der Kornsäcke verwendeten. Durch den Zug der Bäume schnitten sie tief in seine Handgelenke ein. Er gab seinen Fingern den Befehl an diese Stricke zu greifen. Er mußte versuchen die Fesseln zu lösen. – Aber seine Finger bewegten sich keinen Millimeter. Durch die mangelnde Durchblutung waren sie zu gefühllosen, abgestorbenen Fortsätzen seiner Hand geworden.
Die Anstrengung trieb ihm den Schweiß auf die Stirne. Mit zusammengebissenen Zähnen wollte er eine Reaktion erzwingen. Vergeblich! Keuchend gab er schließlich auf.
Seine Lungen pumpten wie verrückt, um den Körper mit Sauerstoff zu versorgen. Durch die unnatürliche Haltung, in die sein Körper gezwungen wurde, fiel ihm das Atmen schwer.
Um sich das Luftholen etwas zu erleichtern, zog er die beiden Bäume mit der Kraft seiner Muskeln etwas zu sich herunter. Dadurch

konnte er die Ellbogen etwas anwinkeln. Für einen Moment wurde dieser schreckliche Zug von seinen Brustmuskeln genommen und das Gefühl, ersticken zu müssen, wich. Lange konnte er dem verstärkten Zug der gebogenen Birken jedoch nicht standhalten. Mit einem Schmerzensschrei ließ er die Arme wieder in die gestreckte Haltung zurückreißen. Sofort stellte sich wieder das beklemmende Gefühl ein. Erschöpft ließ er den Kopf sinken. Was sollte er tun? Wie lange konnte er diese Marter ertragen? Er durfte auf keinen Fall ohnmächtig werden!
Mit aller Willenskraft bekämpfte er die keimende Panik und zwang sich zu ruhigen Überlegungen.
Er wußte nicht, wo er war. Er hatte erst einen Teil des riesigen Reviers kennengelernt. So konnte er auch nicht einschätzen, wie groß die Chance war, hier gefunden zu werden. Sicher würde man ihn im Forsthaus schon vermissen. Er hatte schließlich einen klaren Auftrag gehabt und hätte schon lange zurück sein müssen. Es war sicher kein Fehler, wenn er sich bemerkbar machte. Er spannte also seine Arme an, schöpfte tief Atem und schrie: „Hiiilfe! Hört mich jemand! Hiiilfee!"
Der Widerhall seines Rufes fing sich in den Wänden der Schlucht und kam mehrfach zurück.
Er merkte gleich, daß das Schreien ihm stark an die Kräfte ging. Keuchend mußte er eine Pause einlegen. Oft würde er nicht rufen können.
Plötzlich spürte er an beiden Beinen ein unangenehmes Brennen. Wegen der Schmerzen in den Handgelenken, hatte er diesem unangenehmen Gefühl bisher keine Beachtung geschenkt. Jetzt wurde dieser Schmerz jedoch so unangenehm, daß er den Kopf senkte, um nachzusehen.
Zuerst konnte er nichts entdecken. Dann bemerkte er eine dünne, schwarze Kette kleiner Kreaturen, die sich auf ihn zubewegten und in den Röhren seiner Hosenbeine verschwanden. Offenbar hatten ihn die Wilderer, gewollt oder ungewollt, auf einer Ameisenstraße festgebunden. Unwillkürlich wollte er die Beine anziehen. Erst im letzten Augenblick wurde ihm bewußt, daß er durch eine so heftige Bewegung aus dem Gleichgewicht kommen würde. Er biß die Zähne zusammen und blieb stehen.
Jetzt spürte er die Ameisen ganz deutlich, die an seinen Beinen emporkrabbelten. Offenbar fühlten sich die Insekten bedroht, denn

der brennende Schmerz auf der Haut kam von den zahllosen Bissen, die ihm die Ameisen beibrachten.
Jetzt, da er genau wußte, woher das Brennen kam, war der Schmerz und der Juckreiz kaum noch zu ertragen. Nur mit äußerster Willensanstrengung konnte sich der gequälte Mann beherrschen.
Die Sonne stieg schnell höher. Hin und wieder raffte er sich auf und rief um Hilfe. Doch die Intervalle zwischen den Rufen wurden immer länger und ihre Lautstärke immer schwächer. Die beiden Bäumchen spendeten keinen Schatten. Ungehindert trafen die Sonnenstrahlen den Gefangenen. Mit der zunehmenden Hitze verstärkte sich auch der Durst des Gefesselten. Die Zunge lag bald wie ein trockener Schwamm in seinem Mund. Was hätte er jetzt für eine Schale Wasser gegeben!
Als die Sonne den Zenit erreicht hatte, war er der Verzweiflung nahe. Er spürte deutlich, wie die Kraft in seinen Beinen langsam nachließ. Immer öfter knickte er in den Knien ein. Er gab sich dann einen Ruck, um einen Absturz zu verhindern. Aber er wußte, daß er das nicht mehr lange durchhalten konnte.
Irgendwann hörte er im Wald ein Knacken. Sofort war er hellwach. Alle seine Sinne schärften sich und lauschten auf das Hilfe versprechende Geräusch. Vielleicht war es ein Kräuterweib oder ein Holzsucher?
Er öffnete den Mund, um zu rufen, doch aus seiner verstrockneten Kehle kam nur ein heißeres Krächzen. Er hätte heulen mögen vor Verzweiflung!
Das Geräusch kam näher. Mit aller Gewalt versuchte er in seinem Mund Speichel zu sammeln, um den vermeintlichen Menschen auf sich aufmerksam machen zu können.
Das Knacken kam plötzlich sehr schnell näher. Der starke Waldhase hoppelte ein Stück auf die freie Fläche hinaus, dann hatte er den gefesselten Mann entdeckt. Ruckartig blieb er stehen und baute einen Kegel. Androwski starrte wie hypnotisiert. Als er verstanden hatte, bäumte er sich auf und ein gurgelnder, unartikulierter Schrei brach aus ihm heraus. Angst, Schmerz, Wut und Verzweiflung suchten sich ein Ventil.
Der Hase warf sich auf den Hinterläufen herum und flüchtete prasselnd durch das Unterholz.
Die Enttäuschung brachte eine Saite in ihm zum Zerreißen. Tränen liefen ihm über die Wangen, ohne daß er sich dessen bewußt wurde.

Vorübergebeugt hing er an den beiden gefühllos gewordenen Armen.
Plötzlich kam der Wunsch, dieser Qual ein Ende zu bereiten. Ein kurzer Sturz in den Abgrund, dann die Erlösung. Der Wunsch nach Befreiung aus seiner Not wurde so beherrschend, daß er sich seinen Tod in immer schöneren Farben ausmalte. Es war Nachmittag, als ihm plötzlich die Sinne schwanden. Seine Knie knickten ein. Zum Glück hing er jedoch so ausballanciert zwischen den beiden Birken, daß ihm zwar der Kopf tiefer auf die Brust sank, die Ohnmacht aber sonst keine Auswirkungen hatte.
Irgendwann später kam er wieder zu sich. Sein Geist war so verwirrt, daß er die Umwelt nicht mehr richtig wahrnahm. Die Schmerzen waren so zum Bestandteil seines Daseins geworden, daß er sie einzeln gar nicht mehr registrierte. Er schwamm in einem Meer von Pein. Sein Verstand schützte sich durch eine immer stärker werdende Agonie.
Als er irgendwann wieder einen klaren Moment hatte, war bereits Dunkelheit eingebrochen. Es dauerte lange, bis er in die Gegenwart zurückfand. Die Kühle der Nacht brachte ihm eine leichte Linderung. Die Ameisen waren in ihren Bau zurückgekehrt und quälten ihn nicht länger.
Er erschrak, als er, nach seinen Empfindungen aus dem Nichts, an seiner Schulter eine Berührung fühlte. Er hob den Kopf und riß die Augen auf. Da Wolken den Mond in dieser Nacht nur hin und wieder seine volle Leuchtkraft entfalten ließen, war die Sicht schlecht. Nur mühsam erkannte er, daß sich vor ihm ein dunkler, menschlicher Schatten bewegte.
Ehe Androwski richtig erfassen konnte, was mit ihm geschah, hörte er eine leise Stimme: „Halte still, ich werde dich losschneiden!"
Im gleichen Augenblick fühlte er mit einem Ruck die unerträgliche Spannung aus seinem rechten Arm weichen. Mit einem zischenden Geräusch sauste der gebeugte Baum in seine ursprüngliche, aufrechte Stellung zurück.
Wie eine von ihren Schnüren geschnittene Marionette stürzte der junge Mann nach vorne und zur Seite, gezogen von der zweiten Birke, der jetzt die ausgleichende Gegenkraft fehlte. Hätte der Retter nicht herzhaft zugegriffen, wäre Androwski unweigerlich über den Absturz gezerrt worden. Im gleichen Moment fühlte sich der junge Forstanwärter auch von der zweiten Fessel befreit.

Mit einem gequälten Laut fiel der dem Unbekannten in die Arme. Er fühlte sich vom Abgrund weggezerrt und ins Gras gelegt. In diesem Augenblick gaben die Wolken den Mond frei, und der Befreite konnte den Mann besser sehen.
Ein großer Schrecken fuhr ihm durch die Glieder, als er das rußgeschwärzte Gesicht seines Retters sehen konnte. Das mußte einer der Wilderer sein! Waren sie zurückgekommen, um zu sehen, ob der Tod ihr grausames Werk vollendet hatte? Ein Schluchzen schüttelte seinen Körper. Warum mußte er solche Qualen ausstehen?
In diesem Augenblick fühlte er den glatten Rand einer Flasche an seinen Lippen und kühles, belebendes Naß netzte sie. „Trink langsam!“ befahl der Unbekannte.
Für Androwski war jeder Schluck Wasser wie ein Bad in einer lebensspendenden Quelle. Die ausgetrockneten Schleimhäute saugten das Wasser auf wie Schwämme. Gierig trank er, bis der Mann die Flasche wieder wegzog.
„Du sollst langsam trinken, habe ich gesagt!“ flüsterte der Mann, dann erhob er sich. „Kannst du aufstehen?“ fragte er. Durch die Lockerung der Fesseln hatte das Blut in Androwski's Armen wieder freie Bahn. Mit dem Blut kam auch das Gefühl und mit dem Gefühl der Schmerz. Wie glühende Lava strömte der Lebenssaft in die Adern zurück. Der Gerettete lehnte sich sitzend gegen einen Baum und rieb sich die brennenden Gelenke.
„Einen Moment noch“, stöhnte er.
Der Unbekannte trat wortlos in den Schatten der Bäume und wartete. Nach einiger Zeit klang der Schmerz ab. Stöhnend kämpfte sich Androwski auf die Beine. Jetzt, da der Aufruhr in seinen Armen nachließ, fühlte er das Brennen in den zerstochenen Beinen um so deutlicher.
Der Fremde kam heran und legte die Arme des Befreiten um seine Schulter. „Ich werde dich in die Nähe des Forsthauses bringen“, erklärte er knapp. „Von dort aus mußt du selber sehen, wie du nach Hause kommt“.
Im Wald konnte Androwski kaum etwas erkennen. Der Mann führte ihn über Stock und Stein. Er schien sich im Revier sehr gut auszukennen. Er zog das linke Bein leicht nach, das schien ihn aber in keiner Weise zu behindern.
Der junge Förster hielt nicht lange durch. Schon nach kurzer Zeit mußte er um eine Pause bitten. Wortlos setzte ihn der Unbekannte

auf einen Baumstumpf nieder. Androwski bat um die Flasche. Als er sich etwas erfrischt hatte, fragte er: „Du bist doch Lorenz, der Gerbergeselle, nicht wahr? Warum hilfst du mir? – Du gehörst doch zu den Wilderern oder nicht“?

Es dauerte einen Moment, ehe der Mann zögernd zugab: „Du hast recht, ich gehöre zu der Bande.“ Es dauerte wieder einen Augenblick, bis er fortfuhr: „Meiner Familie geht es sehr schlecht. Meine Frau ist krank und mein Lohn gering. Die Kinder wollen jeden Tag etwas zu beißen haben. Da habe ich mich der Bande angeschlossen“.

Diesmal war die Pause länger, ehe er herausstieß: „Es ist schon schlimm genug, wenn man die Gesetze brechen muß, weil die Kinder nichts zu essen haben. Solange es nur um das Wild ging, konnte ich es mit meinem Gewissen vereinbaren. – Doch als sie gestern beschlossen haben, dich zu überfallen und zu töten, weil sie Angst hatten, du könntest in der Gerberei etwas bemerkt haben, habe ich nicht länger zusehen können. Ich habe sie überredet, dich nicht gleich zu erschießen, sondern zur Schlucht zu schleppen und dort gefesselt zurückzulassen. Diese Ecke ist die einsamste des Reviers. Dort hätte dich kein Mensch gesucht. Bis sie dich gefunden hätten, wärst du bereits verdurstet gewesen. Ich hatte selbstverständlich vor, dich zu befreien.

Die grausame Idee mit den Birken hatte unser Anführer. Es tut mir schrecklich leid, daß du solche Schmerzen aushalten mußtest. Ich konnte aber leider nicht eher kommen, sonst hätte man etwas gemerkt. – Ich bin kein Mörder, das mußt du mir glauben!“

Er trat zu Androwski und half ihm wieder auf die Beine. Mehr vorwärtsgezerrt, als aus eigener Kraft laufend, schleppte der Mann den Verletzten durch den Wald.

Irgendwann blieb der Wilderer stehen. „Hier werde ich dich verlassen“, erklärte er leise. „Wenn du diesem Waldweg folgst, wirst du in einer halben Stunde am Forsthaus sein.“ Als er sich abwenden wollte, legte ihm Androwski seine Hand auf die Schulter und sagte: „Halt, warte! Du kannst doch nicht einfach so davonlaufen. – Ich möchte dir danken. Immerhin hast du mir das Leben gerettet.“

Der Mann drehte sich um und erklärte leise:

„Nicht alle unter uns sind schlecht. Manchem geht es so wie mir. Aber wenn man erst einmal in diese Bande hineingeraten ist, kommt man nicht wieder weg. Unser Anführer ist ein gnadenloser Mensch, der jeden umbringt, der nicht bei der Stange bleibt.“

Androwski sah ihn ernst an. „Du weißt, daß ich mein Wissen dem Forstmeister erzählen muß. Spätestens morgen früh werden die Förster vor der Gerberei stehen. Dann gibt es kein Zurück mehr. Wäre es nicht besser für dich, gegen die Bande auszusagen? Du bist wirklich kein schlechter Kerl. Wenn du an keinem Mord beteiligt warst, kann ich sicher ein gutes Wort für dich einlegen. Man wird dich dann vielleicht glimpflich davonkommen lassen."
Als er sah, daß der Wilderer mit sich rang, bohrte er nach: „Du mußt doch auch an deine Familie denken. Wenn du im Kerker schmorst, kannst du ihnen nicht mehr helfen."
„Was habe ich für eine Wahl?" sagte er mit Bitterkeit in der Stimme. „Lehne ich das Angebot ab, lande ich im Kerker. Beuge ich mich aber dem Wunsch und die Bande bekommt es heraus, ist mein Leben und das meiner Familie keinen Pfifferling mehr wert."
Er sah dem jungen Forstanwärter in die Augen. „Ich würde lieber heute als morgen die Bande verlassen. Ihr werdet aber verstehen, daß ich für meine Familie sorgen muß. Ich kann euch nur helfen, wenn ich die Garantie bekomme, daß für sie gesorgt wird, egal, was passiert."
Androwski überlegte einen Augenblick, dann erwiderte er: „Ich kann dir das nicht versprechen. Das wirst du sicher verstehen. Aber du solltest jetzt mit mir kommen. Wir können noch heute mit dem Forstmeister sprechen. Er wird sicher beim Freiherrn ein gutes Wort für dich einlegen."
Stumm marschierten die beiden nebeneinander weiter. Es gab nichts mehr zu sagen.
Als Androwski in Begleitung des Wilderers den Hof des Forsthauses betrat, schlugen sofort die Hunde an. Die Meute tobte wie verrückt. Als er gegen die Türe klopfen wollte, wurde sie schon geöffnet. Einer der Forstbeamten stand im Nachthemd, mit dem Kerzenhalter in der einen Hand und seiner Schrotflinte in der anderen, unter dem Türrahmen und starrte Androwski und die rußgeschwärzte Gestalt neben ihn, die ihn stützte, an, als stünde ihm der Leibhaftige gegenüber.
Erst als der junge Forstanwärter mit einem Ächzen in die Eingangshalle wankte, reagierte der Mann.
„Mein Gott, Androwski!" rief er bestürzt und griff nach seinem Arm. Er legte jedoch die Waffe nicht zur Seite. Vielmehr blieb der Lauf auf Lorenz gerichtet.

„Dieser Mann ist zwar ein Wilderer, aber er hat mir das Leben gerettet", stöhnte der Forstanwärter am Ende seiner Kraft. „Er hat sich auf Gnade oder Ungnade in unsere Hände gegeben."
Während der Förster seinen jungen Kollegen in den Aufenthaltsraum schleppte, kam der Forstmeister, notdürftig angekleidet, die Treppe herunter. Das Hundegeläut hatte auch ihn aufgeweckt.
Wenig später war das ganze Forstpersonal versammelt. Mit wenigen Sätzen setzte der Forstmann, der Androwski und seinem Gefangenen die Türe geöffnet hatte, die anderen in Kenntnis.
Der erfahrene Forstmeister befahl, den Wilderer zu fesseln und im Keller einzusperren. Dann kümmerte er sich um Androwski's körperliche Verfassung. Wortlos ging er zu einem Wandschrank und holte eine Flasche Schnaps heraus. Er füllte ein Glas und hielt es dem Forstanwärter hin.
„Trink, mein Junge", meinte er mitfühlend.
Das scharfe Getränk brannte dem Geretteten fürchterlich in der Kehle und löste einen würgenden Hustenanfall aus. Als sich der Hustenreiz gelegt hatte, merkte Androwski allerdings die andere Wirkung des Schnapses. Seine Lebensgeister kehrten langsam zurück.
Während die Männer seine Wunden versorgten, begann er stockend zu berichten.
Als er die Grausamkeiten der Wilderer schilderte, brach unter den Anwesenden ein Sturm der Entrüstung los.
„Es wird höchste Zeit, daß wir dieser Bandes das Handwerk legen!" wütete der Forstmeister. „Das war eindeutig ein Mordversuch an einem Forstbeamten! – Androwski hat nur überlebt, weil einer der Mistkerle Gewissensbisse bekommen hat!" Zustimmendes Gemurmel in der Runde.
Der junge Forstbeamte wollte einen Einwurf machen, aber seine Stimme ging im allgemeinen Durcheinander unter. Schließlich hob der Forstmeister die Hand.
„Männer, wir sollten auf den Zustand unseres jungen Freundes Rücksicht nehmen. Er braucht jetzt unbedingt Schlaf. Morgen sehen wir weiter." Langsam ging die Runde auseinander.

Als Androwski aus einem langen, tiefen Schlaf erwachte, hörte er Stimmengemurmel. Langsam öffnete er die Augen. Wie war er

erstaunt, als er den Jagdherrn neben seinem Bett stehen sah. Der Freiherr schmunzelte leicht und meinte:
„Nun, mein Freund, Ihr gebt uns auch wieder einmal die Ehre!"
Verlegen versuchte sich der Forstanwärter aufzurichten. Doch der Mann legte ihm die Hand auf die Schulter. „Bleibt nur liegen. Erholt Euch, Ihr habt genug durchgemacht."
Verwirrt sank Androwski wieder zurück. „Was ist passiert?" fragte er.
Der Forstmeister, der hinter seinem Dienstherrn gestanden hatte, trat einen Schritt vor.
„Nun, Androwski, du hast zwei Tage ununterbrochen geschlafen. Wir dachten schon, du willst einem Siebenschläfer Konkurrenz machen." Er lachte.
„Zwischenzeitlich hat sich einiges getan", fuhr er fort. „Die Wildererbande haben wir ausgehoben. Die Kerle haben sich heftig gewehrt. Es gab eine schlimme Schießerei. Nur zwei der Burschen sind lebend davongekommen. Der Anführer hat sich selbst gerichtet, als er merkte, daß es keinen Ausweg mehr gab. – Diesen Erfolg haben wir nur dir zu verdanken!" Er blinzelte Androwski freundlich zu.
„... und was ist aus Lorenz geworden?" fragte der junge Forstmann besorgt.
Der Jagdherr und der Forstmeister sahen sich an.
„Da hat er kaum einen Mordanschlag überstanden", kommentierte nachsichtig lächelnd Freiherr von Hohenfeld Androwski's Frage, „da macht er sich schon wieder Sorgen um einen Wilderer."
Wieder ernst geworden, fuhr er fort: „Wegen dieses Kerls bin ich auch hier. – Forstmeister, bringen sie mir den Burschen hierher!"
Der Forstmeister nickte und verließ den Raum.
Als sie alleine waren, erklärte der Freiherr nachdenklich: „Du weißt, daß der Bursche schon lange Zeit in unserem Revier gewildert hat. Eigentlich hätte er eine schwere Strafe verdient. – Aber ich habe ihn befragt und er hat mir versichert, daß er bei keiner Mordtat der Bande beteiligt war. Einer der festgenommenen Wilderer hat mir diese Aussage bestätigt. Ich bin deshalb bereit, nicht zuletzt, weil er dir das Leben gerettet hat, Gnade vor Recht ergehen zu lassen."
In diesem Augenblick ging die Türe auf und der Forstmeister trat in Begleitung Lorenz' ein. Der ehemalige Wilderer hatte jetzt ein sauberes Gesicht und trug normale Kleidung. Mit gesenktem Kopf stand er im Raum.

Langsam drehte sich der Freiherr um und musterte ihn streng. „Du weißt", begann er, „daß ich dich eigentlich dem Gericht überstellen müßte, damit du deine Strafe bekommst." Er legte eine kleine Kunstpause ein. „Dieser Bursche hier im Bett hat sich aber für dich verwandt. Ich denke, daß ein guter Kern in dir steckt und nur schlimme Umstände dich in diese Bande getrieben haben. Deshalb lautet meine Entscheidung wie folgt"! Er hob seine Stimme: „Du wirst deine Familie hierher holen und von heute an als Jagdaufseher in meinen Diensten stehen. Ich denke, daß der Gerechtigkeit mehr gedient ist, wenn du zukünftig die beschützt, die du bisher widerrechtlich gewildert hast!"
Als der Freiherr schwieg, war für einen Augenblick Totenstille im Raum. Auf Lorenz Gesicht wetterleuchtete es. Er konnte die Worte seines neuen Dienstherren kaum erfassen.
Auch Androwski war von der Großzügigkeit des Freiherrn überrascht.
Schließlich unterbrach Freiherr von Hohenstein die Stille und knurrte: „Nun, wenn keiner mehr mit mir reden will, kann ich ja gehen!"
Als er sich zur Türe wandte, löste sich Lorenz aus seiner Erstarrung und fiel vor Freude vor ihm auf die Knie.
Bleibt noch anzumerken, daß aus Lorenz der eifrigste Jagdaufseher wurde, den Freiherr von Hohenstein jemals in seinen Diensten stehen hatte.

Knapp am Tod vorbei

(Kriminalgeschichte, die auf einer wahren Begebenheit beruht)

Das kleine Dorf lag etwas abgeschieden in einer Senke zwischen den Ausläufern des Steigerwaldes.
Es war Sonntagnachmittag. An diesem Tag war es hergebrachter Brauch, daß sich die Männer im Gasthaus „Zur Rose" versammelten, um einen gepflegten Schafskopf zu klopfen. Die Straßen waren also leer. Nur hin und wieder kurvte ein verirrter Sonntagsfahrer durch den Ort, der den Anschluß zur nächsten Bundesstraße suchte.
Niemand im Dorf sah daher den einzelnen Mann, der gegen 17.00 Uhr sein landwirtschaftliches Anwesen am Rande der Ortschaft durch die Hinterpforte verließ.
Gemächlich schlendernd, überwandt er die knapp hundert Schritte, die ihn vom Waldrand trennten.
In seiner verfilzten Joppe, dem abgewetzten „Blaumann" und seiner ins Genick geschobenen Leinenkappe vermittelte er den Eindruck eines Landwirts, der kurz vor der Melkzeit noch einen Schritt ins Holz machen wollte.
Kaum hatte der Mann jedoch die Baumgrenze hinter sich gelassen, fiel seine gespielte Ruhe und Gelassenheit schlagartig von ihm ab. Er nahm die Hände aus den Hosentaschen und stellte sich hinter den dicken Stamm einer Eiche. Seine von dichten, blonden Brauen überdachten Augen beobachteten mißtrauisch und wachsam das Wegstück zwischen seinem Haus und dem Hochwald, auf dem er gerade gegangen war. Fast zehn Minuten blieb er so stehen.
Als nichts geschah, was seinen Argwohn erregt hätte, verließ er seinen Platz hinter dem Stamm und betrat einen kaum sichtbaren Trampelpfad im Farn, der ihn immer tiefer in den Forst führte. Dabei bewegte er sich vorsichtig wie ein Raubtier auf der Jagd. Alle seine Bewegungen verrieten absolute Aufmerksamkeit und innere Anspannung. Unaufhörlich huschte sein Blick von Baumstamm zu Baumstamm, suchte das Unterholz zu durchdringen, das den Pfad

säumte. Gelegentlich blieb er stehen und sicherte mit schräggelegtem Kopf. Seine Sinne erfaßten die Geräusche des Waldes und suchten nach etwas, was nicht hierher gehörte. Ein Laut, der Gefahr bedeuten konnte.

Sein Schritt war fast lautlos. Er trug Schuhe mit weichen Gummisohlen. Noch etwas, was ihn von einem spazierengehenden Bauern unterschied.

So mochte er vielleicht eine dreiviertel Stunde gegangen sein, als er in der Nähe einer verkrüppelten, alten Eiche stehenblieb. Er lehnte sich mit dem Rücken gegen eine Kiefer, vergrub seine Hände in den Hosentaschen und beobachtete seine Umgebung. Langsam wurde das Licht schwächer. Ein Zeichen, daß der Abend nicht mehr fern war. Hier, unter dem dichten Blätterdach des Mischwaldes, machte sich der niedrige Sonnenstand eher bemerkbar als draußen auf dem freien Feld.

Zufrieden nahm dies der Mann zur Kenntnis. Begünstigte es doch sein Bestreben, mit seiner Umgebung zu verschmelzen. Erst als er völlig sicher war, daß er ganz alleine war, näherte er sich der alten Eiche. Er griff mit der rechten Hand in die grobe Rinde und löste ein etwa fünfzig Zentimeter langes und handbreites Stück vom Stamm. Sachte lehnte er den Rindendeckel an die Eiche und schob seine Hand in den Hohlraum, den er freigelegt hatte. Als er sie wieder herauszog, hielt sie einen, in eine dunkelbraune Plastikhülle gewikkelten, länglichen Gegenstand.

Als er die Umhüllung abgezogen hatte, kam eine Repetierbüchse mit aufgesetztem Zielfernrohr zum Vorschein. Nachdem er den Plastiküberzug wieder versteckt hatte, verschloß er mit routinierten Bewegungen das Versteck. Sorgsam musterte er den Baumstamm, ob man auch nichts Verdächtiges erkennen konnte. Zufrieden wandte er sich schließlich der Waffe zu. Fast lautlos ließ sich die Kammer öffnen. Nachdem er sich davon überzeugt hatte, daß die Büchse geladen war, sicherte er sie und hängte sie sich über die Schulter. Er warf einen letzten prüfenden Blick in die Runde, dann schritt er weiter in den abendlichen Wald hinein. Schon nach wenigen Schritten hatte ihn die fortschreitende Dämmerung verschluckt.

Forstoberinspektor Gerhard Rambacher, erst seit kurzer Zeit Leiter der Revierförsterei Schwarzhof, stand fluchend vor einem ab-

geschlagenen Tellereisen, in dem sich ein Fuchs mit den Vorderläufen gefangen hatte. Hexe, seine rauhhaarige Dackelhündin, hatte den Rotrock beim Herumstöbern im Unterholz gefunden. Durch anhaltendes Lautgeben hatte sie ihren Herrn aufmerksam gemacht.
„Brav, mein Hund!“ lobte der junge Forstmann das aufgebrachte Tier. Immer wieder versuchte die scharfe Dackeldame dem verhaßten Fuchs an den Balg zu fahren. Erst als sie Rambacher ein Stück entfernt ablegte, beruhigte sie sich etwas. Ihre Verstimmung über diese unverständliche Handlung ihres Herrn war ihr aber deutlich anzumerken. Befehlsgemäß legte sie ihren Kopf auf die Vorderläufe, strafte ihren Meister aber mit Mißachtung.
Der hatte allerdings im Augenblick andere Sorgen als den Seelenfrieden seiner Hündin.
Mit gerunzelter Stirne betrachtete er den Fund. Mochte der Teufel wissen, wie lange sich der arme Bursche abgequält hatte, bis er verendet war. Was nützte es, wenn solche Fallen gesetzlich verboten waren, aber trotzdem noch hergestellt wurden? Er hob einen herumliegenden Holzprügel auf, zwang damit das Eisen auseinander und schob den Kadaver mit dem Fuß zur Seite. Metallisch klappend schlug das Maul der Falle wieder zusammen.
Rambacher griff in die Jackentasche und holte ein paar Gummi-Einweghandschuhe heraus, die er sich vorsorglich überzog. Vorsicht war geboten, denn auch in seinem Revier herrschte die Tollwut.
Bei der Untersuchung des Fuchses konnte der Forstmann erkennen, welche verheerende Wirkung eine derartige Falle beim Wild anrichtete. Die Eisenklammern hatten die Vorderpranten des Rotrocks bis auf die Knochen durchschlagen.
Dem Beamten entfuhr ein kräftiges Schimpfwort. Oberhalb der Verletzung, die von dem Eisen stammte, war eine weitere Wunde zu sehen. Der Gefangene mußte in seiner Raserei versucht haben, seinen Lauf durchzubeißen, um wieder in die Freiheit zu entkommen.
Rambacher erhob sich. Der Fund dieser Falle bestärkte ihn in seinem Verdacht, daß in seinem Revier ein Wilderer sein Unwesen trieb. Obwohl ihm erst seit wenigen Wochen die Verantwortung für die Revierförsterei übertragen worden war, hatte er schon einige Schlingen gefunden, die seinen Verdacht begründeten. Dabei hatte er immer gedacht, daß die Schlingenstellerei ein Relikt aus vergangenen Jahrhunderten war. Der alte Forstamtsrat, der vor ihm die Stelle inne hatte, war in Pension gegangen. Er war kränklich gewesen und daher

nicht mehr in der Lage, das Revier so zu überwachen, wie es nötig gewesen wäre.
Rambacher war nun in der unschönen Situation, daß er in einem Forstbezirk, den er noch kaum kennenlernen konnte, einen Wilderer stellen sollte, der wahrscheinlich jeden Fußbreit im Revier kannte.
Der Forstbeamte zog wütend an dem Holzpflock, an dem die Falle angekettet war. In diesem Eisen würde sich kein Wild mehr fangen!
Er seufzte. Dieser Waldteil, in der Nähe einer Bundesstraße gelegen, war ein beliebtes Wandergebiet. Eine Überwachung folglich recht schwierig.
Obwohl Rambacher in den nächsten Wochen sein Augenmerk verstärkt auf die Tätigkeit des Wilderers richtete, konnte er keine Hinweise entdecken. Andere Dienstgeschäfte nahmen ihn in Anspruch. Die Wilderergeschichte wurde dadurch verdrängt.

Es war Oktober, als der junge Revierförster zur abgelegenen Waldabteilung „Galgenberg" unterwegs war, um den dort eingesetzten Waldarbeitern Anweisungen zu geben.
Weil er es eilig hatte, war er vom Hauptweg abgebogen und folgte einem Seitenweg, den er bisher noch nie benutzt hatte, der aber, wie er vermutete, eine Abkürzung sein mußte. Der vergraste Waldpfad führte durch ausgedehnte Mischwaldaufforstungen. Diese Dickungen waren bereits weit übermannshoch herangewachsen, die Schutzzäune längst entfernt. Jetzt, im Spätherbst, waren die jungen Bäume ihrer Blätter weitgehend beraubt, so daß man mühelos ein Stück ins Dickicht hineinblicken konnte.
Plötzlich blieb der Förster stehen. Durch Zufall war sein Blick auf einen schmalen Pfad gefallen, der hier durch die Dickung führte. Zuerst dachte er an einen Wildwechsel, doch dann fiel ihm auf, daß es kaum Wildspuren gab. Außerdem lag, im Unterschied zur Umgebung, kaum Laub auf ihm.
Er bückte sich und fuhr über den Boden. Er wies merkwürdige, parallel verlaufende Riefen auf, die nicht auf natürliche Weise entstanden waren. Fast sah es aus, als hätte hier jemand mit einer Harke den Wald gefegt.
Obwohl Rambacher eigentlich keine Zeit hatte, folgte er, einer inneren Stimme gehorchend, dem Pfad.

Er hatte vielleicht hundert Meter zurückgelegt, als er erstaunt stehenblieb. Der Weg hatte ihn direkt vor die Stufen einer Leiter geführt, die zu einem Hochsitz gehörte. Die Stangen, aus dem das Gerüst des Ansitzes bestand, waren noch relativ frisch; vielleicht zwei, drei Monate alt. Er mußte also schon während seiner Amtszeit erbaut worden sein. Der Forstmann wußte genau, daß er keine Anordnungen gegeben hatte, hier eine Kanzel zu bauen.
Rambacher warf sich den Drilling über den Rücken und legte Hexe ab, dann baumte er auf.
Kopfschüttelnd stand er auf der Plattform und sah in die Runde. Der Hochsitz war fachmännisch errichtet und entsprach allen jagdlichen Anforderungen. Man hatte besten Ausblick auf eine kleine Lichtung, die sich inmitten der Dickung auftat. Der Forstbeamte konnte sich gut vorstellen, daß man von hier aus guten Anblick auf Reh- und Schwarzwild haben konnte. Die ganzen Umstände ließen nur den Schluß zu, daß hier der Wilderer tätig gewesen war.
Tief betroffen baumte er junge Forstmann ab. Die Frechheit des Jagdfrevlers war unbeschreiblich. Quasi unter den Augen des Jagdschutzes ging er seinem gesetzwidrigen Tun nach.
Die Betroffenheit wich Verärgerung. Wenn seine Vorgesetzten erfuhren, was in seinem Wald vorging, würde er sich unangenehme Fragen stellen lassen müssen. Er war entschlossen, die Gelegenheit beim Schopf zu fassen, um dem Kerl das Handwerk zu legen.
Noch am gleichen Tag errichtete er in der Dickung, in günstiger Sichtweite zur Kanzel, einen gut gedeckten Ansitzschirm.
Zwei Wochen lang saß er fast jede Nacht in seinem Versteck und lauerte auf den Erbauer des Ansitzes. Doch so sehr er sich auch bemühte, er bekam nicht einen Schatten von dem Kerl zu Gesicht. Irgendwie mußte der Bursche von der Überwachung Wind bekommen haben. Jedenfalls wurde der Pirschpfad zur Kanzel nicht mehr gepflegt, und es gab auch keine Anzeichen dafür, daß die Plattform wieder betreten worden war. Nach vier Wochen vergeblicher Überwachung gab Rambacher auf. Enttäuscht ließ er die Kanzel von seinen Waldarbeitern abreißen.

Im Januar des nächsten Jahres, es hatte reichlich Schnee, ging Rambacher die Fütterungen ab, um zu sehen, ob nachgefüllt werden mußte. Als er sich einem Futterautomaten in der Waldabteilung

„Schafhut" näherte, begann Hexe, seine ständige Revierbegleiterin, wie wild am Riemen zu zerren. Mit aufgerichteten Nackenhaaren knurrte sie in Richtung einer Farnansammlung, die unter der Schneedecke gerade noch zu erkennen war.
Auf den ersten Blick konnte der Forstmann nichts entdecken, was für die Erregung der Hündin verantwortlich war.
Vielleicht waren in der Nacht Sauen an der Fütterung vorbeigezogen? Er konnte zwar ihre Trittsiegel nicht erkennen, aber es hatte in der Nacht eine Neue gegeben. Wahrscheinlich war die Fährte zugedeckt.
Da sich Hexe überhaupt nicht beruhigen lassen wollte, schnallte er sie. Zielstrebig rannte sie auf eine Erhebung im Schnee zu und begann winselnd zu scharren.
Neugierig trat Rambacher näher. Zu seinem Erstaunen verwies die Hündin eine verendete Rehgeis. Der Forstbeamte tippte zuerst auf ein Stück Fallwild, bis er den schweißverschmierten Ausschuß an der Dünung des Rehes entdeckte.
Er stieß einen Fluch aus. Er selbst hatte schon seit Wochen nicht mehr gejagt. Auch keiner der hier zugelassenen Jagdgäste hatte einen Abschuß gemeldet. Es konnte sich nur wieder einmal um eine traurige Hinterlassenschaft des Wilderers handeln. Trotz der Kälte mußte er seine Jacke öffnen. Ihm war heiß geworden.
Mit Hilfe der Hündin hatte er schnell den Anschuß gefunden. Er befand sich nur einen Steinwurf von der Fütterung entfernt. Systematisch begann er nun die Umgebung um den Futterautomaten abzusuchen. Es dauerte nicht lange und er entdeckte eine Stelle an der Schwarzwild gebrochen hatte. Der Schnee war schwarz vom aufgewühlten Erdreich. Was den Forstmann so erregte, war die Tatsache, daß hier offenbar im reichlichen Maße Mais ausgebracht worden war, um die Schwarzkittel anzulocken. Da auch der Mais nicht aus den Beständen der Staatsforstverwaltung stammte, mußte auch er als unverschämte Botschaft des unbekannten Jagdparasiten gewertet werden.
Rambacher bekam vor Wut kaum noch Luft. Die Frechheit des Burschen kannte offenbar keine Grenzen. Er benahm sich in Rambachers Forstbezirk, als hätte er ihn gepachtet.
Der junge Forstamtsleiter schwor sich, den Fehdehandschuh aufzunehmen. Unter allen Umständen wollte er den Burschen hinter Gitter sehen.

Als er sich auf dem Rückweg wieder etwas beruhigt hatte, grübelte er angestrengt nach. Wenn er alle bekannten Fakten der Jagdwilderei betrachtete, kam er zu folgendem Ergebnis: Der Wilderer kannte sich in seinem Revier besser aus als er selbst. Reifenspuren, die auf eine Motorisierung hindeuteten, hatte er in keinem Fall entdeckt. Keinem seiner Mitarbeiter war ein Fremder im Wald aufgefallen, der sich merkwürdig benahm oder an Stellen angetroffen wurde, die ihn verdächtig gemacht hätten. Offenbar war er in irgendeiner Form mit dem Dienstbetrieb der Revierförsterei vertraut, denn er wußte anscheinend genau, wann er sich ungefährdet im Wald bewegen konnte.
Alle diese Überlegungen deuteten auf einen Einheimischen als Täter hin. Nur ein Bewohner eines der waldnahen Dörfer konnte wie ein Geist im Wald auftauchen und spurlos wieder verschwinden.
Rambacher wußte, wie schwer ortsansässige Wilderer zu überführen waren. Sie hatten alle Vorteile auf ihrer Seite. Ermittlungen unter der Bevölkerung waren schwer, denn die Bauern hielten in der Regel gegen Außenstehende zusammen wie Pech und Schwefel.
In den folgenden Wochen nahm Rambacher rege Ermittlungstätigkeiten auf. Wann immer er Gelegenheit hatte, bei Gesprächen mit Landwirten auf dem Feld oder in den Gasthäusern, versuchte er etwas über die Existenz eines Wilderers herauszubekommen. Vergeblich. Auf seine diesbezüglichen Fragen erntete er nur ein Lachen oder teilnahmsloses Schulterzucken.

Der Wilderer fühlte sich auf dem Hochsitz völlig sicher. Aufrecht saß er auf der Bank und leuchtete mit seinem Nachtglas den Waldrand ab. Es hatte schon Vorteile, wenn man jederzeit vom Schwager, Vorarbeiter der Waldarbeiter, Erkundigungen darüber einholen konnte, was der junge Förster gerade so trieb.
Im Augenblick befand sich Rambacher auf einer dreitägigen Fortbildungsveranstaltung. Einen Vertreter gab es für diese kurze Zeit der Abwesenheit nicht. Für diese Zeit gehörte das Revier also ihm.
Leise lächelnd beobachtete er einen Fuchs, der aufmerksam den Wind prüfend, über die Waldlichtung vor der Kanzel schnürte. Lauf nur, Bursche, dachte er belustigt. Wir sind beide Räuber, aber wir machen uns keine Konkurrenz.
Plötzlich war Reineke verschwunden. Stattdessen standen wie hingezaubert vier Rehe auf der Waldbühne. Mit ihrer Winterdecke

waren sie in der fortgeschrittenen Dämmerung, die mittlerweile herrschte, zwischen den Sträuchern am Waldrand kaum auszumachen.
Sorgfältig sprach er die Stücke an. Als er sich entschlossen hatte, brachte er seinen Repetierer in Anschlag. Das Zielfernrohr war stark genug, um den Zielstachel auch bei diesem Licht aufs Blatt zu bringen. Zwar bevorzugte er den Schuß auf den Träger, weil dann die Gefahr, daß das getroffene Stück noch absprang, gering war, doch jetzt, in der Dämmerung, war dieser Schuß zu unsicher. Folglich hielt er aufs Blatt. Ruhig stach er ein, atmete langsam aus, hielt die Luft an, dann brach der Schuß.
Das Mündungsfeuer hatte ihn etwas geblendet. Als er wieder klar sehen konnte, stellte er fest, daß die Lichtung wie leergefegt war. Er sicherte die Büchse und baumte ab.
Wenige Schritte vom Abschuß entfernt konnte er den Wildkörper im Gras liegen sehen. Er kauerte sich bei seiner Beute nieder und betrachtete sie fachmännisch. Ein Griff in den Äser bestätigte ihm, was er schon beim Ansprechen vermutet hatte: Eine alte Geis, die kaum noch Zähne im Kiefer hatte. Er grinste. Der junge Förster konnte ihm dankbar sein, daß er diesen „Hegeabschuß" getätigt hatte.
Er faßte das Stück an allen vier Läufen gleichzeitig und trug es eine Strecke in den Hochwald hinein. Dort brach er es auf. Bei dem schwachen Licht mußte er sich fast völlig auf seinen Tastsinn verlassen. Ohne sich groß Mühe zu geben, scharrte er etwas Erde und altes Laub über den Aufbruch. Das versorgte Stück Reh steckte er in einen mitgebrachten Plastiksack und ließ es in seinem Rucksack verschwinden. Danach machte er sich auf den Weg. Es war Zeit, daß er nach Hause kam und sich um die Fütterung der Milchkühe kümmerte.
Zwei Tage nachdem Rambacher von der Tagung zurückgekehrt war, grub Hexe nahe bei der Lichtung am Graben einen locker verscharrten Rehaufbruch aus.

Jetzt verständigte der Revierförster seinen Vorgesetzten. Mit Hilfe einiger Kollegen aus der Verwaltung der Forstdirektion wurde Rambachers Revier über zwei Wochen regelmäßig überwacht. Das Ergebnis war niederschmetternd.
Es konnte nicht anders sein. Der Kerl mußte einen geheimen Draht zu Mitarbeitern der Försterei haben. Aber so sehr Rambacher auch

seine Waldarbeiter ins Gebet nah, er bekam keinen brauchbaren Hinweis. Sie alle stammten aus den umliegenden Dörfern.

Nach dieser Aktion war fast ein Jahr lang Ruhe im Wald. Zumindest konnte Rambacher keine weiteren Spuren der Wildderertätigkeit finden.

Im Februar des Jahres 1980 war Rambacher wieder in der Nähe der Waldabteilung „Galgenberg“ unterwegs. Als er an einer Fichtenschonung vorbeikam, fiel ihm auf, daß der Schutzzaun an einer Stelle hochgedrückt war.
Der Forstmann hatte seine Freunde, die Schwarzkittel, in Verdacht. Er ging näher, um zu sehen, ob die Sauen in der Dickung Schaden angerichtet hatten.
Rambacher kroch durch die Öffnung und betrachtete sich den Zaun von innen. Als ihn die Nadelzweige unangenehm stachen, wollte er schon wieder umkehren, dann veranlaßte ihn aber ein unbestimmtes Gefühl, ein Stück in die Dickung einzudringen. Seine Miene verfinsterte sich, als er schon nach wenigen Schritten auf einen säuberlich in die Dickung hineingeschnittenen Pirschpfad stieß. Ohne Schwierigkeiten konnte sich der Beamte hier aufrichten.
Dem jungen Forstmann beschlich eine schlimme Ahnung. Dieser Pfad trug eindeutig die Handschrift des Wilderers. Wirklich eine anerkennenswerte Leistung. Von außerhalb der Schonung hatte er nichts gesehen.
Als sich Rambacher von dem Schock etwas erholt hatte, folgte er vorsichtig dem Weg, der fast quer durch die ganze Dickung geschnitten war. Kurz bevor der den Zaun auf der anderen Seite erreichte, stand er unvermutet vor den Pfählen einer massiven Kanzel. Sie war direkt neben dem Zaun errichtet und ganz hervorragend in die Dickung eingepaßt. Auch sie war vom Weg aus nicht zu sehen gewesen.
Kopfschüttelnd erklomm der Revierförster die Leiter. Sofort entdeckte er einen Rucksack, der unter die Sitzbank geschoben war. Im Herzen des Forstbeamten klomm etwas Hoffnung. Vielleicht konnte er jetzt einige Hinweise auf die Identität dieses „Waldgeistes“

bekommen. Er knüpfte den Rucksack auf und griff hinein. Seine Hand stieß in Futtermais. Dazwischen ertastete er eine Plastiktüte. Er zog sie heraus. Er fand in ihr ein blutverschmiertes Jagdmesser, ein starkes Nachtglas, Stricke, eine Drahtzange, Nägel und ein kleines Handbeil. Diese Entdeckung war für Rambacher wie ein Schlag ins Gesicht. Wie sicher mußte sich der Kerl fühlen, daß er im Wald zum wiederholten Male eine quasi jagdliche Einrichtung erbaute und darauf auch noch einen Teil seiner Ausrüstung zurückließ? Fehlte nur noch die Schußwaffe und der Wilderer selbst. Noch niemals hatte sich der Forstbeamte dem Burschen so nahe auf der Spur gefühlt. Er überlegte, ob er die Sachen mitnehmen und einer kriminalpolizeilichen Untersuchung zuführen sollte. Damit verschenkte er aber vielleicht die einzigartige Möglichkeiten des Lumpen endlich habhaft zu werden.
Schließlich traf er eine Entscheidung. Sorgfältig steckte er die Fundstücke wieder in den Rucksack zurück und stellte ihn an die alte Stelle. Er erhob sich und warf einen Blick in die Runde. Die Kanzel war nur nach einer Seite hin offen. Mehr war auch nicht nötig, denn die anderen drei Richtungen zeigten nur zur Dickung. Nach der offenen Seite hatte man einen ausgezeichneten Blick auf eine etwa 800 qm große Lichtung, die ringsum von Dickungen eingesäumt war. Sie hatte die Form eines großen U. Die offene Seite wurde vom Hochwald begrenzt. Eine ideale Äsungsfläche für das Wild.
Rambacher verfluchte innerlich den Streß seines Berufs, der ihn bisher daran gehindert hatte, sein Revier in allen Einzelheiten kennenzulernen. Diese Ecke hatte er jedenfalls noch niemals gesehen.
Als sein Blick so über die Lichtung streifte, blieb er plötzlich an einer niedrigen Holzkonstruktion hängen, die direkt an eine der Dickungen anschloß. Was war das?
Er überzeugte sich noch einmal davon, daß er auf der Kanzel keine Spuren hinterlassen hatte, dann baumte er ab. Nachdem er den Schonungszaun überstiegen hatte, ging er angespannt näher.
Es dauerte einen Augenblick, bis sein Verstand akzeptierte, was ihm die Augen an Bildern lieferten. Das durfte es einfach nicht geben! Mitten im Revier hatte der Kerl einen stabilen Saufang aufgestellt. Diese Schwarzwildfalle war etwa 4 x 2,5 x 1,5 m in den Ausmaßen und nach oben mit einem Maschendraht abgeschlossen. Die Fallentür war fängisch gestellt. Im Inneren lockten ausgestreute Maiskörner.

Betroffen ließ sich der Forstbeamte auf einen Baumstumpf nieder. Ihm war regelrecht schlecht. Von einem derart unverschämten Wilderer hatte er noch nicht gehört. Am liebsten hätte Rambacher seine Kündigung eingereicht. Was sollte er noch tun, um des Burschen habhaft zu werden? Er mußte den Kerl unbedingt erwischen, sonst wurde er zum Gespött seiner Kollegen.
Nach einigen Überlegungen entschloß er sich, auch hier alles so zu belassen, wie er es vorgefunden hatte. Der Wilderer durfte nicht den Eindruck haben, daß er ihm auf die Spur gekommen war.
Im Forsthaus angekommen, hängte er sich sofort ans Telefon. Es war notwendig, sich für die Wildererbekämpfung freistellen zu lassen. Außerdem brauchte er Verstärkung. Er wußte, daß sein Chef über seinen Plan nicht erbaut sein würde. Auch in der Staatsforstverwaltung wurde an allen Ecken und Enden an Personal gespart.
Wie erwartet, reagierte der Leitende Forstdirektor zunächst einmal ablehnend. Rambacher gab sich alle Mühe, ihm den Sachverhalt eindringlich darzustellen. Nach einer längeren Diskussion hatte er es geschafft: Sein Vorgesetzter bewilligte ihm für zwei Monate einen zusätzlichen Mann. Tief aufatmend legte Rambacher den Hörer auf.
In dieser Nacht unternahm er noch nichts. Lange lag er im Bett und konnte nicht einschlafen.

Die versteckte Äsungsfläche lag verlassen und still im bleichen Mondlicht. Zumindest schien es auf dem ersten Blick so. Ließ man jedoch das Auge etwas verweilen, konnte man schemenhaft zwei Wildkörper erkennen. Es waren zwei Stücke Rehwild, eine Geis und ein starkes Kitz, die sich an den hier wachsenden, würzigen Kräutern gütlich taten. Nur selten hob das Muttertier den Kopf um zu sichern. Es fühlte sich hier, in der Abgeschiedenheit der Lichtung, mit ihrem Kitz völlig sicher und geborgen. Es dauerte über eine Stunde, bis die beiden sich schrittweise über die Lichtung geäst hatten. Als sie die jenseitige Dickung erreicht hatten, verschwanden sie darin.
Es verging wieder geraume Zeit, ehe sich auf der Freifläche wieder etwas bewegte. Diesmal war es eine menschliche Gestalt, die sich zwischen zwei Fichten hervorschob. Sorgfältig prüfte der Mann den Wind. Dann, lautlos, um die Geis, die vielleicht noch in der Nähe war, nicht zum Schrecken zu veranlassen, schlich er auf den Saufang zu.

Das Licht war ausreichend, so daß der Wilderer sofort erkannte, daß die Falle nicht zugeschlagen war. Er überprüfte genau den Zustand der Falle, dann überstieg er den Zaun zur Dickung und erklomm geräuschlos die Leiter zur Kanzel. Seine Bewegungen waren sehr sicher. Man konnte erkennen, daß ihm jeder Handgriff vertraut war. Auf der Kanzel angekommen, öffnete er den Rucksack und stopfte sich vorsichtig Maiskörner in die Taschen seines Parkers. Er machte das so geschickt, daß kaum ein Maiskorn auf den Boden fiel.
Wieder am Saufang angekommen, verstreute er eine Handvoll im Inneren. Dann warf er noch einige Hände voll in Richtung der Dickung, um die Schwarzkittel anzulocken.
Nachdem er noch einen Kontrollblick um sich geworfen hatte, entfernte er sich, genauso geräuschlos, wie er gekommen war, in Richtung Hochwald.
Sekunden später lag die Lichtung wieder verlassen im Mondlicht.

Am nächsten Morgen, um 8.00 Uhr, betrat Forstinspektor z.A. (zur Anstellung) Helmut Kretschmar die Amtsstube der Revierförsterei. Er stellte sich Rambacher als die angekündigte Unterstützung vor. Der Förster begrüßte den jungen Kollegen freundlich. Innerlich war er jedoch nicht so glücklich über diese Art der Hilfe. Er hatte auf die Zuweisung eines älteren, erfahreneren Kollegen gehofft. Dieser Kretschmar mochte zwar hochmotiviert sein, aber er hatte gerade erst die Laufbahnprüfung hinter sich gebracht und war entsprechend unerfahren.
Aber es half alles nichts. Er mußte sich mit dem zufrieden geben, den man ihm geschickt hatte. So unterrichtete er seinen jungen Kollegen ausführlich. Anschließlich fuhr er mit ihm ins Revier, um ihn in die Örtlichkeiten einzuweisen. Kretschmar war mit Eifer bei der Sache. Bei der Führung stellte Rambacher grimmig fest, daß der Wilderer in der Nacht wieder am Saufang gewesen sein mußte. Es war frisch angekirrt und der Rucksack auf der Kanzel war in seiner Lage etwas verändert.
Es verschaffte Rambacher eine gewisse Befriedigung, daß das scheue, zweibeinige „Wild“, dem er hier nachstellte, diesmal offenbar noch keinen Wind von seiner Entdeckung bekommen hatte. Noch am gleichen Abend, gegen 19.00 Uhr, näherten sich die beiden Forstbe-

amten der Kanzel von der offenen Seite des U, also vom Hochwald kommend. Sie wollten sich in der dem Hochsitz gegenüberliegenden Dickung auf die Lauer legen. Der Wetterbericht hatte eine wolkenlose, mondhelle Nacht versprochen. Die Voraussetzungen für diese „Jagd“ waren also ausgesprochen günstig.

Da es schon ziemlich dämmerig war, entdeckte Rambacher erst aus einer Entfernung von ca. 30 Metern, daß die Kanzel besetzt war. Seine Überraschung war groß. Schnell legte er seinem Kollegen die Hand auf den Arm und wies ihn mit Handzeichen auf den Umstand hin.

Rambacher überlegte einen Moment, dann entschloß er sich zum Handeln. Offenbar hatte die Gestalt auf der Kanzel ihr Herannahen noch nicht bemerkt. Wer wußte, ob sich noch einmal so eine günstige Gelegenheit bot.

Mit Handzeichen und einigen ins Ohr geflüsterten Befehlen instruierte er den jungen Beamten über ihr Vorgehen. Rambacher setzte voll auf Überrumpelungstaktik.

Nachdem sich Kretschmar befehlsgemäß einige Meter weitergeschlichen hatte, um den Wilderer in die Zange nehmen zu können, pirschte sich Rambacher auch einige Schritte näher, um die Bewegungen des Mannes auf der Kanzel besser erkennen zu können. Schließlich hob er seinen Dienstdrilling und rief den Wilderer an: „Halt! Hier ist der Forstschutz! Sie da oben, kommen Sie sofort von der Kanzel herunter!“

Deutlich konnte Rambacher sehen, daß die sitzende dunkle Gestalt in der Höhe zusammenzuckte und auf die Beine sprang. Jetzt konnte der Forstbeamte auch deutlich die Umrisse eines Gewehres erkennen. Sofort schrie er: „Gewehr weg oder ich schieße!“

Die Verschalung der Kanzel verdeckte die Gestalt des Wilderers ein Stück, so daß Rambacher nicht genau sehen konnte, was der Mann tat. Plötzlich sah der Forstbeamte, daß der Kerl mit einem gewaltigen Satz von Hochsitz auf den Waldboden sprang. Diesseits des Zaunes landete er. Zwar kam er zu Fall, war jedoch trotzdem in der Lage, seine Waffe noch im Liegen auf den Forstbeamten zu richten. Dabei brüllte er: „Ich schieße zurück!“

Rambacher, der ja nur wenige Meter von dem Wilderer entfernt war, prallte erschrocken zurück. Dabei stolperte er über eine Unebenheit und mußte, um sein Gleichgewicht wieder zu erlangen, in die Hocke. Das rettete ihm vermutlich das Leben. Denn im gleichen Augenblick

machte der Wilderer seine Drohung wahr und feuerte schräg von unten nach oben.
Kretschmar, der von dem Geschehen einen Augenblick wie gelähmt gewesen war, rannte einige Schritte näher. Dabei hob er seinen Drilling und feuerte einen Warnschuß in den nächtlichen Himmel. Sekundenbruchteile später feuerte auch Rambacher einen Schrotschuß auf den Angreifer ab. Der Forstbeamte war jedoch durch das Geschehen so mitgenommen, daß er den Wilderer verfehlte.
Einen Augenblick später war der Jagdfrevler wieder auf den Beinen und flüchtete, mit der Waffe in der Hand, über die Lichtung in Richtung Hochwald.
Auch Rambacher rappelte sich auf, gab seinem Kollegen einen Wink und gemeinsam folgten sie dem Flüchtigen. Mehrmals forderte ihn der Revierförster dabei auf, stehen zu bleiben. Aber auch ein weiterer Warnschuß beeindruckte den skrupellosen Gesetzesbrecher nicht.
Am Waldrand angekommen, hob Rambacher die Hand.
„Halt, nicht weiter!“ keuchte er. „Wenn wir den Kerl in den dunklen Hochwald folgen, kann er uns aus einem Hinterhalt abknallen wie Kaninchen!“
Schwer atmend blieben die beiden stehen. Die Tötungsbereitschaft des Wilderers hatte beide schwer geschockt.

Der Wilderer flüchtete eine Strecke, ohne stehenzubleiben. Es kam ihm dabei zugute, daß er den Weg wie seine Hosentasche kannte. Nicht einmal strauchelte er.
Schließlich bremste er abrupt ab. Als sich sein Atem etwas beruhigt hatte, lauschte er angestrengt hinter sich. Nachdem er sicher war, daß ihm niemand folgte, begab er sich ohne große Eile zu seinem Versteck und verbarg das Gewehr. Dann marschierte er zum Waldrand, in die Nähe seines Hofes, und versteckte sich.
Lange Zeit saß er auf einem Baumstubben und überlegte. Dabei hielt er sein Haus ständig im Auge. Jedes Fahrzeug, das sich ihm genähert hätte, wäre ihm sofort aufgefallen.
Während er wartete, faßte er einen Entschluß. Weit nach Mitternacht erhob er sich wieder und eilte mit äußerster Kaltblütigkeit zum Schauplatz des nächtlichen Geschehens zurück. Auch hier versteckte er sich und beobachtete über eine Stunde lang, mit äußerster Konzentration, die Lichtung und die Kanzel.

Erst als er ganz sicher war, daß niemand in der Nähe war, huschte er über die Lichtung, erklomm die Kanzel und nahm seine Utensilien an sich.
Es war kurz vor Morgengrauen, als er sein Anwesen durch die rückseitige Pforte betrat. Nach kurzem Überlegen versteckte er die Wildererutensilien unter einigen Strohballen in der Scheune. Wenig später lag er neben seiner Frau im Bett und schnarchte.

Die Forstbeamten, zum Forsthaus zurückgekehrt, alarmierten sofort die Polizei. Bald liefen die Ermittlungen auf Hochtouren. Es gelang den Kriminalbeamten, einige Spuren zu sichern, die im Labor verwertet werden konnten und einige Hinweise auf den Täter gaben. Nachdem der Mann nun nicht mehr nur wegen Wilderei, sondern auch wegen Mordversuchs gesucht wurde, kamen aus der Bevölkerung erste brauchbare Angaben.
Bald fiel die engere Wahl auf einen Mann, der bereits vor einigen Jahren unter Wildereiverdacht gestanden hatte. Seinerzeit hatte man das Verfahren jedoch einstellen müssen. Das Grundstück des Bauern wurde durchsucht. Mit Hilfe von Spürhunden fand man in der Scheune die nötigen Beweise. Noch im gleichen Jahr stand der Landwirt wegen versuchten Mordes und schwerer Jagdwilderei vor dem Schwurgericht. Wegen dieser Straftatbestände wurde der Mann dann auch zu acht Jahren Freiheitsentzug verurteilt.

Der Staatsanwalt

„... Aus den genannten Gründen, beantrage ich, den Angeklagten im vollen Umfange für schuldig zu erklären und ihn zu lebenslänglicher Freiheitsstrafe zu verurteilen!“
Oberstaatsanwalt Dr. Andreas Merkler hörte die letzten Worte seines Plädoyers noch in sich nachklingen, als er sich in seinen Wagen setzte und aus der Parklücke ausscherte. Er war mit seiner Arbeit in dem zurückliegenden Schwurgerichtsprozeß gegen einen Mörder sehr zufrieden gewesen. Das Gericht hatte den Angeklagten schon nach relativ kurzer Beratung seinem Antrag entsprechend verurteilt. Zwar hatte die Verteidigung angekündigt, daß sie in die Revision gehen würde, aber Dr. Merkler war sich sicher, daß dem Gericht kein Verfahrensfehler unterlaufen war, der zu einer Aufhebung des Urteils führen könnte.

Während sich der Oberstaatsanwalt in den Berufsverkehr einfädelte, zog er seine Krawatte locker und machte es sich bequem. Es war sehr günstig, daß sich das Schwurgericht mit seiner Entscheidung beeilt hatte, so konnte er sich zu Hause ohne Hetze für die Jagd umziehen. Dr. Merkler war Junggeselle. Seine Karriereplanung hatte ihm eine Bindung an Haus und Familie nicht zweckmäßig erscheinen lassen. Durch seine Ungebundenheit und seine daraus resultierende Flexibilität war für ihn ein Wechsel von einer Stadt zur anderen nie ein Problem gewesen. So war es steil aufwärts gegangen mit seinem beruflichen Fortkommen, und er wußte, daß es nicht mehr lange dauern würde, bis er die nächste Stufe der Karriereleiter würde erklimmen können. Das Referat für Kapitalverbrechen, für das er im Augenblick zuständig war, bot ausreichend Gelegenheit, sich zu profilieren. Demnächst war die Stelle eines Landgerichtspräsidenten zu besetzen und er, Merkler, lag ausgezeichnet im Rennen. Man hatte ihm dies von höchster Stelle angedeutet.

Gut gelaunt pfeifend, parkte Dr. Merkler seinen Wagen auf den Stellplatz vor seinem Haus. Es war angemietet. Eigentum schuf Bindungen und diese konnte Dr. Merkler bekanntlich nicht brauchen.
Eine Stunde später bestieg er in voller Jagdausrüstung seinen Zweitwagen, einen kleinen japanischen Geländewagen, verschnallte seine Repetierbüchse, Kaliber .308 Winchester, im Gewehrständer und brauste los. Knapp eine Stunde und er würde im Revier des Stadtrats Herlitzberger sein, ein Parteifreund, der ihm schon seit drei Jahren freie Büchse gewährte.
Heute galt sein jagdliches Streben einer Rotte Schwarzwild, die schon seit vierzehn Tagen im Milchmais zu Schaden ging.

Die Feld-Kanzel war geschickt am Waldrand in eine Gruppe hochwüchsiger Haselnußsträucher hineingebaut. Der massive Hochsitz bestand aus dicken Stangen, die der Wind kaum erschüttern konnte. Dr. Merkler baumte auf. Der Sitz war ausgesprochen bequem und wurde es noch mehr durch ein aufblasbares Gummikissen, das der Oberstaatsanwalt aus seinem Rucksack holte.
Von seinem Ansitzplatz aus hatte der Jäger ausgezeichnete Sicht auf zwei langgestreckte Maisfelder, die, leicht zueinander versetzt, zwei Ackerbreiten vom Waldrand entfernt, quer zu ihm verliefen. Sie waren die Magneten, die die schwarzen Allesfresser anzogen.
Es war noch ziemlich hell. Deshalb holte sich Dr. Merkler eine Brotzeit aus dem Rucksack und begann genüßlich zu kauen. Er war mit sich und der Welt recht zufrieden.
Die Scheibe des zu erwartenden Vollmonds war schon recht bald am abendlichen Himmel zu sehen. Dr. Merkler, der schon häufiger auf dieser Kanzel angesessen war, prägte sich noch einmal die prägnanten Punkte der Landschaft ein. Vor ihm, auf dem Stoppelfeld, das sich bis zum Mais erstreckte, lagen zahlreiche Strohballen verstreut, die der Bauer noch nicht eingeholt hatte. Der Jäger wußte aus Erfahrung, daß man sich in der Dunkelheit leicht von solchen Sachen irreleiten lassen konnte. Ihm würde das nicht geschehen.
Als die Dämmerung stärker wurde, traten die ersten Rehe aus. Dr. Merkler hob sein lichtstarkes Nachtglas und sprach sie eingehend an. Da war schon ein Bock dabei, den man sich merken mußte. Aber heute blieb bezüglich des Rehwilds der Finger lang.

Als die Nacht hereinbrach, leerte sich die Waldbühne langsam. Der Weidmann verspürte aufkommende Müdigkeit. Der Tag heute war anstrengender gewesen, als er sich eingestehen wollte. Ein Blick auf das Leuchtzifferblatt seiner Uhr sagte ihm, daß es bis zum Austreten des Schwarzwildes noch dauern würde. Er lehnte sich bequem gegen seinen Rucksack und senkte die Augenlieder. Es war ein ausgesprochen warmer Sommerabend. Der Sitz war verführerisch bequem. Ein kleiner Schlummer würde nicht schaden.

Thomas Altenbach blieb schwankend stehen und rülpste vernehmlich. Ihm war ziemlich schlecht. Der Polterabend seines Freundes Willi war ausgesprochen feuchtfröhlich gewesen. In einer Feldscheune außerhalb des Nachbardorfes hatten sie seit dem frühen Nachmittag des vergangenen Tages ausgelassen gefeiert.
Altenbach war außerdem sauer. Als er sich vorhin in sein Auto setzen wollte, hatte ihm irgend so ein Idiot den Autoschlüssel weggenommen. Er sei zu betrunken, hatten sie ihm gesagt. Er und betrunken! Wo er doch bekannntermaßen alle Kumpel im Dorf unter den Tisch trinken konnte! Denen hatte er es vielleicht gegeben!
Nach dem Streit war er davongewankt. Wenn diese Rindviecher ihn nicht fahren ließen, dann kam er auch zu Fuß durch den Wald nach Hause.
Er stellte sich an einen Baum und erleichterte sich. Als er umständlich seine Kleidung wieder geordnet hatte, trottete er weiter. Das Mondlicht war so hell, daß er seinen Weg mühelos sehen konnte.
Einige hundert Meter blieb er wieder stehen. Mit der Langsamkeit eines Betrunkenen musterte er einen aufrecht stehenden Felsen, der am Wegrand stand. Dieses Zeichen sagte ihm eindeutig, wo er sich im Augenblick befand. Es war der Soldatengedenkstein. Hier hatte im Zweiten Weltkrieg ein unbedeutendes Rückzugsgefecht stattgefunden. Die Gemeinde hatte den hierbei gefallenen Soldaten einen Ehrenstein errichtet, da auch ein paar Männer aus dem Dorf dabeigewesen waren.
Er legte seine Hand auf den Stein und fühlte die erhabenen Schriftzeichen. Er hatte jetzt zwei Möglichkeiten. Er konnte dem Weg weiter folgen, dann war er in einer dreiviertel Stunde im Dorf. Er konnte aber auch quer durch den Wald und die Felder gehen, dann sparte er fast fünfzehn Minuten ein.

Es war klar, wofür sich Altenbach entscheiden würde. Er war in einer Stimmung, die gerade Wege für ihn ausschloß. Er grunzte kurz, dann bog er in den Hochwald ein.
Mit der unerklärlichen Sicherheit eines Betrunkenen suchte er sich seinen Weg zwischen den Stämmen. Es ging leicht bergauf. Schon bald schnaufte er wie ein Walroß. Dabei brummelte er unverständliche Worte vor sich hin.
Eine Viertelstunde später stand er am Waldrand und stierte mit verschleiertem Blick auf das freie Feld, das sich vor ihm in einer leichten Senke erstreckte.
Mit einem Ruck marschierte er weiter.
Als er den dreiviertels Stoppelacker überquert hatte, stolperte er unvermutet über eine Erdscholle, die ihm im Wege lag. Die Stoppeln krachten hörbar, als er der vollen Länge nach hinschlug.
Fluchend erhob er sich auf die Knie. Seine verdammte Brille war heruntergefallen. Ohne seine Sehhilfe war er ziemlich hilflos. Halb blind tastete er mit den Händen zwischen den Stoppeln herum. Wo war denn dieses verflixte Ding?

Dr. Merkler schreckte in die Höhe. Sein Rücken schmerzte etwas und sein linkes Bein war eingeschlafen. Verwundert sah er sich um. Es dauerte einen Augenblick, ehe ihm klar war, wo er sich befand. Da hörte er das Geräusch wieder, das ihn aus dem Schlaf gerissen hatte. Vor ihm auf dem Stoppelacker hörte er die kurzen Halme knacken. Steil richtete er sich auf. Das Jagdfieber kam so schnell wie ein Blitzschlag. Das mußten die Sauen sein!
Er griff nach dem Jagdglas. Ärgerlich, daß vereinzelte Wolken aufgekommen waren. Im Augenblick war der Mond verschleiert.
Trotzdem konnte er auf dem Stoppelacker einen dunklen Klumpen sehen, der sich in der Nähe des Maisackers bewegte. Jetzt wußte der Jäger auch, warum er das Herannahen der Sau nicht bemerkt hatte. Einzelstücke zogen meist lautlos.
Er mußte sich beeilen, ehe sich das Stück in den Maisschlag einschob. Der Größe nach mußte es ein kräftiger Überläufer sein.
Mit geübten Bewegungen hob der Oberstaatsanwalt seine Büchse und entsicherte. Obwohl das Zielfernrohr etwas lichtschwächer war als das Jagdglas, hatte er keine Mühe, das Absehen auf dem Blatt des unförmigen Wildkörpers zur Ruhe zu bringen. Als der Zielstachel

stand, ließ Dr. Merkler fliegen. Der Schuß krachte und zerriß die Stille der Nacht. Der Jäger glaubte, ein kurzes Klagen gehört zu haben. Automatisch repetierte er und sicherte, dann senkte er das Gewehr wieder. Er wartete einen Augenblick, dann hob er langsam das Jagdglas, um die Stoppeln abzuleuchten.
Die Wolken hatten den Mond wieder freigegeben, so daß er das Ergebnis seines Schusses gut erkennen konnte. Der dunkle Klumpen lag bewegungslos auf der Scholle.
Zufrieden nahm Dr. Merkler das Glas ab. Er hatte Zeit. Eine Viertelstunde würde er warten, ehe er zum Stück ging.
Erfüllt von der Zufriedenheit des Jägers, der sein Weidwerk gut vollbracht hatte, griff er in seinen Rucksack und holte einen Flachmann heraus. Einen kleinen Schluck hatte er jetzt verdient. Er gönnte sich auch noch einen zweiten, weil man ja bekanntlich auf einem Bein nicht stehen kann, dann packte er den Flachmann wieder weg.
Langsam räumte er seine Sachen zusammen, unterlud seinen Repetierer und baumte ab. Unten angekommen, lud er das Gewehr wieder durch und sicherte es. Bei Schwarzwild konnte man nie wissen! Schritt für Schritt näherte er sich dem gestreckten Stück.
Als er bis auf wenige Schritte herangekommen war, stutzte er.
Das konnte es doch nicht geben!
Er machte zwei schnelle Sätze nach vorne. Ein unartikulierter Laut kam aus seinem aufgerissenen Mund. Was war dies für ein irrwitziges Bild, das ihm seine Augen vorgaukelten?
Wie in Zeitlupe sank er langsam auf die Knie. Das Gewehr legte er neben sich auf den Acker, dann tastete seine Hand zaghaft nach der menschlichen Gestalt, die, zusammengekrümmt wie ein Embryo, regungslos auf den Stoppeln lag.
Seine Finger berührten die Jacke der Person. Sein Verstand registrierte: Das ist ein Mann. Er fühlte warme, klebrige Feuchtigkeit. Erschrocken zog er die Hand wieder zurück. Das war Blut! Er wußte, daß er in Blut gefaßt hatte!
Er war noch immer wie gelähmt. Er hätte doch jetzt etwas unternehmen müssen! Den Mann untersuchen, den Notarzt holen, die Polizei verständigen! Er aber kniete nur da, während das Blut des Mannes im Ackerboden versickerte.
Es dauerte einige Zeit, bis die Betäubung etwas nachließ. Er rieb sich mit der Hand über die Augen. Er bemerkte nicht, daß er sich dabei das Gesicht voll Blut schmierte.

Was war eigentlich geschehen? Warum lag hier ein regungsloser Mann? Er hatte doch auf einen Überläufer geschossen! Wo war die erlegte Sau?
Er stand auf. Sein Blick hetzte über das Feld. Er konnte kein anderes Lebewesen sehen.
Was hatte das alles zu bedeuten?
Er griff in seinen Rucksack und holte eine Taschenlampe hervor. Der grelle Lichtstrahl sezierte das grelle Rot auf der weißen Hemdenbrust des Mannes aus der Dunkelheit. Dr. Merkel hatte in seiner Laufbahn schon viele Tote gesehen. Er wußte genau, daß dieser Mann nicht mehr am Leben war.
Plötzlich knipste der Jäger das Licht wieder aus. Hier auf dem freien Feld konnte ihn ja jeder sehen!
Er ließ sich auf einen Strohballen neben der Leiche nieder. Warum reagierte er so? Er war schließlich Oberstaatsanwalt, und nichts lag näher, als daß er eine Leiche näher untersuchte, die das Opfer einer Gewalttat geworden war.
Der Schock über das Unfaßbare war so stark und tief, daß sein Verstand sich einfach weigerte, aus den Fakten die einzig möglichen Schlüsse zu ziehen.
Plötzlich stand er auf und eilte in Richtung Auto. Er mußte die Polizei verständigen! Irgendjemand hatte vor seinen Augen einen Menschen erschossen!
Nach hundert Metern blieb er ruckartig stehen. Blicklos stierte er in die Nacht. Ein trockenes Schluchzen erschütterte seine Gestalt. Wie war dieser Unfall möglich? Er hatte doch deutlich die Umrisse eines Schwarzkittels im Jagdglas erkannt!
Er wischte sich mit dem Ärmel den kalten Schweiß von der Stirne. Langsam sank er auf dem Acker in die Knie. Seine Zähne schlugen aufeinander. Er war einem Zusammenbruch nahe.
Er hatte jegliches Zeitgefühl verloren. Dumpf vor sich hinbrütend kniete er auf der Erde.
Irgendwann ebbte die Flut der panischen Gedanken ganz langsam ab und sein analytischer Verstand gewann die Oberhand. Er war es gewohnt, in kritischen Lebenssituationen Entscheidungen zu treffen. Nur hatten bisher diese Entscheidungen immer das Leben anderer betroffen und niemals das seine.
Schwerfällig erhob er sich. Er hatte plötzlich fürchterliche Kopfschmerzen. Er mußte die Polizei verständigen. Dieser Unglücksfall

mußte aufgeklärt werden. Sicher würde jeder verstehen, daß dies ein tragischer, unvermeidlicher Unglücksfall war.
Plötzlich stand er wieder vor der Leiche: Was tat er hier? Warum rief er nicht die Polizei?
Er bückte sich und hob sein Gewehr auf. Mit traumwandlerischen Bewegungen schob er sich die Waffe auf den Rücken. Vor seinem geistigen Auge erschienen die Gesichter der Kollegen. Hämisch verzogene Gesichter, mit Schadenfreude auf den Mienen. Sie starrten ihn an und ihre Münder bewegten sich. Er wußte genau, was sie zueinander sagten, obwohl er keinen Laut hören konnte.
„Schaut euch den Merkler an", flüsterten sie. „Endlich hat es diesen hochnäsigen Karrieretypen erwischt. Vorbei ist es mit dem raketenhaften Vorwärtskommen. Jetzt hat er den Lohn für seinen rücksichtslosen Ellbogeneinsatz bekommen."
Dann hörte er die Stimme seines Vorgesetzten: „Kollege Merkler, sie haben mich sehr enttäuscht. Gerade sie hätten in solch einer Lage mit äußerster Umsicht handeln müssen. Es tut mir leid, ich kann nichts mehr für Sie tun."
Er sah eine Zelle. Grau gestrichen, das kleine Fenster erhöht in der Außenwand. Es war vergittert. Er sah ein schmales Bett, einen Tisch, zwei Stühle. Und er sah sich. In blauer Gefangenenkleidung. Wie ein gefangenes Tier, in ständiger Unruhe mit den Schritten die Zelle ausmessend.
Der einsame Mann am Maisfeld rieb sich die Schläfen. „Nein, nein!" flüsterte er heiser. „Das darf niemals geschehen!" Mit einem Ruck bückte er sich und zerrte den Erschossenen an den Armen in eine sitzende Position. Es war anstrengender als er es sich vorgestellt hatte. Der Schweiß lief ihm sofort in Strömen über die Stirne und in die Augen. Merkler roch den Alkoholgeruch, der dem leicht geöffneten Mund der Leiche entströmte.
Plötzlich verspürte er Wut. Wegen eines besoffenen Typen, der nachts im Wald herumstromerte, sollte er seine Existenz verlieren? Er dachte nicht daran! Er packte den Mann am Gürtel und wuchtete ihn auf die Beine. Dann beugte er sich etwas nach vorne und warf sich die Leiche über die Schulter. Breitbeinig ballancierte er das Gewicht aus, dann stapfte er los. Noch vor Tagesanbruch mußte er den Toten verschwinden lassen.
Der Marsch zum Geländewagen war eine Quälerei. An schwere körperliche Arbeit nicht gewohnt, rebellierten bald seine Muskeln.

Keuchend ging sein Atem. Als er den Jeep schließlich erreichte, war er völlig am Ende. Mit zitternden Fingern öffnete er die rückwärtige Tür des Fahrzeugs und ließ den Leichnam in die fahrzeugtypgerecht eingepaßte Schweißwanne fallen. Erschöpft lehnte er die erhitzte Stirne gegen das kühle Blech.
Als er etwas Atem geschöpft hatte, richtete er sich auf. Er durfte noch nicht ausruhen! Noch hatte er den schwersten Teil seines Vorhabens vor sich.
Er schlug die Hecktür des Wagens zu. Er zuckte zusammen, als das Geräusch als Echo aus dem Wald wiederschallte. Du Idiot mußt vorsichtiger sein! Schimpfte er sich im Selbstgespräch. Dann zog er seine Lodenjacke aus und warf sie über die Leiche. Bestimmt war sie voller Blut des Erschossenen. Er mußte aufpassen, daß er nicht auch die Polster des Sitzes verschmierte. Er wußte sehr genau, wie leicht man solche Spuren nachweisen konnte.
Der Verschluß der Fahrertür knackte leise, als er sie sanft zuzog. Er zwang sich mit Gewalt zur Ruhe und überlegte einen Augenblick beherrscht. Wo konnte er den Toten gefahrlos verschwinden lassen? Eine Minute später hatte er die Entscheidung getroffen. Ein Teil seiner alten Entschlußkraft war zurückgekehrt. Er würde die Angelegenheit schon meistern. Wofür hatte er schließlich seine Berufserfahrungen? Niemand besser als er wußte, wie viele Kapitalverbrechen nur wegen eines dummen Fehlers des Täters aufgeklärt wurden. Einen solchen Fehler galt es zu vermeiden.
Er startete den Motor und fuhr los, ohne die Scheinwerfer einzuschalten. Er kannte das Revier gut und der Wagen würde eine rauhe Behandlung aushalten.
Die Mischwalddickung war übermannshoch, der Schutzzaun an vielen Stellen schon niedergebrochen. Dr. Merkler hielt an einem umgestürzten Zaunsegment an. Mit der Taschenlampe in der Hand drang er in den Bewuchs ein. Es dauerte nicht lange, dann hatte er eine Stelle gefunden, die ihm geeignet erschien. Eine vielleicht sechs Quadratmeter große, baumlose Stelle. Trotzdem würde es ein hartes Stück Arbeit werden, sich hier in den Waldboden einzugraben. Der Grund war sicher von zahllosen Wurzeln durchzogen.
Der Mann eilte zum Fahrzeug zurück und öffnete den Laderaum. Schnell zog er sich seine Jacke wieder an. Dann griff er sich einen zusammengelegten Klappspaten und ein kleines Handbeil. Gegenstände, die er immer mit sich führte. Er steckte sie sich in den Gürtel,

dann zerrte er die Leiche heraus. Er würde sie durch die Dickung nicht tragen können. Dazu war der Bewuchs zu dicht.
Er faßte daher den Erschossenen an den Beinen und zog ihn hinter sich her.
Bei der kleinen Freifläche angekommen, begann er sofort mit den Grabearbeiten. Sein Zorn auf das Schicksal gab ihm die nötige Kraft, um in den Waldboden einzudringen. Die Humusschicht mit Grasbewuchs hatte er sorgfältig abgehoben, um sie später wieder einsetzen zu können.
Die Grabearbeiten nahmen mehr Zeit in Anspruch, als er erwartet hatte. Das lag nicht zuletzt auch daran, daß er immer längere Pausen einlegen mußte, um sich zu erholen.
Der Tag war schon angebrochen, als er schließlich das Werkzeug zur Seite legte. Die Grube mußte ausreichen.
Ohne Zögern rollte er den Leichnam in das Grab. Das Tageslicht zeigte gnadenlos die Häßlichkeit dieses Todes. Noch immer lief Blut aus der großen Brustwunde, wo das Geschoß ausgetreten sein mußte.
In einer Anwandlung von Pietät legte Dr. Merkler dem Toten seine Lodenjacke über das Gesicht. Er mußte sie sowieso verschwinden lassen. Zuvor hatte er sorgfältig alle Taschen geleert und das Etikett herausgerissen. Dann schaufelte er die dunkle Walderde auf den leblosen Körper. Er hätte gerne vorher noch einige Steine darauf gedeckt, doch er konnte in der Umgebung keine finden.
Immer wieder stampfte er mit den Füßen die Erde fest, damit kein auffälliger Hügel entstand. Zum Schluß setzte er die Grassoden wieder ein. Dann warf er altes Laub darüber. Im Augenblick war die Stelle noch auffällig. Aber nach dem nächsten Regen würde man sicher nichts mehr sehen.
Er wischte sich mit dem Hemdsärmel den Schweiß aus dem Gesicht. Hatte er die Leiche tief genug eingegraben, daß sie vor Füchsen und Sauen sicher war? Suchend sah er sich um. Ein Stück weiter entdeckte er einen halbvermoderten Baumstamm, der hier verfaulte. Einer spontanen Eingebung folgend, zerrte er den Baumstamm über das Grab. Jetzt war die Stelle wohl sicher und gut getarnt.
Wäre er religiös gewesen, hätte er wohl ein Gebet gesprochen. So senkte er nur kurz den Kopf. Er empfand ehrliches Bedauern.
Wenig später wankte er völlig erschöpft aus der Dickung. Ein vorsichtiger Blick in den Hochwald zeigte ihm, daß er alleine war.

Ächzend ließ er sich auf den Fahrersitz fallen. Das Grabwerkzeug warf er in den Fußraum vor dem Beifahrersitz.
Er sah an sich hinunter. Er war ziemlich verdreckt. Er mußte diese Sachen sofort in die Waschmaschine stecken. Er würde es mehrmals hintereinander tun, dann waren wohl alle Spuren beseitigt.
Er ließ den Motor an und fuhr los. Auf der Heimfahrt benutzte er einen holprigen Waldweg, der direkt auf die Bundesstraße mündete. So mußte er nicht durch das Dorf fahren, wo jeder seinen Wagen kannte. Er sah auf die Uhr. Es war kurz nach fünf. Vielleicht gerade noch Zeit, sein letztes Vorhaben durchzuführen.
Eine gute halbe Stunde später erreichte er einen abgelegenen Schrottplatz am Rande der Stadt. Hier war nur Industrie angesiedelt. Auf dem Schrottplatz wurden die ausgesonderten Metallabfälle gelagert. Dr. Merkler sah sich kurz um, dann lenkte er sein Fahrzeug unter eine Gruppe Birken, die nahe am Zaun des Geländes wuchsen. Er stieg aus und öffnete den Laderaum des Wagens. Er prüfte kurz, ob er alleine war, dann zog er die aus Hartplastik bestehende Schweißwanne heraus und schleuderte sie mit Schwung über den Zaun. Sie landete zwischen zwei Autowracks auf dem Boden und war kaum noch zu sehen.
Er war zufrieden. Der nächste Regen würde die Blutspuren herunterwaschen. Eilig ließ er noch den Klappspaten und das Beil den gleichen Weg nehmen.
Als er fertig war, sprang er auf den Fahrersitz und brauste davon.

„Na, Kollege Merkler, haben sie wieder die Nacht auf dem Hochsitz verbracht?“ grüßte der Leitende Oberstaatsanwalt Dr. Schmitz seinen Vertreter etwas ironisch, als er dessen übernächtigtes Gesicht sah. So sehr er die Tüchtigkeit seines besten Staatsanwalts schätzte, hatte er nur eingeschränktes Verständnis für derartige nächtliche Strapazen. Aber solange der Dienst nicht darunter litt, konnte es ihm schließlich egal sein.
Er senkte sofort den Kopf und sah wieder in die Akte, über die er mit Dr. Merkler sprechen wollte. Deshalb sah er auch nicht das betroffene Gesicht des Mannes, der ihm gegenüber am Besprechungstisch des Behördenleiterzimmers saß.
Er achtete auch nicht auf das leise „Nein, nein!“ seines Mitarbeiters, denn seine Frage war mehr rhetorischer Natur gewesen.

Eine halbe Stunde später war Dr. Merkler wieder in seinem Dienstzimmer. Er ging zum Spiegel über dem Waschbecken und sah hinein. Er sah wirklich fürchterlich aus.
Obwohl er sich, zu Hause angekommen, sehr lange geduscht, seine Hände und Fingernägel intensiv gereinigt und völlig frische Kleidung angezogen hatte, fühlte er sich noch immer schmutzig.
Er warf die Akte auf seinen Schreibtisch und ließ sich müde in den Sessel fallen. Erschöpft stützte er den Kopf in die Hände. Zum ersten Mal seit dem schrecklichen Unfall hatte er etwas Ruhe. Wie eine Woge kamen jetzt die Gedanken. Wir konnte das alles passieren? Er hatte doch deutlich ein Stück Schwarzwild im Nachtglas erkannt! Wie kam dieser Mann auf das Feld? Diese Fragen hämmerten in seinem Gehirn. Er lehnte seinen Kopf gegen den Rückenteil des Sessels. Hatte er bei der Spurenbeseitigung etwas übersehen? Er hatte so unter Schock gestanden! Ganz langsam ließ er die Handlungsabläufe noch einmal an sich vorüberziehen.
Ich hätte gründlicher ansprechen müssen! Warf er sich vor. Ich war verschlafen, und mein Urteilsvermögen dadurch beeinträchtigt.
Er schüttelte den Kopf. Alle Selbstvorwürfe hatten keinen Sinn. Sie machten den Mann nicht mehr lebendig. Er aber lebte noch und warum sollte er wegen eines verdammten Fehlers sein Leben lang büßen.
Als das Telefon links vor ihm auf dem Schreibtisch schrill klingelte, fuhr er zusammen. Zögernd nahm er den Hörer ab und meldete sich.
„Hallo, Andreas, altes Haus!“, kam die Stimme des Jagdherrn aus dem Lautsprecher. „Na, zu welchem Stück kann man dir Weidmannsheil wünschen?“
Der Schrecken durchfuhr ihn siedendheiß. Wie kam sein Jagdfreund Herlitzberger auf die Idee, daß er etwas erlegt haben könnte?
„Andreas, bist du noch dran?“ kam die Stimme wieder aus dem Hörer.
„Ja, ja“, antwortete Dr. Merkler etwas zögernd, „ich bin schon noch dran. – Du mußt entschuldigen,“ entschloß er sich zu einer Antwort, die ihm noch einen Augenblick Luft verschaffte. „Ich sitze gerade über einem komplizierten Gutachten und war in Gedanken.“
„Schon gut. – Also, was ist, hast du einen von den Schwarzkitteln erwischt?“

Die Gnadenfrist war vorüber. Er mußte jetzt antworten. „Du, es tut mir leid, aber ich kam gestern nicht ins Revier. Ich hatte diesen schwierigen Schwurgerichtsprozeß und dann war ich müde."
Die Leitung blieb für einen Augenblick stumm. Dann hörte er wieder die Stimme seines Jagdfreundes. Sie klang verwundert. „Das ist komisch. Ich habe heute Morgen mit Tellmann telefoniert. Er saß gestern Nacht auch draußen. Er sagte, bei uns sei nach Mitternacht ein Schuß gefallen. Da habe ich angenommen, das seist du gewesen."
Dr. Merkler stieß innerlich einen Fluch aus. Tellmann war der alte Revierförster des angrenzenden Staatsforstes. Es blieb ihm jetzt nichts anderes übrig, als bei seiner Version zu bleiben.
„Also ich war es nicht", gab er bestimmt zurück. „Weiß der Himmel, was der Tellmann gehört hat. Wahrscheinlich kam der Schuß aus dem ‚Dreiländereck'. Da kommen ja viele Schützen in Frage."
Das sogenannte Dreiländereck war ein Teil des Reviers, an dem zwei Gemeindejagdreviere und der Staatsforst aneinanderstießen. Die beiden wechselten noch einige verbindliche Worte, dann verabschiedeten sie sich, und der Oberstaatsanwalt legte den Hörer auf.
Fieberhaft überlegte er, ob sich diese neue Situation nachteilig für ihn auswirken konnte. Er kam zu dem Ergebnis, daß dies solange nicht der Fall war, wie der Tote nicht mit dem Schuß in Verbindung gebracht werden konnte.
Dr. Merkler entschloß sich, nach Dienstschluß nochmals ins Revier zu fahren, um nachzusehen, ob er etwas übersehen hatte.
Einige Stunden später fuhr er mit dem Jeep klopfendenHerzens um eine Kurve und hatte jetzt Aussicht auf das Feld, das er auch in der Nacht von der Kanzel aus überblickt hatte.
Was er sah, ließ eine schwere Last von seinem Herzen fallen. Das ehemalige Stoppelfeld war nun ein sauber umgepflügter Acker. Der Bauer mußte es im Laufe des Tages umgearbeitet haben.
Freudig schlug er mit der Handfläche auf das Lenkrad. Durch das Umackern war das Blut und jede sonstige Spur ein gutes Stück unter der Erdoberfläche verschwunden.
Er drehte um und fuhr ins Dorf. Er hatte sich jetzt ein Glas Bier verdient.

Friedrich Altenbach schob den Suppenteller ärgerlich zurück. „Mutter, ich kann gut verstehen, daß man einmal bei einer Feier über die

Stränge schlägt. Das habe ich als junger Bursche auch gemacht. Aber jetzt reichts. Wir haben Arbeit, daß wir nicht wissen, wie uns der Kopf steht, und der Herr Sohn kümmert sich nicht darum." Er erhob sich. „Ich werde jetzt den Willi anrufen."

„Schrei aber nicht so herum!" versuchte Anna Altenbach ihren erbosten Mann zu beruhigen.

Der Bauer telefonierte einige Zeit, dann kam er in die Küche zurück. Sein Gesicht trug einen verwunderten Zug.

„Der Willi hat gesagt, daß der Thomas noch in der Nacht zurückgelaufen ist. Sein Auto hat er stehen lassen."

Friedrich Altenbach und seine Frau machten sich mit einem Male große Sorgen. Thomas hätte längst zu Hause sein müssen. Der Bauer bestieg seinen Traktor und fuhr die Wege ab, die vom Nachbardorf zum Hof führten. Vielleicht hatte sich der Junge im Rausch irgendetwas gebrochen und kam nicht weiter? Die Suche war vergeblich. Als Thomas Altenbach am nächsten Morgen noch nicht heimgekommen war, erstattete das Ehepaar Altenbach Vermißtenanzeige.

Der Vorgang landete auf dem Schreibtisch von Polizeihauptmeister Brunner.

„Der Bursche wird halt bis zum Stehkragen abgefüllt gewesen sein", vermutete er. Er kannte ja die Trinkgewohnheiten der jungen Burschen. „Wahrscheinlich liegt er bei einem Spezi in der Koje und reibt sich seinen schmerzenden Schädel."

Sein Streifenkollege Windheimer zuckte mit den Schultern. „Klappern wir halt mal ein paar Adressen ab. Ich kenne die Altenbachs. Die Leute sind ganz in Ordnung. Auch der Junge. Er trinkt zwar mal ganz gerne einen über den Durst, aber bisher hat es noch nie Schwierigkeiten mit ihm gegeben."

Die Nachforschungen der beiden Beamten blieben ohne Erfolg.

Langsam sprach es sich in den Gemeinden um das Revier des Stadtrats Herlitzberger herum, daß der junge Altenbach wie vom Erdboden verschluckt war.

So vergingen zwei Wochen.

Die alte Leitbache hob den Wurf in den Wind und sicherte lange. Sie trug Verantwortung für eine Rotte mit zwei führenden Bachen und einigen starken Überläufern.

Das Jungvolk kümmerte sich überhaupt nicht um die Wachsamkeit der Alten. Es hatte bisher noch keine schlechte Erfahrung gemacht. Quiekend und grunzend brachen sie im Hochwald herum.
Die Alte stand am Rande des Waldweges. Er war zwar nicht breit, aber selbst auf solch schmalen Pfaden hatte schon der tödliche Knall des Menschen zugeschlagen und Lücken in die Rotte gerissen.
Schließlich gab sie sich zufrieden. Ihr scharfes Blasen veranlaßte die Sauen, den Weg im schnellen Trab zu überfallen. Bei Gehorsamsverweigerung konnte die Alte recht unangenehm werden.
In der Sicherheit der Dickung zog die Rotte weiter. Plötzlich blieb eine der Bachen stehen und windete. Aus dem Boden schlug ihr ein für sie angenehmer Geruch entgegen. Irgendwo unter dem Waldboden gab es Aas. Angestrengt begann sie an der Seite des Baumstamms, unter dem die Witterung hervorkam, zu brechen. Die anderen Sauen wurden auf sie aufmerksam, kamen heran und beteiligten sich an der Wühlarbeit. Gemeinsam war es für sie nicht besonders schwierig, den morschen Stamm ein Stück zur Seite zu schieben.
Schließlich hatten sie es geschafft. Als Allesfresser hatten sie keine Scheu, den freigelegten Leichnam anzufressen. In der feuchten Wärme des sommerlich aufgewärmten Waldbodens war die Leiche schon sehr stark in Verwesung übergegangen. Der menschliche Geruch, der die Sauen vielleicht abgehalten hätte, war nicht mehr vorhanden.
Einige Zeit später zog die Rotte weiter. Der Leitbache stand jetzt der Sinn nach Mais.

Stadtrat Herlitzberger's Stimme klang ärgerlich.
„Stell' dir vor, Andreas, die Rotte hat den halben Mais umgelegt. Das wird wieder eine schöne Wildschadensrechnung geben. Der Mühlberger, dem der Acker gehört, ist ein Geldschneider. Der läßt sich jedes Maiskorn vergolden. – Deshalb habe ich für morgen eine Drückjagd angesetzt. Die Rotte steckt in einer der drei Dickungen in der Nähe des Maisfeldes. Wir sind acht Schützen. Wenn wir die Terrier hineinlassen, werden sie die Schwarzkittel schon heraustreiben. Ich kann also mit deinem Kommen rechnen?"
Dr. Merkler hatte sich die Ausführungen seines Jagdfreundes mit immer größerer Beunruhigung angehört. Er wußte, daß bei der

angesetzten Jagd auch die bewußte Dickung durchgedrückt werden würde. Was sollte er tun? Wenn er sich weigerte, würde er sich nur verdächtig machen. Sonst war er bei jeder Drückjagd dabei gewesen.
„Also gut“, erwiderte er schließlich, „wenn ich kann, werde ich kommen.“
Zwei Dickungen hatte sie bereits vergeblich durchgedrückt. Außer einiger Rehe hatte sie kein Wild gesehen. Langsam näherten sie sich der Dickung, in der Merkler die Leiche vergraben hatte. Er spürte einen Knoten im Magen, der immer größer wurde.
Der Jagdherr stellte die Schützen rings um die Dickung an. Diesmal hatten es die Jäger etwas leichter, da durch die vorhandenen Zaunreste Zwangswechsel entstanden, die die Sauen auf bestimmte Pfade zwingen würden.
Als die Schützen standen, wurden oben, an der Schmalseite, die Hunde hineingelassen. Diesmal dauerte es nicht lange und man hörte am giftigen Laut, daß die drei Terrier auf Wild gestoßen waren.
„Sau! Sau!“ rief da auch schon einer der Hundeführer. Die Schützen machten sich schußfertig.
Merkler, dem es gelungen war, sich an der Seite aufzustellen, wo er die Leiche in die Dickung gezerrt hatte, wartete ebenfalls angespannt. Er vernahm lautes Rumpeln und Blasen, das sich nach unten entfernte. In diesem Augenblick hörte er auch schon einen einzelnen Büchsenknall. Kurz darauf folgte ein Doppelschuß.
Dr. Merkler senkte sein Gewehr. Jetzt mußte er wohl nicht mehr mit Anlauf rechnen. In diesem Augenblick hörte er das Signal „Hahn in Ruh!“. Er sicherte seine Waffe und entspannte sie. Langsam schlenderte er am Dickungsrand entlang, hinunter zum Sammeln. Seine Befürchtungen hatten sich verflüchtigt.
Während er von einem Jagdgast erfuhr, daß die Rotte die Dickung in Richtung Hochwald verlassen hatte und zwei Stücke beschossen worden waren, rief plötzlich einer der Hundeführer: „Emma! Emma, hier!“ Offenbar vermißte er seine Jagdterrierhündin. Sie schien noch in der Dickung zu stecken.
„Wo steckt denn das Weib wieder!“ schimpfte der Mann und steckte seine Hundepfeife in den Mund. Schrill schallte der Doppelpfiff durch den Wald.
Es dauerte nicht lange, dann hörten die Jäger lautes Hecheln und Brechen im Unterholz. Fast klang es, als würde noch eine Sau anwechseln.

Es war aber nur Emma, die allerdings einen merkwürdigen Lappen hinter sich herzerrte.
„Was hast du denn, mein braver Hund?“ fragte der Hundeführer und bückte sich zu der Hündin hinab, die den Fetzen gehorsam apportierte.
In der Zwischenzeit waren andere Jäger aufmerksam geworden und kamen neugierig näher.
„Jeden Mist schleppt mir die Hündin hinterher“, erklärte der Mann und nahm den Lappen auf. „Seht euch nur diesen stinkenden Plunder an!“
Dr. Merkler, der dem ganzen Geschehen nur einen Teil seiner Aufmerksamkeit geschenkt hatte, warf einen flüchtigen Blick herüber. Der Schrecken traf ihn wie ein Blitzstrahl. Die Hündin hatte seine Lodenjacke angeschleppt, die er mit der Leiche vergraben hatte! Ihm wurde schwindelig.
Sein Gegenüber, der den Oberstaatsanwalt wanken sah, faßte ihn erschrocken am Arm.
„Ist ihnen nicht gut, Herr Dr. Merkler? Sie sind plötzlich ganz blaß!“
„Schon gut“, stieß er hervor, „ich habe eine Sommergrippe nicht richtig auskuriert. Der Kreislauf, wissen sie. – Danke, es geht schon wieder.“
Der Hundeführer wollte den Fetzen schon achtlos zur Seite werfen, als der Jagdherr die Hand hob. „Einen Moment, lassen sie mich mal sehen!“ Er faßte den Lappen vorsichtig mit den Fingern und hielt ihn auseinander. „Das war einmal eine Lodenjacke“, stellte er fest. „Hier, sehen sie, an dieser Stelle hat sie einen dunklen Fleck. Sieht fast aus wie Schweiß!“
Merkler fühlte, daß er etwas tun mußte. Langsam kam er näher und tat so, als würde er den Stoff ausgiebig mustern. Schließlich erklärte er: „Das kann alles mögliche sein. Beim Zustand dieses Fetzens könnte man das nur in einem Labor feststellen. – Wieso kommst du überhaupt auf die Idee, daß hier im Wald an eine alte Lodenjacke Blut kommen könnte?“ „Die Polizei hat mich angerufen und mir von dem rätselhaften Verschwinden eines jungen Mannes aus dem Dorf erzählt. Man hat mich gefragt, ob ich etwas gesehen habe. – Das habe ich verneint. – Aber man hat mich gebeten, die Augen aufzuhalten, weil mittlerweile ein Gewaltverbrechen nicht mehr ausgeschlossen werden kann. – Hast du davon noch nichts auf den Schreibtisch bekommen?“

Dr. Merkler konnte nur mit dem Kopf schütteln. Er hatte das Gefühl, als würde sich eine Schlinge um seinen Hals legen. „Wir sollten auf jeden Fall mal in der Dickung nachsehen, ob wir nichts finden", schlug der Stadtrat vor. „Die beschossenen Sauen können wir sowieso erst in einiger Zeit nachsuchen."
Allgemeine Zustimmung war das Echo auf seinen Vorschlag. Emma wurde von ihrem Herrn zur freien Suche geschnallt. Einige Männer bildeten eine Kette und folgten.
Dr. Merkler und zwei der älteren Schützen blieben stehen. Der Oberstaatsanwalt hatte das Gefühl, einem Prozeß ausgeliefert zu sein, der sich unaufhaltsam auf seine Entlarvung hin entwickelte.
Es dauerte nicht lange, dann hörte er giftigen Hundelaut und kurz darauf das Rufen der Männer.
Merkler wußte, daß sie die Leiche gefunden hatten. Er konnte sich zwar nicht erklären, wie es geschehen war, aber das war jetzt ja auch egal.
Er schlenderte etwas zur Seite, um für einen Augenblick alleine zu sein. Er mußte unbedingt seine aufgewühlten Nerven wieder unter Kontrolle bringen.
„Sie haben keinen Beweis gegen dich!" hämmerte er sich ein. Die Jacke trug keine persönlichen Merkmale mehr, da war er sich sicher. Er konnte sich nicht vorstellen, daß sie jemand mit seiner Person in Verbindung bringen konnte. Viele Jäger trugen derartige Jacken.
Als die Jäger aus der Dickung zurückkehrten, machten sie alle sehr ernste Gesichter. Der Jagdherr war totenbleich, als er zu Dr. Merkler herüberkam.
„Ich halte ja einiges aus", erklärte er mit monotoner Stimme, „aber das kann einem den Magen herumdrehen." Er hustete und spuckte aus. „Ich fürchte, da drinnen liegt Arbeit für dich. Wir haben tatsächlich eine Leiche gefunden. Es ist zwar zu erkennen, daß es sich um einen Mann handelt, viel mehr aber nicht. – Die Sauen haben ihn ausgegraben und angefressen." Er sah den Oberstaatsanwalt angeekelt an. „Ich beneide dich wirklich nicht um deinen Job. Aber du hast so etwas sicher schon öfters gesehen."
Dr. Merkler räusperte sich. Es war ihm gelungen, wieder die Maske des interessierten Ermittlers aufzusetzen.
„Ich geh mal rein und schaue mich um. Vielleicht kann mittlerweile einer der Jagdgäste ins Dorf fahren und die Kriminalpolizei verständigen. – Es hat doch keiner etwas angefaßt?"

Stadtrat Herlitzberger verzog angewidert das Gesicht. „Du wirst doch nicht glauben, daß einer von uns an einer halbverwesten Leiche herumfummelt!"
Nachdem er sich den Weg zum Fundort hatte erklären lassen, war Dr. Merkler in die Dickung eingedrungen. Hier konnte er endlich die mühsam aufrechterhaltene Beherrschung fallen lassen. Mit zitternden Knien stützte er sich an einer Kiefer ab.
Was sollte er tun, wenn die Polizei auftauchte? Er spürte aufkommende Panik. Nur seine ausgeprägte Selbstdisziplin und sein Überlebenswille schafften es, dieses Gefühl unter Kontrolle zu bekommen.
Er fürchtete sich davor, erneut mit dem Erlebnis der Nacht konfrontiert zu werden, das er eigentlich gerne vergessen hätte. Doch er mußte sich überwinden. Er mußte die Rolle des ermittelnden Staatsanwalts glaubhaft weiterspielen, sonst war alles verloren.
Er richtete sich auf, biß die Zähne zusammen und ging zum Grab. Er hatte in seinem Leben schon zahllose Leichen in den verschiedensten Stadien der Vergänglichkeit gesehen. Der neuerliche Anblick des entstellten Mannes allerdings, den er auf dem Gewissen hatte, hätte ihn fast umgeworfen.
Er preßte sich ein Taschentuch vor die Nase, um dem Gestank nicht einatmen zu müssen. Schnell drehte er sich um und wankte davon. Erst als er sich wieder gefaßt hatte, verließ er die Dickung und trat zu den anderen.
Es dauerte fast eine Stunde, bis die Polizei eintraf. Der Jagdgast, der sie verständigt hatte, zeigte den Kriminalbeamten den Weg ins Revier.
Dr. Merkler hatte sich mittlerweile entschlossen, die Initiative zu ergreifen, wie man es von ihm gewöhnt war.
„Grüß Gott, Herr Neumann", grüßte er deshalb so freundlich es ihm möglich war, den Kriminalhauptkommissar, Leiter der Mordkommission. Er kannte ihn sehr gut. Beruflich hatten sie ständig miteinander zu tun. Neumann war ein ausgezeichneter Kriminalpolizist mit einer hohen Aufklärungsquote.
Der zog ein erstauntes Gesicht und meinte: „Na, Herr Oberstaatsanwalt, haben sie den Fall schon aufgeklärt?"
Merkler lächelte etwas gezwungen, denn erklärte er sachlich: „Ich gehöre mit zur Jagdgesellschaft. – Die Leiche liegt im oberen Drittel der Dickung hier. Es dürfte sich, dem ersten Augenschein nach, um

einen männlichen Toten, jüngeren bis mittleren Alters, handeln. Genaueres kann man erst bei einer Obduktion feststellen, da der Leichnam schon stark verwest ist und durch Wildfraß entstellt wurde. – Kommen Sie bitte mit!"
Er wußte, daß von ihm erwartet wurde, daß er die Kriminalbeamten zum Fundort führte.
„Kein sehr schöner Anblick!" kommentierte Neumann den Leichenfund. „Haben das Füchse getan?"
Dr. Merkler schüttelte den Kopf. „Das war Schwarzwild, Wildschweine, verstehen sie. Sie sind Allesfresser. Ein toter Mensch ist für sie genauso Aas, wie ein verendetes Reh."
Der Oberstaatsanwald hüstelte: „Ich nehme an, daß sie jetzt in Ruhe ihre Arbeit machen wollen. Kommen sie doch bitte morgen zu mir ins Büro und berichten sie mir, was sie herausgefunden haben."
Der Kommissar nickte abwesend. Er hatte sich Gummihandschuhe übergezogen und war bereits dabei, die Kleidung der Leiche vorsichtig zu untersuchen.

Die Nacht war für Dr. Merkler fürchterlich. Hin- und hergerissen zwischen Verzweiflung, Selbstmitleid und dem Bewußtsein der Schuld, warf er sich von einer Seite auf die andere.
Um zwei Uhr stand er auf und schenkte sich einen doppelten Cognak ein. Der Alkohol beruhigte ihn allerdings kaum. Ruhelos tigerte er in seinem Wohnzimmer auf und ab. Immer und immer wieder ließ er die Szenen der fraglichen Nacht an sich vorüberziehen. Wie konnte das passieren? War es wirklich seine Schuld? – Hatte er Spuren hinterlassen, die auf seine Person hindeuteten? Er wußte es einfach nicht mehr!
Er kannte Hauptkommissar Neumann, wenn der sich einmal an einem Fall festgebissen hatte, war er wie ein Terrier. Er ließ nicht mehr locker. Eine Eigenschaft, die er bisher immer sehr an dem Mann geschätzt hatte. Jetzt verfluchte er sie.
Er ging zum Gewehrschrank und holte die Repetierbüchse heraus, mit der er den verhängnisvollen Schuß abgegeben hatte. Mit geübten Griffen entfernte er das Schloß und holte das Reinigungszeug aus dem Schrank. Er hatte den Lauf des Gewehrs schon dreimal gründlich durchgezogen, doch es schien ihm mit einem Male nicht genug. Er entwickelte eine fast hektische Aktivität.

Es dämmerte bereits, als er auf der Couch in einen unruhigen Schlummer fiel.

„Es handelte sich bei dem Toten tatsächlich um den schon seit längerer Zeit vermißten Landwirtssohn Thomas Altenbach, Herr Dr. Merkler. Der Gerichtsmediziner hat ihn heute morgen gleich obduziert. Die Eltern haben die Kleidungsstücke ihres Sohnes wiedererkannt. Außerdem hat er am Rücken das Muttermal, das Frau Altenbach beschrieben hat.
Der Gerichtsmediziner hat mir mündlich erklärt, daß der Tote erschossen wurde. Er meinte, es müsse eine großkalibrige Jagdwaffe gewesen sein. Das Geschoß habe sich im Körper aufgesplittert und hat dort verheerende Zerstörungen angerichtet. Lediglich ein Geschoßrest sei wieder aus dem Brustkorb ausgetreten. Er muß sofort tot gewesen sein. – Das schriftliche Gutachten erhalten wir in den nächsten Tagen. Die Ermittlungen der Spurensicherung haben ergeben, daß der Fundort nicht der Tatort ist. Der oder die Täter haben die Leiche also transportiert."
Der Kriminalbeamte lehnte sich im Besucherstuhl zurück. „Es gibt noch weitere Punkte, die wir aufklären müssen: Da haben wir den Stoffetzen, den der Hund in der Dickung gefunden hat. Es scheint sich um eine ehemalige Lodenjacke zu handeln, die nicht dem Toten gehört. Ein weiterer Gesichtspunkt, der auf eine Täterschaft aus dem jagdlichen Umfeld hindeutet.
Dann haben wir noch die fehlende Brille des Getöteten. Die Eltern haben uns mitgeteilt, daß ihr Sohn kurzsichtig und ohne Brille stark behindert war. Wir haben am Fundort aber keine Brille gefunden."
Dr. Merkler hatte dem Bericht des Beamten mit immer stärkerer innerer Unruhe zugehört. Von einer Brille hatte er in der Nacht nichts bemerkt. – Hatte Neumann ihn bei seinen Worten nicht auffällig gemustert?
„Wie wollen sie jetzt weiter vorgehen?" fragte er knapp, um das leichte Zittern in seiner Stimme zu verbergen.
„Routinearbeit!" erwiderte der Kriminalbeamte achselzuckend. „Wir werden wohl alle Jagdberechtigten überprüfen müssen, die im Revier Herlitzberger und den umliegenden Revieren auf die Jagd gehen. Dann wissen wir vielleicht mehr." Er erhob sich.

„Na, da können sie bei mir gleich anfangen!“ erklärte der Oberstaatsanwalt mit einem maskenhaften Lächeln. „Ich bin regelmäßiger Jagdgast bei Stadtrat Herlitzberger und besitze natürlich die hierfür erforderlichen Jagdwaffen. Ich war allerdings vor dem Tag, an dem wir die Leiche gefunden haben, seit vier Wochen nicht mehr im Revier gewesen.“

Neumann lachte schallend. „Sie hebe ich mir für den Schluß auf, wenn ich überhaupt keinen anderen Täter finden kann!“

Er verabschiedete sich noch immer lachend.

Kaum hatte er die Tür hinter sich geschlossen, brach Merkler stöhnend in seinem Sessel zusammen. Die Schlinge zog sich immer weiter zu.

Es würde nicht lange dauern, und Neumann würde herausgefunden haben, daß in der fraglichen Nacht, in der Thomas Altenbach verschwand, im Revier Herlitzberger ein Schuß gefallen war.

Was würde geschehen, wenn der Polizist auf die Idee kam, auch sein Alibi zu überprüfen? Bestimmt hatte ihn irgendjemand beobachtet, als er von zu Hause wegfuhr.

Er wischte sich den kalten Schweiß von der Stirne. War es nicht besser, wenn er sich gleich stellte? Er merkte, daß er nicht mehr lange die Nervenkraft aufbringen würde, um dieses Versteckspiel durchzuhalten.

Eine kleine Chance hatte er noch. Wenn der Kommissar seine Integrität nicht anzweifelte und keine Ermittlungen gegen ihn betrieb, konnte er noch davonkommen.

Es ging ihm nicht gut. Er rief seine Sekretärin an und sagte ihr, daß er zu Hause zu erreichen sei. Dann verließ er die Behörde.

In den nächsten drei Tagen konnte Oberstaatsanwalt Dr. Merkler Hauptkommissar Neumann nicht erreichen. Immer, wenn er in der Polizeidirektion anrief, hieß es, er sei zwecks Ermittlungen außer Haus.

Dr. Merkler war ein nervliches Wrack. Er saß stundenlang in seinem Büro und starrte die Wand gegenüber seines Schreibtisches an. Die unerledigten Akten häuften sich. Er konnte einfach keinen klaren Gedanken mehr fassen. Wenn er zu Hause war, trank er Alkohol, um die schrecklichen Überlegungen zu vertreiben.

Am Abend des vierten Tages klingelte es an Merklers Tür. Er befand sich bereits in einem ziemlich desolaten Zustand. Mit wirren Haaren und heraushängendem Hemd öffnete er zögernd die Tür.
Ernst sah er Hauptkommissar Neumann an, dann trat er wortlos zur Seite, um ihn einzulassen. Der Polizeibeamte trat in das Wohnzimmer und warf einen flüchtigen Blick auf die halbgeleerte Cognakflasche, die neben einem Glas auf dem Tisch stand.
„Entschuldigen sie, daß ich sie störe..." murmelte der Kriminalbeamte ungewöhnlich leise.
„Schon gut", erwiderte Dr. Merkler abwinkend. „Setzen Sie sich. – Wollen Sie etwas trinken?"
Neumann hob ablehnend die Hände. „Ich kann mich nicht lange aufhalten."
Es trat ein beklemmendes Schweigen ein. Schließlich hob Merkler den Kopf und fragte: „Was führt sie zu mir, Neumann?"
Er hatte plötzlich tierische Angst. Sie vertrieb den Nebel, den der Alkohol in seinem Kopf erzeugt hatte.
Neumann gab sich einen merklichen Ruck. „Wir haben in der Sache Altenbach einige weitere Erkenntnisse gewonnen, Herr Dr. Merkler, und ich wollte sie ihnen nicht vorenthalten. Ein Forstbeamter hat in der Nacht, in der Thomas Altenbach wohl erschossen wurde, aus dem Revier von Stadtrat Herlitzberger einen Schuß gehört. Er schwört Stein und Bein, daß es sich um einen Gewehrschuß handelte. Ich habe daraufhin, mit Hilfe einiger Jäger, die Hochsitze der Reviere absuchen lassen, die so nahe am Staatsforst stehen, daß der Forstmann den Schuß so laut hören konnte."
Neumannn faßte in die Tasche, holte eine kleine Plastiktüte heraus und legte sie auf den Tisch.
„Auf der sogenannten Feld-Kanzel haben wir unter dem Sitz diese Patronenhülse gefunden. Es handelt sich um das Jagdkaliber .308 Winchester, wie mir unser Waffenexperte versicherte."
Dr. Merkler starrte wie hypnotisiert auf die kleine Metallhülse. Er hatte gewußt, daß er irgendetwas übersehen hatte! „Wir haben die in Frage kommenden Jagdberechtigten alle überprüft", fuhr der Kommissar fort. „Keiner führt eine Waffe dieses Kalibers.
Anschließend haben wir mit Hunden das mögliche Schußfeld abgesucht. Einer der Polizeihunde hat am Rande eines Maisfeldes, auf einem umgepflügten Acker, eine Brille gefunden. Wir haben die umliegende Erde untersucht und Proben genommen.

Die Brille ist die des Erschossenen. Die Eltern haben sie erkannt. Der Boden war mit Blut des Getöteten getränkt. Das hat das Labor einwandfrei festgestellt. Thomas Altenbach wurde dort vor dem Maisacker erschossen. Mit hoher Wahrscheinlichkeit von der Kanzel."

Langsam hob Dr. Merkler den Cognakschwenker zum Mund. Deutlich konnte der Polizeibeamte sehen, wie seine Hand zitterte. Neumann räusperte sich.

„Herr Dr. Merkler, wir kennen uns jetzt schon einige Jahre und ich schätze sie sehr. Deshalb fällt es mir besonders schwer, sie zu bitten, mich einen Blick in ihre Waffenbesitzkarte werfen zu lassen."

Langsam erhob sich der Oberstaatsanwalt und verließ, leicht schwankend, das Zimmer. Es dauerte nicht lange, dann kam er aus seinem Arbeitszimmer zurück. Schweigend reichte er dem Polizeibeamten das Repetiergewehr.

Der nahm es wortlos in Empfang, dann sah er Dr. Merkler ernst an. Der senkte einen Augenblick den Kopf. Als er ihn wieder hob, hatte er Feuchtigkeit in den Augen.

„Entschuldigen sie mich bitte einen Augenblick, Kommissar", murmelte er, dann ging er wieder hinaus.

Es verging kaum eine Minute, dann zerriß ein Revolverschuß die Stille des Hauses.

Menschenjagd

Die dunkle Gestalt, hingekauert hinter dem modrigen Baumstubben, wischte zum wiederholten Male mit einem Taschentuch über das beschlagene Objektiv des Zielfernrohrs.

Der Tag war noch kaum geboren, und der Nebel wallte so dicht, daß nichts zu erkennen war.

Wieder legte die Gestalt das Repetiergewehr über den Baumstumpf und visierte durch das Zielglas eine bestimmte Stelle zwischen den alten Eichen an. Doch es half alles nichts, die Wand aus unzähligen Wassertröpfchen war undurchdringlich. Der Mann fluchte lautlos. Er fror. Obwohl er die Lodenkotze dicht um seinen Körper gewikkelt hatte, gelang es der Kälte, bis an die Haut vorzudringen. Aber nun, das begehrte Ziel dicht vor sich im Dunst wissend, pumpte sein Herz das Blut schneller durch die Adern und erwärmte so die Glieder. Da, hatte er nicht einen leisen Windhauch verspürt? Sofort preßte der Mann wieder seine Wange an den Schaft und brachte sein rechtes Auge hinter die Gummimuffe des Zielfernrohrs. Tatsächlich, die Nebelwände gerieten in Bewegung. Es bildeten sich Wirbel, dann wogende Schleier und schließlich entstand in dem Vorhang aus Feuchtigkeit ein Riß, der freie Sicht auf eine kleine Waldlichtung gewährte.

Der Mann atmete auf. Der Bock stand noch an der alten Stelle. Völlig vertraut gab er sich inmitten des grauen Schutzschildes, hob nur selten das Haupt in den Wind, um zu sichern.

Der Mann wußte, daß er sofort handeln mußte. Der nächste Windhauch konnte die begehrte Beute wieder seinen Blicken entziehen, die Schleier wieder schließen. Er nahm Druckpunkt, der Zielstachel suchte begehrlich die Stelle auf der roten Decke, hinter der das Leben saß.

Im Schuß steilte der Bock ruckartig in die Höhe, tat eine lange Flucht nach vorne und – war verschwunden. Wenige Sekunden später verhüllte der Nebel wieder die Stelle. Der Mann hinter dem Baumstumpf entspannte sich, und auf seinen Zügen erschien ein Lächeln. Seine Ausdauer hatte sich bezahlt gemacht. Er strich fast zärtlich über den leicht erwärmten Lauf seiner Waffe. Auf seinen alten 98er Karabiner konnte er sich verlassen.

Erst als er sich erhob, bemerkte er, daß seine Beine eingeschlafen waren. Es prickelte und schmerzte so, als würde er von tausend Ameisen gebissen, weil das Blut wieder in die gewohnten Bahnen zurückfand. Er trat auf der Stelle, bis das Wimmeln in den Gliedern nachgelassen hatte, dann nahm er seine Waffe auf und repetierte die abgeschossene Hülse heraus. Dabei achtete er sorgsam darauf, daß sie nicht auf den Waldboden fiel. Er fing sie auf und steckte sie in seine Hosentasche. Dann warf er die Büchse am Riemen über die Schulter und pirschte langsam zu der Stelle, wo er den Anschuß vermutete. Der Nebel war zwischenzeitlich wieder so undurchdringlich geworden, daß der Mann fast auf den verendeten Bock getreten wäre.

Er betrachtete seine Beute geraume Zeit mit Kennerblick und bewunderte die beiden dicken, reich geperlten Stangen, deren Enden nur noch andeutungsweise vorhanden waren. Schließlich langte er in die Tasche und holte einen Nicker hervor. Heute, bei dem Dunst, konnte er sich bei der roten Arbeit Zeit lassen. Die grauen Schwaden schützten nicht nur das Wild, sondern auch ihn, den Raubschützen. Nachdem er den Bock versorgt hatte, packte er ihn in einen blauen Müllbeutel und verstaute ihn in seinem Rucksack. Sorgsam achtete er dabei darauf, daß die scharfen Schalen der Läufe kein Loch in die Plastikfolie rissen. Er wollte keine Schweißfährte tröpfeln, die ihn verraten konnte. Er wußte um die Leistungsfähigkeit guter Jagdhundenasen.

Über den Aufbruch scharrte er etwas Laub und Erde. Fuchs und Sauen würden für eine schnelle Beseitigung sorgen. Er warf noch einen prüfenden Blick in die Runde. Nein, er hatte nichts vergessen, was auf seine Fährte führen konnte. Schließlich zog er den Rucksack auf die Schultern, griff sein Gewehr und marschierte mit weitausholenden Schritten davon. Nach wenigen Augenblicken hatte ihn der Nebel verschluckt.

Kurze Zeit später lösten sich in einem alten, stillgelegten Steinbruch polternd einige Steine und stürzten zerschellend auf den Grund. Der Mann hielt einen Augenblick still und lauschte. Niemand schien es gehört zu haben. Er kroch auf einem kaum sichtbaren Steig zu einer

schmalen Felsspalte und verstaute darin sein Gewehr, nachdem er es sorgsam in eine Schutzhülle gesteckt hatte.
Wenig später war er guter Dinge auf dem Heimweg. Den Bock hatte er noch immer im Rucksack. Bei diesem Wetter blieben die Grünröcke lieber zu Hause und widmeten sich ihren Frauen. Er hatte keine Sorge, gesehen zu werden. Sein Haus lag außerhalb des Dorfes am Waldrand, so konnte er es erreichen, ohne daß er sich neugierigen Blicken aussetzen mußte.
Der kleine Ort zählte nur wenige Seelen, aber für diese war alles vorhanden, was sie für ihr Heil und ihre Unterhaltung brauchten: eine Kirche und eine Wirtschaft. Alles zu seiner Zeit, versteht sich. Es war Freitag abend. Die Kühe waren gemolken, die Schweine gefüttert, die Hühner im Stall, die Frauen vor dem Fernseher. Nun saßen die Ökonomen beim Bier im „Ochsen", droschen Schafkopf und unterhielten sich. Der Ochsenwirt eilte geschäftig zwischen den Tischen hin und her, hatte einen hochroten Kopf und achtete darauf, daß in keines der Gläser zu viel Luft geriet.
In der Ecke, versteckt hinter der Garderobe, saßen am runden Tisch die Jäger. Alles Einheimische, die schon seit Jahrzehnten die Gemeindejagd gepachtet hatten. Gewöhnlich ging es an diesem Stammtisch hoch her, doch schon seit einigen Wochen war die Stimmung nicht mehr so, wie sie eigentlich sein sollte. Auch heute waren die Männer recht schweigsam und starrten eher verbissen als durstig in ihre Biergläser. Gelegentlich schickten sie finstere Blicke zu einer Vierergruppe von Kartenspielern hinüber, die sich wortgewaltig ihrer Freizeitbeschäftigung hingaben. Einem guten Beobachter wäre allerdings aufgefallen, daß auch einer der Kartenspieler die Jägerschaft mit Blicken bedachte, die alles andere als freundlich waren.
„Ich habe die Sauerei jetzt endgültig satt!" schimpfte Vinzenz Wohlfahrt, seit über dreißig Jahren Jagdscheininhaber sowie der größte Bauer im Dorf, und ballte die Faust, daß die Knöchel weiß hervortraten.
„Ihr könnt mir erzählen, was ihr wollt, aber ich bin mir völlig sicher, daß der Hauser wildert. Die ganze Zeit habe ich ein Auge zugedrückt, weil es sich in erträglichen Grenzen hielt. Aber jetzt sind mir drei Ernteböcke abgängig! Alles prachtvolle Stücke, und kein Mensch kann sich erklären, wo sie abgeblieben sind. Ich wette meinen Kopf, daß die auch auf das Konto von Hauser gehen. Nur

beweisen kann ich es ihm nicht, dem Schuft! – Aber jetzt reicht's!"
Seine Faust drosch die unschuldige Tischplatte.
Sein Nebenmann, ein kleiner Dicker namens August Köhler, der sich auch in der Wirtschaft nicht von seinem abgegriffenen Lodenhut getrennt hatte, nickte beipflichtend mit dem Kopf.
„Ich habe diesem zugereisten Volk schon immer nicht getraut. Schau sie dir nur einmal an! Keine feste Arbeit. Ein bißchen Holzfällen hier, ein wenig Aushilfsarbeit auf dem Feld dort, das ist alles. In dem Haus leben zusammen mit den Kindern sieben Personen. Die wollen doch alle was zu beißen haben. Ich kann mir nicht vorstellen, daß das mit dem bißchen Geld, das die Hauser-Brüder beischaffen, möglich ist."
Er griff zu seinem Glas, tat einen tiefen Zug, wischte sich den Schaum aus dem Schnurrbart und fuhr mit einem schiefen Blick auf die Kartenspieler fort: „Aber zum Kartenspielen und Saufen scheint es allemal noch zu reichen."
Max Hauser war einer der Kartenspieler und hatte gerade ein Herzsolo gewonnen. Laut lachend strich er seinen Gewinn ein. Am Jägertisch war eine kleine Schweigepause eingetreten. Hinter den Stirnen der erbosten Weidgenossen schlugen die Gedanken Haken wie ein aufgescheuchter Hase vor dem Hund.
Schließlich warf Thomas Reiter, der dritte im Bunde, ein: „Was haltet ihr davon, wenn wir die Polizei...?"
Er sprach den angefangenen Satz gar nicht zu Ende, als er die grimmigen Blicke seiner Zunftgenossen auffing.
Wohlfahrt schüttelte heftig den Kopf:
„Das fehlte mir gerade noch, daß wir die Polizei ins Haus bekommen. Glaubst du vielleicht, die setzen sich in den Wald hinaus und lauern auf den Wilderer? Die schnüffeln nur überall herum, machen einen Mordsdurcheinander, warnen damit den Saukerl und erreichen gar nichts. Wenn sie dann nach einigen Tagen wieder abziehen, geht alles lustig weiter."
Er verschwieg allerdings, daß ihm bei dem Wort „Polizei" ein paar Rehe einfielen, die er „versehentlich" über den Abschußplan hinaus erlegt hatte. Es wäre schon sehr peinlich gewesen, wenn die Kriminaler statt des Wilderers ihm eine Anzeige aufbrummen würden.
Auch Andreas Müller, der bisher geschwiegen hatte, schüttelte heftig den Kopf:
„Da muß ich dem Vinzenz schon recht geben. Es kennt sich keiner so gut im Revier aus wie wir. Wir brauchen keine Polizei, das nehmen

wir selbst in die Hand. Wenn wir dann den Kerl auf frischer Tat ertappen, werden wir ein schönes Paket schnüren und ihn auf der Polizeiwache abliefern."

Einhelliges Nicken folgte seinen Worten.

Der fünfte Jäger in der Runde schwieg auch weiterhin. Es war Sepp Wohlfahrt, der jüngere Bruder von Vinzenz. Er war ein etwas einfältiger Mensch, der es von früher Kindheit an gewohnt war, im großen Schatten seines älteren Bruders zu leben und stets auch dessen Meinung zu vertreten.

Als die Jägerrunde nach Mitternacht den „Ochsen" verließ, war ein Plan ausgeheckt, dessen Realisierung sie von der Geisel der Wilderei befreien sollte.

Max Hauser verließ, wenige Tage danach, an einem späten Nachmittag, das Haus. Er hatte sich vorgenommen, ein wenig durch den Wald zu schlendern. Umsehen nannte er es. Seinen Bruder hatte er hinter dem Haus mit Holzhacken beauftragt. Weithin konnte man die Schläge hören, wenn das Beil in die Holzscheite fuhr. Jedem Vorüberkommenden mußte klar sein, daß hier schwer gearbeitet wurde. Die Jäger mußte er am Tag nicht sonderlich fürchten, da alle Landwirte waren und zu dieser Stunde in den Ställen ihr Vieh zu versorgen hatten.

Hauser betrat einen schmalen Trampelpfad, der von seinem Haus in den Hochwald führte.

Umsehen bedeutete für ihn nichts anderes, als herauszufinden, wo ein kräftiger Bock stand. Er hatte gestern eine für ihn empfindlich hohe Summe beim Kartenspielen verloren und gedachte dieses Loch im Geldbeutel wieder zu stopfen. Arbeit hatte er zur Zeit keine. Also, was einfacher als auf die „natürlichen Einnahmequellen" zurückzugreifen?

Kaum hatte ihn der Hochwald aufgenommen, veränderte sich sein Verhalten merklich. Er setzte seine Sohlen vorsichtiger auf, seine Haltung wurde wachsamer, und seinen Blicken, die zwischen den Bäumen hin und her wieselten, entging keine Bewegung.

Da er jedoch seine gesamte Aufmerksamkeit auf das Geschehen vor sich konzentriert hatte, bemerkte er nicht, daß sich eine kräftige Männergestalt aus dem Schatten einer Hecke löste und sich anschickte, ihm lautlos zu folgen.

Es vergingen reichlich zwei Stunden, während Hauser systematisch alle ihm bekannten Einstände abpirschte. Er prüfte Trittsiegel und begutachtete Losung. Er kannte sich aus im Wald und vertat keine Zeit an Orten, wo nichts zu holen war.
Mittlerweile begann es zu dämmern.
Der Verfolger, der ihm wie ein Schatten in sicherer Entfernung auf den Fersen geblieben war, bekam eine immer grimmigere Miene. Am liebsten wäre er dem Kerl vor ihm an den Kragen gegangen. Doch im Interesse der Sache hielt er sich zurück. Plötzlich, ehe sich der Verfolger versehen hatte, war Hauser in der Nähe des alten Steinbruchs wie vom Erdboden verschluckt. Andreas Müller, er war der stille Verfolger, fluchte leise in sich hinein. Er war nur kurz mit einem trockenen Ast beschäftigt gewesen, der sich in seinem Stiefelriemen verfangen hatte, und schon hatte er den Kerl aus den Augen verloren. Hatte er vielleicht bemerkt, daß er verfolgt wurde?
Als sich der Jäger gerade enttäuscht auf den Heimweg machen wollte, tauchte Hauser mit einem Male wieder aus der Versenkung auf. Die Augen des Weidmanns wurden weit: Hauser hatte ein Gewehr in der Hand! – Also doch! Mit glänzenden Augen sah Müller zu, wie der Wilderer ein Stück weiter auf eine Leiter kletterte, die er, Müller, selbst dort an der kleinen Lichtung aufgestellt hatte, weil dort ein braver Bock seinen Einstand hatte.
Nur mühsam zwang sich der Jäger, in seinem Versteck auszuharren. Heute mußte die Überführung gelingen! Die Geduld des Aufpassers wurde auf eine harte Probe gestellt. Als das Licht gerade noch ausreichte, kam plötzlich Leben in die reglose Gestalt des Mannes auf der Leiter. Langsam hob er seine Waffe, zielte kurz, dann brach ein Schuß. Andreas Müller zuckte unwillkürlich zusammen. Auf was mochte der Lump geschossen haben? Er hatte von seinem Standort aus kein Wild ausmachen können. Hoffentlich hatte er nicht seinen Bock erwischt!
Kurze Zeit später baumte Hauser ab und Müller rückte vorsichtig ein Stück nach. Zornig mußte er zusehen, wie der Kerl ohne große Hast, aber mit ausgesprochener Sachkenntnis tatsächlich „seinen" braven Bock aufbrach.
Voller ohnmächtiger Wut, doch in bester Pirschmanier, folgte der Jäger dem Wilderer, der sich offenbar völlig sicher fühlte, und beobachtete, wie er die Waffe und seine Beute im Steinbruch versteckte.

Erst jetzt merkte Müller, daß er die ganze Zeit seine Faust um den Griff seines Revolvers gekrampft hatte. Langsam ließ er los. Es hatte keinen Zweck, wenn er alleine versuchte, den Kerl zu stellen. Erstens war es zu gefährlich und zweitens war es besser, wenn bei der Polizei mehrere Zeugen aussagen konnten. Da war noch ein Gesichtspunkt, der ihn von einer Festnahme abhielt. Es würde den anderen eine Genugtuung sein, gemeinsam den Triumph der Festnahme zu erleben. Er wartete daher, bis Hauser in der aufkommenden Dämmerung verschwunden war. Erst als er ganz sicher war, daß ihn der Wilderer nicht mehr bemerken würde, machte er sich auf den Weg zu Vinzenz Wohlfahrt.
Der Bauer hörte sich den Bericht seines Weidgenossen mit grimmiger Miene an, ohne ihn zu unterbrechen. Als Müller fertig war, meinte Wohlfahrt mit leiser Stimme:
„Haben wir dich, Bürschchen! Ich nehme an, er wird versuchen, in der Nacht seine Beute zu holen. – Wir werden dafür sorgen, daß es bei dem Versuch bleibt!"
Beim letzten Satz war in seiner Stimme kein Hauch von Freundlichkeit.

Eine Stunde vor Anbruch des Tages verließ eine männliche Gestalt das Anwesen Hausers. Ohne sich umzusehen, verschwand der Mann im Wald. Obwohl es stockfinster war und er keine Lampe benutzte, erreichte er zielsicher den verfallenen Steinbruch. Lose Bruchsteine rasselten den Hang hinab, als er zu dem Versteck in der Wand kletterte. Er griff hinein und zog den Rucksack mit dem gewilderten Reh hervor. Er schnallte ihn sich auf den Rücken und wandte sich dann um, um den Hang wieder hinunterzusteigen.
Auf diesen Augenblick hatten Vinzenz Wohlfahrt, sein Bruder Sepp und Andreas Müller nur gewartet. Die ganze Nacht hatten sie am Rande des Steinbruchs auf der Lauer gelegen. Sie waren steif, völlig durchgefroren und entsprechend wütend.
Vinzenz sprang auf die Beine, strahlte die Gestalt mit seiner starken Taschenlampe an und brüllte, daß es von den Steinwänden widerhallte:
„Hände hoch, du Lump, sonst krachts!"
Die beiden anderen Jäger waren ebenfalls aufgesprungen und hielten ihre Gewehre im Hüftanschlag.

Die Schrecksekunde des Wilderers war nur sehr kurz. Ehe sich die Jäger versahen, warf er sich nach hinten, riß die Waffe aus dem Versteck und rutschte auf dem Hosenboden, inmitten einer Lawine aus Geröll, den steilen Hang hinunter. Vinzenz war über diese Reaktion so verblüfft, daß der Mann schon fast zwischen den niederen Büschen des Steinbruchgrundes verschwunden war, ehe der Jäger etwas unternahm.
Schließlich warf der alte Wohlfahrt zornig seine Lampe weg, riß seinen Drilling hoch und feuerte eine Schrotladung in den zwischenzeitlich dämmrigen Himmel. Der Knall des Schusses riß die beiden anderen Mitstreiter aus ihrer Unentschlossenheit. Müller feuerte ebenfalls in die Baumwipfel und brüllte: „Stehenbleiben!"
Nicht so Sepp Wohlfahrt. Als er den Hut des flüchtigen Wilderers noch einmal zwischen dem Unterholz zu erkennen glaubte, ließ er gezielt fliegen. Der scharfe Peitschenschlag seines Schusses vermischte sich mit dem Echo der vorausgegangenen Schüsse. Auch die beiden anderen jagten jeweils noch eine Schrotlandung hinter dem Wilderer her.
Der Flüchtende war plötzlich verschwunden.
Die drei Männer sammelten sich an der Stelle, an der ein schmaler Trampelpfad in den Grund hinunterführte. „So ein Mistkerl", schimpfte Vinzenz Wohlfahrt enttäuscht, „der ist mit allen Wassern gewaschen! Nichts wie hinterher! Sonst gelingt es ihm auch noch, das Reh verschwinden zu lassen. Dann stehen wir schön blöde da!"
„Wir müssen vorsichtig sein", warf Andreas Müller ein, „er hat ein Gewehr bei sich."
„Der wird sich hüten, auf uns zu schießen!" winkte Vinzenz ab, während er zwei Patronen in die Läufe seines Gewehrs stopfte.
Sepp hatte seine Bockbüchsflinte abgeknickt und wollte ebenfalls die abgeschossene Schrotpatrone herausnehmen. Plötzlich stammelte er:
„Ich glaub, ich hab aus Versehen mit der Kugel geschossen!" Die beiden anderen zuckten mit den Schultern: „Das kann in der Aufregung schon passieren. Hast halt ein Loch in die Luft geballert."
Als Sepp bedrückt schwieg, sahen sie ihn aufmerksamer an. Schließlich flüsterte er so leise, daß sie ihn kaum verstanden:
„Ich hab nicht in die Luft geschossen. Nachdem er nicht auf eure Warnschüsse gehört hat, hab ich richtig draufgehalten. Ich dachte, daß ihm ein paar Schrote nicht schaden würden bei der Entfernung."

Vinzenz Wohlfahrt fluchte laut und begann, den anderen voran, den Hang hinunterzurennen. Mit einem Male beschlich ihn ein beklemmendes Gefühl. Auch er hatte beim zweiten Mal gezielt geschossen. In seiner Wut war es ihm egal gewesen, ob er traf oder nicht. Jetzt, da er wußte, daß sein Bruder den Kugellauf abgefeuert hatte, hätte er die Schüsse gerne rückgängig gemacht. Tief mußten sie in das Unterholz nicht eindringen. Zuerst sahen sie die benagelten Schuhe des Wilderers. Er lag still auf der Brust, der Rucksack war ihm in den Nacken gerutscht. Das Gewehr lag, noch in der Hülle, neben ihm.
Langsam beugte sich Vinzenz Wohlfahrt über die reglose Gestalt. Sachte zog er den Rucksack herunter und drehte den Mann herum. Sie erkannten ihn sofort. Es war Robert Hauser, der jüngste Bruder von Max. Sein noch kindliches Gesicht war verzerrt, die Augen weit aufgerissen. Sie spiegelten noch das Entsetzen wieder, welches er bei der Flucht empfunden hatte. Das Büchsengeschoß war dicht unterhalb des Nackens neben der Wirbelsäule in den Rücken eingedrungen und hatte vorne einen schrecklichen Ausschuß hinterlassen. Der Junge mußte auf der Stelle tot gewesen sein.
Die Schreckensstarre von Vinzenz Wohlfahrt und Andreas Müller war auch nicht durch das haltlose Schluchzen von Sepp Wohlfahrt zu lösen. Sie wußten nicht, wieviel Zeit vergangen war, während sie auf das Opfer ihrer Selbstjustiz hinabstarrten. Es war schon heller Tag, als die drei geschlagenen Männer in das Dorf zurückschwankten. – Wenig später wimmelte es im Dorf und im Steinbruch von Polizisten.

Der Rest der traurigen Geschichte ist schnell erzählt. Sepp Wohlfahrt bekam eine lange Freiheitsstrafe. Vinzenz Wohlfahrt und Andreas Müller erhielten für ihre Beteiligung an der Straftat Bewährungsstrafen. Allen Beteiligten wurden die Jagdscheine auf Lebenszeit entzogen und das Recht, Waffen führen zu dürfen, abgesprochen.
Max Hauser legte unter dem Eindruck des Todes seines Bruders, den er mitverschuldet hatte, ein umfassendes Geständnis über seine Wildereistraftaten ab und wanderte, da er bereits vorbestraft war, ebenfalls ins Gefängnis. In dem kleinen Dorf gab es Gesprächsstoff für lange Zeit. Die Hausers zogen fort. Die Leute waren froh darüber. Sie hatten nie richtig dazugehört.

The hunting party
(Die Jagdgesellschaft)

Die Begebenheit, von der ich hier berichten möchte, spielte sich in den Jahren 1945/46 ab. Sie wurde mir von Zeitzeugen erzählt und ich habe mich bemüht, sie so wirklichkeitsgetreu wie möglich wiederzugeben. Kleine „Reibungsverluste“ lassen sich durch die lange Zeit, die seitdem vergangen ist, allerdings nicht vermeiden.

Die harten Schläge an die Kirchentüre waren laut und fordernd. Das Schlußlied, das die hier zum Gottesdienst versammelte Gemeinde gerade voller Inbrunst angestimmt hatte, blieb den Kirchenbesuchern in den Kehlen stecken. Die altersschwache Orgel verstummte mit einem disharmonischen Pfeifen.
Es trat eine bedrückende Stille ein.
Der Sonntagsfriede, das letzte Stückchen Friede, das der Krieg den Menschen in dem Dörfchen gelassen hatte, war zerstört. Mit diesem herrischen Klopfen forderte der Krieg Einlaß in diese letzte Enklave der Sicherheit, die den Leuten noch geblieben war.
In seinen Bewegungen erstarrt stand der Pfarrer regungslos vor dem Altar. Die wenigen alten Männer, die Frauen und Kinder verharrten wie gebannt in den Bänken. Ihre Gesichter spiegelten ein Kaleidoskop der Gefühle wieder: Bitterkeit, Furcht und Verzweiflung.
Da erklang es wieder, das fordernde Schlagen. Lauter, bedrohlicher. Zumindest die Männer ahnten, daß es mit dem Kolben einer Waffe erzeugt wurde. Einer Waffe, die von der Faust eines Feindes gehalten wurde.
Sie sahen sich an. Wer sollte öffnen?
Da trat der alte Meinbacher schwerfällig aus seiner Bank. Er trat in den Mittelgang, deutete eine Verbeugung zum Altar an und humpelte mit schlurfenden Schritten zur Türe. Auch er hatte Angst. Aber er

war der Dorfälteste. Einer der wenigen Männer, die der Krieg nicht mehr hatte gebrauchen können, weil er zu alt und verbraucht war. Jetzt konnte er der Gemeinde einen Dienst erweisen, indem er als erster dem Feind gegenübertrat. Sollte ihm etwas geschehen, war das nicht so schlimm. Er hatte sein Leben gelebt. Die Kolbenhiebe wurden immer ungeduldiger. Der Widerhall der Schläge hallte schmerzhaft in den Ohren der Menschen wider. Der Atem des alten Mannes beschleunigte sich, als er die schweren Flügel der eichenen Kirchentüre aufschwang.

Das erste, was er sah, war die drohende Mündung einer Maschinenpistole, die direkt auf seinen Kopf zeigte. Ganz langsam hob er seine gichtigen Hände in Schulterhöhe und trat vor das Portal.

Seine altersgetrübten Augen blickten furchtsam auf das waffenstarrende Spalier amerikanischer Infantrie. Diese wiederum musterten angespannt und auch etwas neugierig den kleinen, gebrechlichen Mann, der mit erhobenen Händen vor ihnen stand und in die tiefstehende Sonne blinzelte.

Schließlich trat einer der Soldaten, offenbar ein Offizier, vor und befahl in gebrochenem, aber durchaus verständlichem Deutsch: „Alles Leute rauskommen! Mit Händen hoch! We have, ... wir haben ihr Dorf eingenommen. Widerstand ist zwecklos!" Der alte Meinburg nickte verstehend. Er hatte derartige Szenen schon im Ersten Weltkrieg erlebt. Hier standen jetzt die Sieger, und man hatte sich ihren Wünschen zu beugen.

Während er sich umdrehte, spürte er so etwas wie Erleichterung. Die Worte des Offiziers hatten bei aller Bestimmtheit auch eine hoffnungsvolle Bedeutung: Für Unterelsbrunn schien der Krieg vorüber zu sein.

Er schlurfte ein Stück in das Kirchenschiff zurück. Fast körperlich fühlte er die Blicke der Dorfbewohner, die auf ihm ruhten. Er räusperte sich ein wenig, dann klang seine etwas brüchige Stimme bis in den letzten Winkel des Gotteshauses:

„Die Amis sind da. Sie wollen, daß wir alle mit erhobenen Händen herauskommen." Nach einer kurzen Pause fügte er ernst hinzu: „Ich denke, der Krieg ist vorüber."

Die Reaktion der Menschen war verschieden. Während die Kinder aufgeregt zu tuscheln begannen, fingen einige Frauen zu schluchzen an. Andere beteten laut. Aber keiner wollte der erste sein, der der Aufforderung Folge leistete.

Da gab sich der Pfarrer einen Ruck. Er faltete seine Hände und schritt würdevoll durch den Mittelgang auf die Türe zu. Zuerst zögernd, dann fast hastig, schlossen sich die Schäfchen ihrem Hirten an.
Wenn das alles stimmte, was ihnen die eigene Propaganda über den Feind eingetrichtert hatte, erwartete sie ein schreckliches Schicksal. Die Kinder dicht an die Mütter gepreßt, stolperten die Unterelsbacher durch die Reihen der Sieger. Jeden Augenblick rechneten sie damit, daß die Soldaten über sie herfielen. Doch was war das? Keiner der Uniformierten bewegte sich. Interessiert musterten sie das ängstliche Häuflein Menschen, das die Kirche verließ.
Am Ende des Spaliers wurden die alten Männer und einige der älteren Buben auf die Seite genommen und durchsucht. Sonst geschah nichts Beunruhigendes. Nach einiger Zeit wurden die Menschen von dem Offizier in ihre Häuser zurückgeschickt. Ehe sie sich von ihrer Überraschung erholt hatten, waren die leichten Kettenfahrzeuge aus ihrem Dorf verschwunden.
Es dauerte einige Zeit, bis sich die ersten Menschen wieder aus ihren Häusern herausgetrauten. Als der Damm jedoch gebrochen war, liefen sie alle zusammen und redeten aufgeregt durcheinander. Sie übertrafen sich gegenseitig in Vermutungen. Waren sie jetzt erobert? Wie sollten sie sich jetzt verhalten?
Sahen sie sich als erobert an, empfahl es sich, weiße Fahnen aus den Fenstern zu hängen, um nachfolgenden Truppen die Kapitulation zu signalisieren. Bestand jedoch noch die Gefahr, von deutschen Einheiten zurückerobert zu werden, würde das Aufziehen weißer Fahnen als Verrat ausgelegt werden.
Die Meinungen wogten hin und her. Schließlich setzten sich die Mutigen durch. Einige Zeit später wehten aus fast allen Häusern von Unterelsbrunn weiße Bettlaken.
Gerade noch zur rechten Zeit. Einige Minuten später rollte die zweite amerikanische Eroberungswelle über das Dorf. Diese Soldaten nahmen es mit der Eroberung schon etwas genauer. Die Häuser wurden systematisch nach Waffen durchsucht. Einige Personen wurden kurzfristig in Haft genommen und verhört. Insgesamt gesehen, kam Unterelsbach aber auch bei dieser Aktion recht glimpflich davon.
Ein Teil dieser Truppen ließ sich im Dorf nieder. Häuser wurden beschlagnahmt und in ihnen eine notdürftige Verwaltung eingerichtet. Als sich die Dorfbewohner darüber wunderten, erfuhren sie, daß

das Dorf strategisch günstig lag. Nach einigen Tagen hatten sich die Menschen an die dunkelhäutigen Gesichter vieler US-Soldaten gewöhnt. Am leichtesten fiel es den Kindern, sich mit den neuen Herrn im Dorf anzufreunden. Schokolade und Kaugummi waren aber auch unschlagbare Argumente.
Einmal gab es noch eine große Aufregung im Dorf, als man in der Nähe Maschinengewehrfeuer hörte. Bei den Soldaten wurde Alarm ausgelöst, und alle Bewohner in die Häuser befohlen. Später hörte man, daß der Reicherts Sepp, der ungezogene Bub, und einige andere seiner Freunde, Schuld an der ganzen Aufregung waren.
Sie hatten am Waldrand einen Maschinengewehrgurt mit Munition gefunden, den die deutschen Soldaten zurückgelassen hatten. Die Lausbuben hatten ein Feuer angezündet und den Gurt einfach hineingeworfen. Die explodierenden Patronen hatten die ganze Aufregung verursacht. Es war fast ein Wunder, daß keinem der Kinder ein Schaden entstand.
Bald war jedoch dieser Vorfall vergessen und so etwas wie Alltag kehrte in das Dorf ein. Schließlich erreichten die Nachrichten vom Ende des Dritten Reiches auch die Unterelsbrunner. Die Menschen atmeten auf.

Es war etwa zwei Monate später, als Manfred Heilmann, Theo Wander und Fritz Umgelter nach Hause kamen. Sie hatten das Glück gehabt, in amerikanische Gefangenschaft zu geraten. Vor wenigen Tagen waren sie entlassen worden und zu Fuß nach Unterelsbach marschiert.
Es war klar, daß die Nachricht von den ersten Kriegsheimkehrern wie ein Lauffeuer durch das ganze Dorf ging. Auch Unterelsbach hatte einen hohen Blutzoll entrichten müssen. So freute man sich doppelt über jeden Mann, der gesund nach Hause zurückkehrte.
Diese drei Männer sollten etwa ein Jahr später eine tragende Rolle in dieser Geschichte spielen. Zum besseren Verständnis der Geschehensabläufe sei in diesem Zusammenhang ein kurzer Hinweis auf die waffenrechtliche Gesetzgebung der Besatzungszeit erlaubt:
Mit Befehl vom 7. Januar 1946 hatte der alliierte Kontrollrat die totale Entwaffnung des deutschen Volkes angeordnet. Ein Verstoß gegen die Abgabepflicht aller Waffen und Munition konnte mit der Todesstrafe geahndet werden.

Am meisten betroffen von dieser Maßnahme waren selbstverständlich die Jäger, die ihre geliebten Jagdwaffen abliefern mußten. Man wird Verständnis dafür aufbringen, daß gelegentlich (erfolgreiche) Versuche unternommen wurden, die erwähnte Verordnung zu unterlaufen. Tatsache war, daß wertvolle Waffen in allen möglichen Verstecken landeten. Jauchegruben und ausgehöhlte Dachbalken waren besonders bevorzugte Aufbewahrungsorte. Lediglich die weniger wertvollen Stücke wurden, gegen Quittung versteht sich, bei den Militärbehörden abgegeben.
Doch nun zurück zu unserer Geschichte. Man schrieb zwischenzeitlich den 10. September 1946.
Im Heilmannshof saß in der guten Stube eine feuchtfröhliche Runde beisammen. Da war der Bauer, Manfred Heilmann, dann seine beiden Freunde, die bereits oben erwähnten Theo Wander und Fritz Umgelter sowie ein vierter männlicher Gast. In der Mitte der Tischplatte stand ein Teller mit hausgemachter Wurst und eine mittlerweile nur noch viertel volle Flasche Zwetschgenschnaps Marke „Eigenbau". Die drei Männer hatten sich getroffen, um die Heimkehr des Vierten, ihres Freundes Otto Reißer, zu begießen, den man bereits als gefallen betrauert hatte. Tatsächlich war er aber als einer der ersten nach der Invasion in amerikanische Kriegsgefangenschaft geraten und mußte über ein Jahr in einem Gefangenenlager in den Staaten verbringen.
Gerade hob Manfred sein Glas und dröhnte: „Auf dein Wohl, Otto, in meinen Bauch!"
Der Angesprochene ließ sich nicht lumpen und stieß mit dem Bauern an. Als der hochprozentige „Obstsaft" hinter der Gurgel verschwunden war, fragte Fritz: „Und du hast tatsächlich bei den Farmern gearbeitet?" Otto nickte: „Klar doch, ich war begehrt, weil ich von der Landwirtschaft was verstanden habe. Die Amis sind da ganz anders. Wenn du etwas leistest, dann bist du auch angesehen. Egal, wo du herkommst."
„Und wie war das mit der Verpflegung?" mischte sich Theo ein.
„Mensch, gefressen haben wir, wie die Fürsten! Da hat es keine rationierten Lebensmittel gegeben. Marken sind denen gänzlich unbekannt. Da gehen die Leute einfach in einen Laden hinein und kaufen was sie wollen. – Wenn ich es recht überlege, dann geht es mir heute schlechter als drüben." Er warf einen überlegenden Blick auf den Tisch und den Teller, dann ergänzte er:

„Den heutigen Abend möchte ich natürlich ausnehmen." Sie lachten herzhaft und Manfred stieß kichernd hervor: „Das will ich aber auch meinen. Wenn mein alter Herr im Krieg nicht ein so hervorragender Schwarzschlächter gewesen wäre, könnten wir uns heute nicht so die Bäuche vollschlagen."
Diese Aussage nahmen sie zum Anlaß, um auf das Wohl von Manfreds Vater zu trinken, der augenblicklich seine Tochter in der Stadt besuchte.
Beiläufig warf Otto einen Blick zur Stubenwand, an der, nebeneinander aufgereiht, eine große Anzahl von Jagdtrophäen hingen. Manfred, der den Blick gesehen hatte, bekam eine finstere Miene. Otto bemerkte es und fragte: „Mit der Jägerei geht zur Zeit wohl gar nichts?"
Die drei Männer winkten ab. Manfred sprang erregt vom Stuhl und riß einen schmalen Schrank auf, in dessen Inneren man einen eingebauten Gewehrständer erkennen konnte. Allerdings stand keine einzige Waffe darin.
„Da, schau dir das an!" schimpfte Manfred mit hochrotem Kopf. „Meine ganzen Waffen habe ich abgeben müssen. Da war noch eine alte Hahnflinte von meinem Großvater mit dabei. Für die hat es gar keine Munition mehr gegeben, und trotzdem mußte ich sie abliefern. Es ist eine bodenlose Sauerei! Als wenn man mit Jagdwaffen einen Krieg anfangen könnte!" Zornig schlug er die Schranktüre wieder zu.
Dazu muß man wissen, daß die Familie der Heilmanns schon seit drei Generationen die Gemeindejagd von Unterelsbrunn gepachtet hatte. Theo und Fritz hatten selbst kein Revier, waren aber ständige Jagdgäste mit freier Büchse in Heilmanns Jagd gewesen.
Auch die Gesichter der letztgenannten hatten sich verfinstert, und Fritz knurrte:
„Du solltest einmal sehen, wie die Amis auf unser Wild Jagd machen. Kürzlich haben sie draußen am Karpfenweiher mit Maschinenpistolen auf Wildenten geschossen. Getroffen haben sie zum Glück so gut wie nichts. Und was sie herunterholten war nicht mehr zu gebrauchen. Total zerfetzt. Aber das ist denen egal. Man könnte manchmal meinen, daß es ihnen einfach nur Spaß macht, in der Gegend herumzuballern. – Wie im Wilden Westen."
Theo fügte aufgebracht hinzu: „Unsere Kinder benutzten sie als Treiber, weil sie selbst zu bequem sind, einen Schritt zu Fuß zu gehen.

Allerdings...," er unterbrach sich und ein spitzbübisches Grinsen überzog sein Gesicht, „wir haben den Buben eingeprägt, daß sie die Soldaten in erster Linie in den Staatsforst führen. Bis jetzt haben sie unser Revier ziemlich in Ruhe gelassen." Nun mußte auch Manfred wieder lachen:

„Ich bin vor einigen Tagen zufällig durch den Wald gegangen und hab Greif, meinen Wachtelrüden, dabeigehabt. Der Kerl ist mir am Stegenrain ausgekommen und hat in den Dickungen dort herumgestöbert. Was da alles herausgekommen ist, ihr macht euch keine Vorstellung. Wenn man da wieder einmal jagen könnte...!" Seine Augen hatten einen sonderbaren Glanz bekommen, der nicht vom Alkohol stammte.

Einen Augenblick trat Stille ein, jeder hing seinen eigenen Gedanken nach. Theo stellte sich gerade vor, einen Teller mit Rehbraten, Rotkraut, Preiselbeeren und Klößen vor sich zu haben, als Otto sich räusperte und das Schweigen unterbrach:

„Wie ist das eigentlich organisiert? Gibt es im Augenblick niemand, der für die Reviere verantwortlich ist?"

Manfred nickte: „Doch, drüben in der alten Revierförsterei in Heckenberg haben sie einen alten ehemaligen Forstbeamten eingesetzt, der für das ganze Gebiet hier zuständig ist. Wie gut er es betreut, kannst du daran erkennen, daß ich den Mann noch nicht einmal gesehen habe."

Otto griff zur Flasche und schenkte allen die Gläser voll, dabei zeigte er eine äußerst nachdenkliche Miene. Als sie ausgetrunken hatten, meinte er zögernd:

„Es könnte da einen Weg geben..." Die anderen drei sahen ihn fragend an. „Habt ihr tatsächlich alle Gewehre weggegeben?" Er sah seinen Zechkumpanen scharf in die Gesichter. Als sie etwas verlegen auf die Tischplatte starrten, fuhr er fort: „Also nicht! Das hätte mich auch gewundert. Was druckst ihr so herum, glaubt ihr, ich werde euch verpfeifen? Ein bißchen Vertrauen müßt ihr schon zu mir haben. Sonst können wir den Plan, der mir eben eingefallen ist, nicht durchziehen."

Manfred Heilmann grinste verschmitzt, dann meinte er: „Du mußt schon verstehen, wir reden auch untereinander nicht darüber. Man weiß nie, ob die Wände nicht Ohren haben. Wer läßt sich schon gerne um einen Kopf kürzer machen?"

Otto senkte seine Stimme.

„Klar kann ich euch verstehen. – Das Problem der Bewaffnung wäre also gelöst…“ Er rieb sich knirschend seinen Zweitagesbart. Den anderen drei wurde sein Gebaren immer rätselhafter. Schließlich platzte Fritz der Kragen: „Jetzt rück schon heraus! Was sollen denn deine ganzen Andeutungen?“
Otto gab ihnen einen Wink, dann steckten sie die Köpfe zusammen.

Hans Rettig ging zum Kleiderhaken und holte den alten 98er Karabiner herunter, den man ihm bei seiner Reaktivierung als Dienstwaffe zugeteilt hatte. Er steckte sich einige Patronen ein und pfiff Cäsar, seinem alten Deutsch-Drahthaar. Es wurde Zeit, daß er hinunter zum Stichweg kam. Als ihn vor einigen Tagen ein Major Hayworth angerufen hatte, um mit ihm den heutigen Termin für eine Drückjagd auszumachen, hatte er ihm diese Stelle als Treffpunkt genannt.
Er knöpfte seine Lodenjacke zu und setzte sich seine alte Schildkappe auf das bereits stark gelichtete Haupthaar.
Wie er so, den Hund am Riemen, den Weg hinunterstolperte, mußte er an das Telefongespräch mit dem Major denken. Er war ziemlich erstaunt darüber gewesen, daß der Mann ein ganz ausgezeichnetes Deutsch sprach. Das war schon eine Ausnahme, denn für gewöhnlich gaben sich die Sieger keine große Mühe, um die Sprache der Unterlegenen zu erlernen. Meist mußte er sich mit den Jagdgästen, die er zu führen hatte, mit Händen und Füßen unterhalten. Aber es war ja eigentlich ganz egal. Die Amis wollten nur ein wenig herumschießen. Sie stellten keine großen Ansprüche. Ihn ärgerte nur dies: wenn sie irgend ein Stück anbleiten und er es dann stundenlang nachsuchen mußte. Nicht immer gelang es Cäsar, ihn zum Wild zu führen, damit er ihm den Fangschuß geben konnte.
Allerdings hatte die Nachlässigkeit seiner „Jagdgäste“ auch Vorteile. Fast immer fiel ein Stück Wildbret für ihn ab. In dieser Zeit ein seltener Genuß für eine deutsche Zunge. Es wunderte ihn schon etwas, daß der Major den Wunsch geäußert hatte, ausgerechnet im Unterelsbrunner Revier zu jagen. Meistens war es den Amis egal, wohin er sie führte. Aber bitte, der Sieger bestimmt!
Als er aus dem Stichweg herauskam, konnte er den Armeejeep schon sehen. Vier Personen saßen darin, einer davon in einem amerikanischen Kampfanzug. Die anderen trugen grüne Zivilkleidung. Wenn

man es nicht besser gewußt hätte, hätte man sie ohne weiteres auch für Deutsche halten können. Als er näher kam, sah ihn der Soldat im Kampfanzug, sprang hinter dem Steuer des Geländewagens hervor und kam mit ausgestreckter Hand auf den Forstbeamten zu.
„Hello, Mister Rettig", brüllte er lauter, als es notwendig gewesen wäre, „ich bin Major Hayworth."
Rettig schüttelte die Hand und dachte dabei darüber nach, warum bei den Amerikanern das „R" immer so klang, als hätten sie gerade einen Kloß im Hals stecken.
Der Major deutete in Richtung Wagen. „Darf ich ihnen meine Friends vorstellen: This is Lieutenant Harper, this Captain Fuller und this Colonel Nader. Mich kennen sie ja schon."
Rettig hatte der Vorstellung nur mit halbem Ohr gelauscht. Er konnte sich diese amerikanischen Namen sowieso nicht merken.
Es erfüllte ihn mit Grimm, als er bemerkte, daß die Amis alle hervorragende Jagdwaffen besaßen. Man konnte auf dem ersten Blick erkennen, daß es sich hierbei um keine amerikanischen Fabrikate handelte. Alles Beutewaffen und nur vom Feinsten. Er seufzte leise. Na, wenigstens blieb ihm dann heute eine Maschinengewehrschlacht erspart.
Als Cäsar sich gar nicht beruhigen wollte, bemerkte er zwischen den Beinen des einen Soldaten einen Hund. Er war recht erstaunt, als er einen Wachtelrüden erkannte. Daß die Amis den Deutschen auch die Hunde weggenommen hatten, war ihm noch nicht bekannt gewesen.
Der Major führte ihn zum Wagen und erklärte, während er ihm einen Platz auf dem Rücksitz zuwies:
„You must entschuldigen, aber meine Friends sprechen leider keine Deutsch."
Der alte Forstbeamte nickte verständnisvoll und zwängte Cäsar zwischen seine Knie. Er mußte aufpassen, daß sich die beiden Rüden nicht in die Wolle gerieten.
Mit einem Ruck fuhr der Jeep an. Der Major schien ein recht geübter Fahrer zu sein, denn er fegte über die ausgefahrenen Feldwege, daß es nur so staubte. Rettig überlegte, ob es nicht besser gewesen wäre, vor der Fahrt seine Knochen zu numerieren, so wurde er durchgeschüttelt. Der Major schien sich ganz gut auszukennen, denn er fuhr genau den richtigen Weg. Nur einmal mußte er ihm auf die

Schulter klopfen und ihn einweisen. Wenig später waren sie im Revier.
An ihrem Ziel, dem Jagen „Schmales Gründlein“ angekommen, stießen sie auch gleich auf die Treiberwehr, die Rettig per Telefon hierher beordert hatte. Das war nicht schwer gewesen. Er brauchte nur den Lehrer anzurufen und der schickte einige der älteren Buben. Nur zu gerne waren die bereit zu helfen, denn immer fiel dabei etwas für sie ab. Der Major ging auch gleich auf sie zu und gab ihnen ein Päckchen Kaugummi, das die Jungen unter sich aufteilten. Da waren scheinbar ein paar ganz aufgeweckte Burschen darunter, denn die grinsten die Amerikaner derartig herausfordernd an, daß es schon nicht mehr schön war. Rettig ging zu ihnen und gab ihnen mit ziemlich barscher Stimme einige Anweisungen. Er wollte verhindern, daß sich die Amis über die Lausbuben ärgerten. Es wäre zu dumm gewesen, wenn durch die Frechheit einiger Rotzlümmel sein Anteil an der Jagdbeute geschmälert würde.
Die Amis schienen aber nicht darauf zu achten. Sie standen beisammen und unterhielten sich leise. Er verstand zwar nicht, was es hier zu flüstern gab, aber er machte sich weiter keine Gedanken darüber; schließlich ging es ihn nichts an.
Als er mit seiner Einweisung fertig war, rief er dem Major zu: „Sir, wir können anfangen!“
Der Offizier drehte sich um und winkte zum Zeichen, daß er verstanden hatte. Langsam setzten sie sich in Bewegung. Rettig mit Cäsar vorneweg, dann reihten sich die Buben ein und den Schluß bildeten die Amerikaner.
Wenig später hatten sie die erste Dickung umstellt.
Umstellt war natürlich zu viel gesagt, weil man mit vier Schützen keine Dickung dieses Ausmaßes umstellen konnte, aber was sollte es. So hatte das Wild wenigstens die Chance, unbehelligt durch die Linie schlüpfen zu können.
Die fünf Burschen und der Förster mit seinem Hund schoben sich zwischen die dichten Zweige der Mischwaldkultur. Nur mühsam kamen sie vorwärts, denn hier war alles völlig verwuchert. Nach wenigen Metern fiel bereits der erste Schuß. Danach knallte es in wenigen Abständen fünf Mal hintereinander, dann war Ruhe. Rettig wunderte sich über die Zurückhaltung seiner Jagdgäste, denn normalerweise veranstalteten die Amis immer ein wahres Feuerwerk. Nachdem sie die Dickung durchgedrückt hatten, sammelten sie sich.

Rettig blieb der Mund offen stehen. Auf der Strecke lag ein Überläufer und ein mittelstarker Keiler. Beide Stücke ausgezeichnet getroffen. Er bekam so etwas wie Respekt vor seinen Gästen.
Er wünschte ihnen „Weidmannsheil" und der Major antwortete artig mit „Weidmannsdank". Wieder wunderte sich der alte Beamte. Amis, die sich mit deutscher Jagdkultur auskannten?

Sie marschierten weiter zur nächsten Dickung.
Machen wir es kurz. Unser guter Rettig kam an diesem Jagdtag aus dem Staunen nicht mehr heraus. So wortkarg seine Gäste waren, so gut konnten sie mit der Büchse umgehen. Nach drei Stunden legten sie endgültig Strecke. Ordentlich aufgereiht lagen dort: drei Überläufer, ein Keiler, fünf Stücke Rehwild und ein etwas abgemagerter Fuchs. Dies war eine Strecke, die er mit Schützen dieser Nationalität noch niemals erzielt hatte. Er empfand richtig Hochachtung vor dem Major und seinen Offiziersfreunden. Großzügig waren sie außerdem noch. Er bekam ein ganzes Reh und den jugendlichen Treibern schenkten sie einen Überläufer. Wenn das kein Glückstag war?
Abends in seiner Stube vor dem Kanonenofen machte er sich dann doch einige Gedanken. Hatte nicht einer der Offiziere, die angeblich kein Wort Deutsch konnten, dem Wachtelrüden ein Kommando gegeben, das verdammt deutsch geklungen hatte?
Er zuckte mit den Schultern. Was ging es ihn an?
Er griff unter sein Hemd und rückte sich sein Katzenfell zurecht. Das Rheuma machte sich wieder sehr unangenehm bemerkbar.

Die vier „Amerikaner" hatten zwischenzeitlich ihren Heimatort wieder erreicht: den Heilmannshof in Unterelsbrunn. Der geschätzte Leser wird natürlich schon längst erraten haben, wer sich hinter den amerikanischen Jagdgästen verborgen hatte.
Sie waren von hinten in den Hof hineingefahren, damit man sie von der Straße nicht sehen konnte. Um die Treiberbuben mußten sie sich keine Gedanken machen, die würden den Mund halten. Es waren Schulfreunde von Karli, dem ältesten Sohn von Fritz.
Sie schleppten ihre Beute in den Keller unter der Scheune. Sie würden einige Zeit damit beschäftigt sein, das Wild aufzubrechen.
Otto Reißler war jedoch in die Wohnstube gegangen und hatte sich des Kampfanzuges entledigt. Fast mitleidig blickte er dabei auf die

dunkelhäutige Gestalt herab, die auf dem Sofa lag und laut schnarchte. Wie gut, daß der richtige Major Hayworth zwar ein Liebhaber scharfer Getränke war, jedoch reichlich wenig vertrug.
Mit viel Mühe stopfte Otto den total besoffenen Amerikaner wieder in seinen Kampfanzug zurück. Dann steckte er die Kennkarte und die Jagdlizenz, die auf den Namen Hayworth lautete, in die Brusttasche des Soldaten und untersuchte noch einmal alles, damit er auch nichts übersah. Schließlich wollte er dem netten Major keinen Ärger bereiten. Er hatte ihn vor einiger Zeit bei einem Tanzabend kennengelernt und schon nach ein paar Schnäpsen merkten sie, daß sie sich ausgezeichnet verstanden. Bald hatten sie zusammen einige „Geschäfte organisiert" und waren dicke Freunde.
Schwitzend, aber zufrieden, betrachtete er schließlich sein Werk und brummte:
„Jetzt schlaf' mal schön deinen Rausch aus, George. Wenn du wüßtest, was du uns für einen Dienst erwiesen hast!" Er lachte laut und ging hinaus zu den anderen.

Bleibt noch anzumerken, daß seinerzeit nicht herausgekommen ist, wer die vortreffliche „hunting party" im Unterelsbrunner Forst ausgerichtet hat. Der Förster schwieg, weil er nichts merken wollte. Die Treiber hielten ihren Mund, weil man sie gut mit Wildbret versorgt hatte, und die Jäger, ja, die haben ihren Schnabel allerdings nicht halten können – aber erst lange nach dem Krieg, nachdem sie wieder in Ehren jagen konnten und derartige Schwänke bei Schüsseltreiben nur noch der Erheiterung dienten.

Jennerwein lebt

Der Mann mit dem rußbeschmierten Gesicht in der tiefreichenden Lodenkotze verschmolz förmlich mit dem schwarzgrünen Latschendickicht, vor dem er sich niedergekauert hatte. Den abgegriffenen Rand des speckigen Filzhutes hatte er tief in die Stirne gezogen. Er konnte gerade noch darunter vorschauen. Der Mond hatte sich hinter einer vorüberziehenden Wolkenbank versteckt, so daß die Sicht des Mannes auf dem verschlungenen Gratweg vor ihm sehr eingeschränkt war. Er schniefte, dann schob er den verrutschten Trageriemen des Bergstutzens auf der Schulter zurecht und rückte den Rucksack bequemer. Ein letztes Sichern, dann überwandt er mit einem langen Satz den schmalen Trampelpfad, der hier die Grenze zwischen Österreich und dem Bayerischen bildete. Man mußte schon sakrisch aufpassen, damit man nicht einer Grenzstreife in die Hände fiel. Diese Kerle waren in der letzten Zeit besonders scharf auf unerwünschte Grenzgänger, wie er einer war. Während er sich bemühte, möglichst geräuschlos den Hang hinunterzusteigen, mußte er grinsen. Eigentlich konnte er die Aufregung der Grenzer gut verstehen. Hier, am schwer zugänglichen Gebiet um den Hohen Wetterkogel, hatten es die Schmuggler besonders leicht, die Zollbarrieren zu überwinden und ihre Waren mit hohem Gewinn an den Mann zu bringen.
Er verhielt kurz und lauschte in die Nacht. Doch kein verdächtiges Geräusch war zu vernehmen. Zügig marschierte er weiter. Es war höchste Zeit, daß er zur Lawinenschanze kam. Nicht mehr lange und die Dämmerung würde den kommenden Sonnenaufgang ankündigen. Wenn er bis dahin nicht auf seinem Platz war, hatte er den weiten Weg umsonst gemacht.
Kurze Zeit später hatte er sein Ziel erreicht. Er hielt an, lehnte die Büchse vorsichtig gegen einen Felsen und holte den Rucksack von der Schulter. Er knüpfte die Verschnürung auf. Dann setzte er sich

auf einen schmalen Baumstubben und äugte über den Felsen hinweg zu einer etwa dreihundert Schritt entfernten Felswand hinüber, die sich dort majestätisch erhob: die Ostwand des Wetterkogels. Jetzt im Herbst war die Lawinenschanze zu den Füßen der Wand noch eine mit würzigen Gräsern bewachsene Bergwiese, aber im Winter machte sie ihrem Namen alle Ehre. In unberechenbaren Abständen donnerten von hier aus riesige Lawinen zu Tal, rissen alles mit sich, was ihnen im Wege stand und bedrohten die Gehöfte der Bergbauern.
Unmerklich hatte die Morgendämmerung eingesetzt. Deutlich hoben sich nun die hellen Felsen gegen den noch bleifarbenen Himmel ab. Aufmerksam suchte der Mann die untere Region der Felswand ab. Nach einiger Zeit zeigte ein grimmiges Lächeln, daß er offenbar entdeckt hatte, was er suchte.
Zwischenzeitlich hatte sich das Licht derartig verbessert, daß man die dunklen Punkte am Fuße der Wand auch mit bloßem Auge erkennen konnte. Eine Schar Gams war es, die dort die würzigen Bergkräuter abäste.
Lange Zeit beobachtete der Mann die Gamsen. Bis er schließlich zufrieden mit dem Kopf nickte. Er war dabei. Der alte Bock, den er schon seit langer Zeit im Auge aber bisher immer verschont hatte, stand ein ganzes Stück über seinen Artgenossen in der Wand und sicherte. Mit bedächtigen Bewegungen griff der Mann nach dem Stutzen. Jetzt nur keinen Laut erzeugen, keine Bewegung machen, die das scheue, weit äugende Bergwild ausmachen konnte. Schneller als eine Windböe wären sie verschwunden.
Seine Hand zitterte, als er den Kolben des Stutzens an die Schulter zog und Kimme und Korn zusammenbringen wollte. Schon hatte es ihn wieder in den Klauen, das Jagdfieber, und ließ das Visier tanzen, als wäre Polka angesagt. Er atmete einige Male tief durch. Langsam wurde er ruhiger. Als der Stachel auf dem Leben des Bockes stillstand, ließ er fliegen. Der Donner schallte weit und störte die Ruhe der Bergwelt. Tausendfach kam er von den Klüften und Graten zurück, daß man glauben konnte, es hause eines der schweren Sommergewitter.
Durch das Feuer blickend, war ihm nicht entgangen, daß der Bock nach einer steilen Flucht in die Höhe, zusammengebrochen und aus der Wand gestürzt war. Eilig stand er auf, denn nun galt es, keine Zeit mehr zu verlieren. Man konnte nie wissen, wie weit die fürstlichen

Jäger von der Anschußstelle entfernt waren, und er wollte sich die Beute auf keinen Fall streitig machen lassen. Der Schuß, das war sicher, war meilenweit zu hören gewesen.
Er sprang hinter seiner Deckung hervor und rannte so schnell ihn seine Füße trugen über die freie Fläche. Dies war der gefährlichste Teil seines Unternehmens. Wenn jetzt einer der Fürstlichen irgendwo hinter einem Felsblock lag und ihn sah, konnte dieser ihn abschießen, so wie er es eben mit dem Gams gemacht hatte. Sein Atem ging keuchend, als er an der Felswand ankam. Gehetzt flog sein Blick über die Steine und suchte nach seiner Beute. Als er den erlegten Gams erblickte, ging ein zufriedenes Leuchten über sein Gesicht. Langsam trat er näher und betrachtete den Gestreckten mit einer gewissen Scheu. Der Schuß saß Hochblatt und war sofort tödlich gewesen. Ehrfürchtig fuhr der Wildschütz über die kapitalen Krucken und strich über den Ziemer. Einen prächtigen Gamsbart würde er abgeben. Es hatte sich schon gelohnt, daß er gewartet hatte, bis die Gamsen ihre Sommerdecke gewechselt hatten, ehe er sich heute den Bock holte.
Gewaltsam rief er sich zur Ordnung. Fast hätte er vergessen, wie gefährlich es war, sich an diesem Ort längere Zeit aufzuhalten. Vorsichtig warf er einen Blick in die Runde, konnte aber nichts Verdächtiges entdecken. Er riß den Rucksack herunter und öffnete ihn hastig. Mit wenigen, gekonnten Griffen hatte er seine Beute verstaut und den Sack wieder auf seinen Rücken geschnallt. Schnell warf er etwas Geröll über den Schweißfleck, der sich unter dem Bock gebildet hatte, dann drehte er sich auf dem Absatz und eilte, so schnell er konnte den Berg hinunter. Er wollte möglichst bald in den Schutz des Bergwaldes kommen. Dort konnte er sich dann sicherer fühlen.
Es verging fast eine Stunde bis er schweißnaß an einer unter einem dachartigen Felsüberhang errichteten Berghütte ankam. Es war eigentlich mehr ein Heuschober, wie ihn die Bergbauern verwenden, um einen Teil ihres Heus zu lagern. Da er wußte, daß diese Schober gelegentlich auch von den Jägern als Übernachtungsmöglichkeit benutzt wurden, wenn sie nach der Jagd nicht mehr rechtzeitig ins Tal hinunterkamen, blieb er in einiger Entfernung unter einer tiefhängenden Tanne stehen und beobachtete angespannt die Hütte. Nachdem sich einige Zeit nichts Verdächtiges rührte, nahm er sein Gewehr von der Schulter, hielt es entsichert vor sich und näherte sich schußbereit der Hütte. Er atmete auf, als er sie leer fand. Es wäre auch

nicht viel Platz gewesen, um dort zu nächtigen, denn sie war bis unters Schindeldach mit Heu vollgestopft. Der Wilderer zerrte den Bock aus seinem Rucksack und holte einen Nicker aus der Messertasche seiner Lederhose. Mit einem gekonnten Schnitt heßte er das Sprunggelenk des Bockes ein und hing ihn an einen Holzpflock, der aus der Wand der Hütte ragte. Mit schnellen, geübten Bewegungen brach er den Gams auf. Er wühlte ein Loch in das Heu und brachte die edlen und unedlen Teile des Aufbruchs dort unter. Dicht daneben grub er eine weitere Höhlung und legte den Gams sowie seinen Stutzen hinein. Beides deckte er mit einer dichten Heuschicht wieder zu, so daß von außen nichts zu erkennen war. Dort konnte alles ruhig liegen bleiben, bis er heute in der Nacht hierher kommen würde, um es zu holen. Anschließend kramte er aus seinem Rucksack einen feuchten Lappen, wischte sich, so gut es ging, den Ruß aus dem Gesicht und reinigte oberflächlich seine Hände. Ab jetzt war er nicht mehr der Wilderer ohne Namen, sondern nur noch der Bauernsohn Xaver Einzelsberger aus Georgenzell in Österreich, der, wie jede Woche einmal, nach Bayern gekommen war, um seine Braut, die Loni Rosenthaler vom Rosenthalerhof in Witting, zu besuchen.
Nachdem er auch noch die Segeltucheinlage, die den Wildschweiß nicht an den Außenstoff des Rucksacks hatte gelangen lassen, herausgeknöpft und versteckt hatte, machte er sich wieder auf die Beine. An der nächsten Quelle würde er sich gründlich reinigen müssen. Nachdem er vorsichtig durch die Türe gespitzt hatte, huschte er aus der Hütte.
Es dauerte nicht lange, dann kam er an einem leise murmelnden Gebirgsbach vorbei, an dem er sich sorgfältig wusch. Über sein Gesicht huschte ein Lachen. Jetzt konnte auch der schlaueste Jäger keinen Verdacht mehr schöpfen, wenn er ihn sah. Er stand auf und schritt leise pfeifend weiter den Berg hinunter.

Toni Wacker stieg nicht hastig, aber zügig den steilen Hang hinauf, Lisei, seine hirschfarbene Schweißhündin, zog heftig am langen Riemen, ihr ging es wieder einmal viel zu langsam.
„Ruhig, du narrisches Weib", brummte Toni ungehalten, „willst wohl bei Fuß gehen!" Die Hündin mäßigte sich gehorsam, man konnte ihr aber deutlich anmerken, daß ihr dieses Tempo zuwider war.

Zwei Stunden war es nun her, seit er den verdammten Schuß gehört hatte. Er war drüben am Kanzler Eck gewesen und hatte den kapitalen Platzhirsch bestätigt, den seine Durchlaucht in der Brunft erlegen wollte. Der Schuß hatte ihn fast von der Kanzel heruntergeholt, so war er erschrocken. Er wußte sofort, da mußte wieder dieser elende Lump zugeschlagen haben, der schon seit einigen Monaten in unregelmäßigen Abständen das Wild des Fürsten dezimierte. Alles mögliche hatten die drei Berufsjäger schon unternommen, um des Kerls habhaft zu werden, aber bisher hatten sie noch nicht einmal einen Joppenzipfel von ihm zu sehen bekommen. Ein ganz schlauer war das, dies stand fest. Der Bogner Sepp, sein Jägermeister, war mit dem anderen Jäger, dem Steidl Jakob, nach Einsiedel gefahren, um dort Besorgungen zu machen. So war er heute der einzige Jäger im Revier und mußte den weiten Weg gehen, um die Stelle zu finden, wo der Kerl gewildert hatte. Viel versprach er sich natürlich nicht davon, doch man durfte nichts unversucht lassen, um dem Verbrecher auf die Spur zu kommen. Der Fürst war schon ausgesprochen ungehalten darüber, daß sie noch nicht die geringste Spur von dem Wildschützen entdeckt hatten.
Als er so in grimmige Gedanken versunken dahinstieg, begann Lisei plötzlich zu knurren. Er blieb stehen und griff nach dem Gewehr. Man konnte nie wissen. In solchen Zeiten war es immer besser, auf alles vorbereitet zu sein. Wenig später sah er einen Burschen den Berg herunterkommen. Er kniff wegen der blendenden Sonnenstrahlen seine Augen zusammen.
„Kruzifix“, dachte er, „das ist doch dieser verflixte Österreicher, der sich die Loni angelacht hat.“ Auf seiner Stirne bildeten sich Zornesfalten.
Immer, wenn er den Kerl sah, mußte er sich daran erinnern, daß er bei der hübschen Bauerntochter einige Zeit recht gute Chancen gehabt hatte. Dann, bei einem Tanzabend im Hirschen, waren die Österreicher aus dem benachbarten Grenzort dagewesen, und ehe er sich versah, hatte der Kerl ihm die Loni weggeschnappt. Er fuhr sich mit der Hand über die Stirn, als wolle er die lästigen Gedanken wegwischen. Was wollte denn der Kerl um diese Zeit hier im Revier?
Zwischenzeitlich war der Xaver herangekommen und grinste den Toni auf eine Art an, die dem die Wut ins Blut trieb. „Guten Morgen“, grüßte er den Jäger und legte dabei seine Hand an den Filz, „der Herr Jäger ist schon wieder bei der Pflicht?“

Toni erwiderte den Gruß recht kurz und fragte dann: „Was machst denn schon so früh hier am Berg?"
Der Xaver setzte eine erstaunte Miene auf.
„Warum willst das wissen? Ich wüßt' nicht, was dich das anginge!"
Toni bemühte sich um Sachlichkeit. Wenn er hier einen Streit anfing, würde er nur Probleme mit dem Jägermeister bekommen.
„Wir haben seit einiger Zeit Ärger mit einem Wilderer", erklärte er deshalb. „Gerade jetzt hat er wieder zugeschlagen. – Hast nicht den Schuß gehört?" Aufmerksam musterte er bei dieser Frage den Burschen. Dieser legte seine Stirne in Falten und tat so, als müsse er nachdenken. Dabei konnte er aber ein leichtes Grinsen nicht ganz unterdrücken. „Einen Schuß habe ich schon gehört", erwiderte er schließlich. „Droben bei der Wand muß das gewesen sein. Aber ich hab mir nichts weiter dabei gedacht, weil ich gemeint hab, es ist einer von euch gewesen."
Obwohl er den Kerl nicht leiden konnte und ihm sein Grinsen auch recht verdächtig vorkam, konnte der Toni jedoch nichts gegen ihn unternehmen. Es hätte auch keinen Sinn gehabt, seinen Rucksack zu durchsuchen. Man konnte ohne Schwierigkeiten sehen, daß er fast leer war. So griff sich der Jäger an den Hut, murmelte einen kurzen Gruß und stieg weiter. Xaver blieb noch einen Augenblick stehen und sah ihm nach.
„Da kannst du lange suchen, du verfluchter Fürstenknecht!", flüsterte er, und in seine Augen trat Haß. Schließlich drehte er sich um und eilte weiter den Berg hinunter. Die Loni würde schon auf ihn warten.
Das Mädchen hatte tatsächlich schon auf ihren Bräutigam gewartet. Nachdem Xaver Enzelsberger den Bauern und die Bäuerin begrüßt hatte, nahm er auch das Mädchen in den Arm und gab ihr ein kräftiges Busserl. In Anwesenheit ihrer Eltern war das der Loni gar nicht so recht und sie bekam einen knallroten Kopf. Doch die beiden Alten hatten großzügig weggesehen. Schließlich waren die beiden verlobt. Außerdem war der Xaver schon eine ausgesprochen gute Partie. Der Bursche würde einmal den Hof seines Vaters erben, und der Besitz war nicht zu verachten. Die Loni würde zwar nach der Hochzeit ins Österreichische hinüberziehen, aber dort war sie gut versorgt. Also war es durchaus angebracht, in gewissen Grenzen die Augen zuzudrücken.
Das Mädchen hatte sich herausgeputzt, war es doch Zeit für den Kirchgang. Nach einer kurzen Unterhaltung ging die Familie und

der zukünftige Schwiegersohn hinunter vor das Haus, vor dem der Pferdeknecht schon die Kutsche angespannt hatte.
Am Abend war zu Ehren des Kirchenheiligen im Gasthaus „Zum Hirschen“ Tanzmusik. Es war selbstverständlich, daß sich zu diesem Ereignis alle alten und jungen Mitglieder der Gemeinde eingefunden hatten. Schließlich wollte man die Feste feiern, wie sie fielen.
Die jungen Burschen des Dorfes, zu denen auch der Jäger Toni zählte, saßen zusammen um einen langen Tisch, und das Bier lief in Strömen. Der Xaver saß natürlich zusammen mit der Loni bei seinen zukünftigen Schwiegereltern. Auch er ließ sich das Bier schmecken, hielt sich aber zurück, schließlich brauchte er in der Nacht einen klaren Kopf. Als die Dorfmusik zu einer neuen Runde aufspielte, stand plötzlich Toni Wacker hinter der Loni und fragte: „Geh Loni, magst nicht mit mir auch mal tanzen?“
Der Xaver stand auf und erwiderte statt des Mädchens grinsend: „Leider, leider, Herr Oberjäger, gerad hat mir die Loni alle Tänze für den ganzen restlichen Abend versprochen. Hättest halt ein paar Minuten eher aufstehen müssen!“
Mit diesen Worten zog er die Loni am Arm hoch und ging mit ihr zur Tanzfläche. Der Toni hatte einen knallroten Kopf vor Wut über die Abfuhr bekommen und ballte die Hand zur Faust. Dem eingebildeten Kerl würde er es schon noch einmal geben. Er ging ein paar Tische weiter und holte sich ein anderes Mädchen zum Tanz.
Weil sich die beiden Paare auf dem überfüllten Tanzboden zwischen die anderen Tänzer quetschten, ließ es sich nicht vermeiden, daß sie sich gelegentlich näher kamen.
So wie die anderen Burschen, hatte auch der Xaver einen Hut auf dem Kopf, den ein wunderschöner Gamsbart zierte. Dieses Zeichen männlicher Würde stach dem schon leicht angetrunkenen Jäger ins Auge. Seine Tanzpartnerin mit sich ziehend, drängte er wieder in die Nähe von Xaver und Loni. In einem günstigen Augenblick stieß er dem Xaver den Ellbogen in den Rücken und rief so laut, daß er sogar die Tanzkapelle übertönte: „Sag mal Österreicher, wo hast denn den schönen Gamsbuschen her?“
Der Angesprochene erwiderte laut lachend: „Da schaust, Jäger, was? Aber du brauchst net neidig sein, da wo der gewachsen ist, gibst noch mehr! Man muß sie nur pflücken!“
Die anderen Tänzer im Umkreis hatten das Frage- und Antwortspiel natürlich mitbekommen und heizten den schwelenden Streit durch

aufstachelnde Bemerkungen an. Toni fühlte sich bloßgestellt und bekam einen hochroten Kopf. Die Wut ließ die Adern auf seiner Stirn anschwellen. Da gab der Kerl in aller Öffentlichkeit zu, daß er gewildert hatte, und er konnte nichts dagegen unternehmen. Er ließ seine Partnerin fahren und packte den Xaver vorn an der Hemdenbrust.

„Willst damit sagen, daß du unsere Gamsen wegschießt? Du Wilderer, du verdammter!“ Das konnte sich der Xaver nun doch nicht bieten lassen. Mit einer heftigen Bewegung stieß er den Jäger zurück, so daß der zwischen die Umstehenden stürzte.

„Nimm deine dreckigen Bratzen von mir, du windiger Fürstenknecht!“ stieß er dabei hervor und stopfte sein Hemd in die Hose zurück.

Toni war schnell wieder auf den Beinen und stürzte sich mit Wucht auf den verhaßten Nebenbuhler. Schnell hatten die Tanzenden einen Kreis gebildet und beobachteten fachmännisch die Rauferei. Einige der jungen Burschen wollten sich in den Kampf einmischen, wurden jedoch von den Alten zurückgehalten. Das war eine Sache, die nur die beiden Kampfhähne miteinander auszumachen hatten.

Die Kapelle hatte längst ihre Musik unterbrochen, so daß man das Keuchen der beiden Männer deutlich hören konnte. Eine ganze Zeit ging der Kampf unentschieden hin und her. Mal war der Toni oben, mal der Xaver. Schließlich machte sich jedoch der höhere Alkoholkonsum Tonis nachteilig bemerkbar. Seine Kräfte begannen zu schwinden.

Aufgestachelt von den Gaffern, konnte sich der Jäger angesichts seiner bevorstehenden Niederlage nicht mehr beherrschen. Plötzlich griff er unerwartet in seine Lederhose und riß den Jagdnicker aus der Messertasche. Ehe sich die Schaulustigen versahen, blitzte die Klinge auf und sauste auf den Xaver nieder. Dessen Reaktionsvermögen war jedoch noch ausgezeichnet, so daß er den heimtückischen Angriff abwehren konnte. Er ergriff die bewehrten Faust des Jägers und bog den Arm immer weiter nach hinten, bis dem Angreifer das Messer aus der Hand fiel. Dann holte er aus und gab dem Toni einen Faustschlag an den Kopf, daß dieser ohnmächtig liegenblieb.

Wild atmend erhob sich der Xaver und richtete seine Kleidung. Dann drehte er sich wortlos um und ging zu seinem Tisch. Er trank mit einem langen Zug sein Bier leer und griff nach seiner Joppe.

„Es ist besser, wenn ich jetzt geh!" wandte er sich an seine zukünftigen Schwiegereltern. „Wenn ich bliebe, käme es nur zu weiteren Streitereien. Außerdem hätte ich eh nicht mehr lange bleiben können. Ich hab ja heute Nacht noch einen langen Weg vor mir."
Die Rosenthalers nickten und erklärten, daß sie ebenfalls heimgehen würden. Nach dem Streit war es mit der Gemütlichkeit sowieso vorbei. So ratterte einige Zeit später die Kutsche wieder zurück zum Hof.
Die Verabschiedung war kurz. Die beiden jungen Leute verabredeten, daß der Xaver am nächsten Sonntag wieder vorbeikommen würde. Einige Zeit später war der junge Bursche schon auf dem Anstieg.

Als der Toni am nächsten Morgen in seiner Kammer erwachte, stach ihm das durch die Scheiben eindringende Tageslicht derartig in die Augen, daß er gepeinigt die Lider wieder schloß. Einen solchen Rausch wie gestern hatte er schon lange nicht mehr gehabt. Langsam kam ihm auch die Erinnerung an seine gestrige Niederlage in den Sinn. Eine fürchterliche Wut überkam ihn. Schneller als es für ihn gut war, schwang er seine Füße aus dem Bett und fuhr in die Hosen. Er mußte unbedingt seinen Kopf unter den Wasserstrahl des Brunnens im Hof halten. Die Kälte würde ihn frisch machen. Er torkelte zur Eingangstüre und öffnete sie. Als er sich gerade darüber wundern wollte, warum sie sich heute so schwer aufschwingen ließ, stieß er mit seinem Kopf fast gegen die Krucken eines ausgewachsenen Gamsbocks. Er war so erschrocken, daß er in diesem Augenblick keinen Tropfen Blut gegeben hätte. Mit einem Stück Schnur war der Gams an einem Haken aufgehängt, der in der Türe befestigt war. Mit stieren Blick starrte der Jäger das erlegte Wild an. Dabei entdeckte er einen Fetzen Papier, das dem Bock in den Äser gesteckt war. Er zog es langsam heraus und las die Zeilen, die kaum leserlich darauf standen: „Den Gamsbart schenk ich dir!" Keine Unterschrift, aber der Toni wußte ohnehin, wem er dieses Geschenk zu verdanken hatte.
Wutentbrannt riß er den Gams vom Haken und zog ihn ins Haus. Hoffentlich hatte noch niemand aus dem Dorf diese offene Herausforderung des Wilderers gesehen, sonst war er bis auf die Knochen blamiert und konnte sich nirgendwo mehr sehen lassen.

Er ließ den Bock im Flur liegen und wankte in seine Kammer zurück. Er setzte sich auf das zerwühlte Bett und legte den Kopf in seine Handflächen. In ihm stieg ein solcher Haß auf, daß die Benommenheit aus seinem Kopf schwand.
Lange Zeit saß er so da und grübelte, dann hatte er einen Entschluß gefaßt. Noch am gleichen Tag ging er zum Jägermeister und ließ sich Urlaub geben. Ein naher Verwandter seiner Mutter sei erkrankt, erklärte er und er wolle, bevor der Onkel starb, ihn noch einmal besuchen. In der Abenddämmerung schulterte er seine Büchse und stieg, versehen mit Proviant, von den Dorfbewohnern unbemerkt, den Berg hinauf. In der Nacht überquerte er die österreichische Grenze.

Am Donnerstag danach fuhr auf dem Hof der Rosenthalers eine Kutsche vor. Heraus kletterte das Ehepaar Enzelsberger, Xavers Eltern. Erstaunt über den unverhofften Besuch bat man sie herein. Unter der Woche war ein solches Ereignis schon ziemlich ungewöhnlich.
Im Laufe des Gesprächs stellte sich heraus, daß die Enzelsberger den Xaver schon seit drei Tagen nicht mehr gesehen hatten. Nachdem sie ihn in der Umgebung ihres Dorfes überall gesucht hatten, war ihre letzte Hoffnung gewesen, daß es ihn unvermutet zu seiner Braut getrieben hatte.
Als dies das Mädchen verneinen mußte, trat große Sorge auf die Mienen der Eltern. Man überlegte hin und her und kam zu dem Ergebnis, daß ihm auf dem Berg etwas zugestoßen sein mußte. Irgendwo mußte er schließlich abgeblieben sein. Xavers Mutter dachte dabei insgeheim an die heimliche Sucht ihres Sohnes: die Wilderei. Ihr Mann wußte nichts davon. Sie hatte ihm ihr Wissen verschwiegen, weil sie den Jähzorn ihres Mannes kannte. Er hätte den Buben zu hart hergenommen.
Die Suche verlief drei Tage ergebnislos. Schließlich wurde die Suchmannschaft in der Nähe einer Schlucht auf starken Verwesungsgeruch aufmerksam. Man forschte nach und fand die Leiche des vermißten Burschen. Sein Tod war nicht durch den Sturz in den Abgrund herbeigeführt worden. Vielmehr stellte man an seinem Körper in der Nähe des Herzens eine tiefe Stichwunde fest. Er war offenbar das Opfer einer Gewalttat geworden.

Weil die Verwesung schon sehr weit fortgeschritten war, wurde die Leiche schnellstens eingesargt und nach Absprache mit den Eltern des Ermordeten auf dem Friedhof von Witting unter großer Anteilnahme der Bevölkerung beider Dörfer beigesetzt.
Der Tatverdacht fiel natürlich sofort auf Toni, den Jäger, doch der war ebenfalls nirgendwo auffindbar. Da man seine Leiche nicht gefunden hatte, gab man nach einiger Zeit die Nachforschungen nach ihm auf. Erst Jahre später erreichte ein Gerücht das entlegene Bergdorf, daß sich der Wacker Toni freiwillig zu den Soldaten gemeldet haben und dort gefallen sein sollte. Mit der Zeit vergaß man die Mordtat. War es schließlich für diese Zeit kein Einzelfall, daß die freiheitsliebenden Bergbewohner mit den Jägern als Vertreter der verhaßten Obrigkeit in Konflikt gerieten. Nicht selten endeten derartige Auseinandersetzungen mit Blutvergießen, Grausamkeiten oder gar dem Tod.

Fast auf den Tag genau einhundert Jahre später, wenige Tage, bevor sich der Tod des Xaver Enzelsberger zum hundertsten Mal jährte, holte Thomas Enzelsberger im österreichischen Georgenzell kurz nach Mitternacht seinen Stutzen aus dem Schrank und verließ auf leisen Sohlen das elterliche Gehöft.
Die Finsternis behinderte ihn kaum, als er, nachdem er seinen Wagen abgestellt hatte, den Berg hinaufstieg. Ausgeruht wie er war, erreichte er bald den Kamm des Berges und überquerte die Grenze nach Bayern. Bald hatte er sein Ziel erreicht. Er genoß das Naturschauspiel, als sich die Spitze des Wetterkogels durch die einfallende Morgensonne in pures Gold verwandelte.
Langsam suchte er mit dem Jagdglas die vor ihm liegende Bergwiese ab. Bald hatte er das Rudel entdeckt. Er griff sich seinen Stutzen und visierte durch das Zielfernrohr. Klar und deutlich konnte er den Zielstachel ins Leben eines jungen Gamsbockes bringen. Der Schuß peitschte auf, und der Bock brach im Feuer zusammen.
Der junge Mann kam aus seiner Deckung hervor und barg wenig später den Gams in seinem Rucksack. Er trug seine Beute ein Stück tiefer zu einem alten Heuschober, der so verfallen war, daß die Gefahr bestand, ihn jeden Augenblick auf den Kopf zu bekommen. Benutzt wurde dieser alte Schober schon lange nicht mehr. Es war nur noch niemand auf den Gedanken gekommen, ihn wegzuräumen. An diesem seltsamen Ort brach der junge Mann den Gams auf und

schmiß die unedlen Teile des Aufbruchs in eine Ecke. Dort packte er einige Steine darauf, so daß man nichts sehen konnte. Den Gams steckte er wieder in seinen Rucksack und verschwand. Unbeobachtet, wie er gekommen war, überquerte er wieder die Grenze.

Die Strahlen der aufgehenden Sonne brachen sich in den feinen Gespinsten, die der Altweibersommer in verschwenderischer Fülle in die Zweige der Büsche und zwischen die alten Grabsteine und Totenkreuze gewoben hatte.
Der alte Lechners Franz hatte allerdings für diese Naturschönheiten keinen Blick übrig. Die Schaufel und die Spitzhacke geschuldert, marschierte er leicht gebeugt, mit grimmiger Miene, durch die Grabreihen. Er mußte noch vor dem Frühgottesdienst mit dem Ausheben des Grabes für die vor drei Tagen verschiedene Leonharda Hinterbichler beginnen.
Der alte Lechner war recht wenig begeistert von der schweren Aufgabe, die ihm da bevorstand. Seit über zwanzig Jahren hatte er nun schon das Amt des Totengräbers inne. Es fiel ihm von Mal zu Mal schwerer, die Gruben auszuheben, die letzte Ruhestätten für die Verstorbenen des Dorfes werden sollten.
Er schob sich mit seinen hornigen Fingern den speckigen Filz aus der Stirne. Nebenbei war er auch noch Messner und Gemeindediener, aber keines seiner Ämter fiel ihm so schwer wie die Totengräberei. Er mußte sich wohl langsam nach einem Nachfolger umsehen, schließlich stand sein siebzigstes Lebensjahr dicht vor den Toren. Wenige Meter von dem Familiengrab der Hinterbichlers entfernt, mußte er sich zwischen zwei engstehenden Grabsteinen durchzwängen.
Plötzlich blieb er wie vom Blitz getroffen stehen. Seine Augen weiteten sich unnatürlich und aus seinem wettergegerbten Gesicht wich alle Farbe. Die beiden Werkzeuge entglitten seinen Händen und schlugen scheppernd gegen eine Grabumrandung.
Aufgrund des Lärms erwachte er aus seiner Erstarrung. Er drehte sich mit affenartiger Geschwindigkeit auf den Absätzen seiner Gummistiefel herum und hetzte durch die Gräberreihen, so als wären sämtliche armen Seelen hinter ihm her.
In einer Zeit, die ihm wohl niemand mehr zugetraut hätte, erreichte er das schmiedeeiserne Friedhofstor und riß es quietschend auf. Dabei flüsterte er nur immer: „Oh, mein Gott! Oh, mein Gott!“

Mit letzter Kraft zog er die schwere Eichentüre der Sakristei auf und fiel regelrecht in den Raum hinein. Der Herr Pfarrer, der sich trotz der frühen Stunde bereits dort zu schaffen machte, drehte sich, erstaunt über das ungestüme Verhalten des Eindringlings, herum. Er runzelte fragend die Stirne, als er den völlig aufgelösten Lechners Franz sah. Dieser sank auf einem leeren Sessel nieder und jammerte: „Hochwürden, der Leibhaftige ist mir erschienen! Gott steh' meiner armen Seele bei, ich hab den Teifel gesehen!"
Pfarrer Wanninger, der in seiner langen seelsorgerischen Laufbahn schon viel erlebt hatte, versuchte den aufgelösten Mann erst einmal zu beruhigen. Es war ihm bekannt, daß der gute Franzl gelegentlich die kleinen Teufel beschwor, die für gewöhnlich in einer Schnapsflasche eingekorkt waren. Es sah danach aus, als hätte der Totengräber gestern wieder einmal eine derartige Teufelsaustreibung vorgenommen. Verständnisvoll ging er deshalb zu dem entsetzten Mann hin und sagte: „Franz, jetzt beruhige dich doch erst einmal. Dann erzählst du mir in aller Ruhe, was dir widerfahren ist."
Doch Franz dachte überhaupt nicht daran, sich zu beruhigen. Wild atmend und mit den Augen rollend stieß er hervor: „Ich schwör's bei meiner Seligkeit, Herr Pfarrer, mir ist dort draußen der Luzifer erschienen. Ganz deutlich hab ich ihn gesehen mit seinen Hörnern und dem Geißenfuß. Er hat mich mit seinen glasigen Augen angestiert, daß es mir eiskalt über den Rücken gelaufen ist. Wenn ich nicht so schnell gerannt wäre, hätte er mich sicher gepackt und hinuntergezogen in sein höllisches Reich!"
Das war dem guten Pfarrer doch ein wenig zuviel der Teufelei. Hier war offenbar ein seelsorgerisches Machtwort vonnöten. Energisch rief er den Alten zur Ordnung:
„Also Franz, jetzt versündige dich nicht. Mir ist der Teufel in meiner langen Laufbahn als Dorfpfarrer schon in vielfältiger Gestalt über den Weg gekommen, aber noch niemals hat er es mir so einfach gemacht, daß er mit Hörnern und Geißenfuß aufgetreten ist. Meistens kam er in Menschengestalt und war nur schwer zu erkennen. Du erzählst mir jetzt genau, was dir passiert ist. Damit wir diesen Unsinn aus dem Weg räumen!"
In den Augen des Totengräbers leuchtete etwas Trotz auf. „Hochwürden glauben doch nicht etwa, daß ich verrückt bin? Mir ist noch niemals in meinem Leben so etwas Grausiges widerfahren." In Erinnerung an den Vorfall schlugen ihm die Zähne klappernd aufein-

ander. Nun wurde der Pfarrer doch etwas besorgt. Sollte der Alkohol dem braven Mann mehr geschadet haben, als er bisher immer angenommen hatte? Er zog sich einen Stuhl heran und legte dem Lechner seine Hand auf den Arm. „Hast du dir heute Morgen vielleicht schon einen kleinen Schluck zum Aufwärmen gegönnt?" fragte er. „Wenn man so schwere Arbeit zu verrichten hat wie du, könnte ich das schon verstehen."
Jetzt hatte er eine ganz wunde Stelle des Totengräbers berührt. Dieser fuhr beleidigt auf:
„Bei meiner Seele, Hochwürden, ich habe heute noch keinen Schluck getrunken. Sie können sagen, was sie wollen, mir ist der Satan erschienen!" Dabei hieb er mit seiner Faust zur Bekräftigung auf die Sessellehne.
„Wo ist dir der Höllenfürst denn begegnet", fragte nun der Pfarrer vorsichtig weiter. Er sah ein, daß er bei dem Mann anders nicht weiterkam. Franz atmete einmal tief durch, dann erklärte er: „Ich war gerade auf dem Weg zum Grab der Hinterbichlers. Dabei mußte ich an der letzten Ruhestätte der Rosenthalers vorbei. Dort ist es dann wahrhaftig passiert. Direkt auf dem Grab der Rosenthalers hat er gestanden und mich angeklotzt. Ganz furchtbar war es, und ich bin gelaufen, daß ich fast einen Herzschlag bekommen habe."
Die Erinnerung trieb ihn den Schweiß auf die Stirne.
Jetzt wurde der Pfarrer doch neugierig. Er wußte, daß seine Schäflein nicht frei von Aberglauben waren. Manchmal glaubten sie an Dinge, die man eigentlich eher bei einem Heiden vermutete denn bei einem Christenmenschen. Aber dagegen war bei den Bergbauern halt kein Kraut gewachsen. So lange sich der Unsinn in Grenzen hielt, sah er einfach darüber hinweg. Aber wenn der Aberglaube solche Blüten trieb wie jetzt, mußte schleunigst etwas dagegen unternommen werden, sonst war es spätestens nach dem Frühgottesdienst in aller Munde. Er stand auf. „Franz", bestimmte er energisch, „du gehst jetzt mit mir auf den Friedhof und zeigst mir die Stelle. Dann werden wir sehen, ob wir heute auch noch einen Teufel austreiben müssen."
Entsetzt griff der Totengräber nach den Händen des Pfarrers.
„Hochwürden, da bringt mich keiner mehr hin. Einmal bin ich ihm entgangen, aber beim zweiten Mal..."
Der Pfarrer hob drohend seinen Finger.
„Franz, Franz, du scheinst mir ja bei der letzten Beichte einiges verschwiegen zu haben, weil du gar zu sehr Angst vor dem Kerl hast.

Aber mach dir keine Sorgen, ich nehm mir ein Fläschchen Weihwasser mit, dann kann nichts passieren." Nur sehr zögernd erhob sich der alte Mann. Seine Knie zitterten ganz schrecklich, als er dem Pfarrer folgte. Mit weitausholenden Schritten marschierte der Priester über den Kirchhof. Franz hielt sich immer schön in seinem Windschatten.
Als sie sich der besagten Stelle näherten, sah der Pfarrer schon die Werkzeuge des Totengräbers herumliegen.
Als er um den Grabstein herumbog, bekam er im ersten Moment auch einen gehörigen Schrecken, faßte sich aber sofort wieder.
Franz hatte nicht gelogen. Auf der Grabplatte der Rosenthalers saß, mit mehreren Stecken kunstvoll gestützt, eine dunkle haarige Gestalt mit Hörnern und Geißenfüßen. Nur der Leibhaftige war es nicht, das sah der Pfarrer auf den ersten Blick.
Er drehte sich um und suchte nach dem zitternden Alten. Der stand geschützt hinter einem Grabstein und schlug ein übers andere Mal das Kreuzzeichen. Pfarrer Wanninger winkte ihm zu und rief: „Da komm her und schau ihn dir an, deinen Teufel!"
Nur äußerst zögernd kam der Franz hinter seinem schützenden Grabstein hervor und näherte sich. Als er einen langen Blick auf die haarige Gestalt geworfen hatte, sah er den Pfarrer ungläubig an. Der lachte schallend und meinte, nachdem er sich wieder einigermaßen erholt hatte: „Mußt schon zugeben, Franz, einen feinen Teufel haben sie dir hierher gelegt. Was meinst, wie alt mag der Gamsbock wohl sein?"
Ganz langsam ging der Totengräber zu dem Gams hin und betrachtete ihn näher, so als könne er es gar nicht glauben. Schließlich fragte er den Pfarrer: „Kennen sie Fälle, Hochwürden, in denen sich der Satan in einen Gams verwandelt hat?"
Das war dem guten Pfarrer nun doch zuviel.
„Schau, daß du das Vieh von dem Grab da runterbringst und melde es dem Bürgermeister. Sag ihm auch, daß, falls niemand Anspruch auf das Wildbret erhebt, ich nicht abgeneigt wäre, deinen Teufel demnächst zusammen mit einigen ausgewachsenen Semmelknödeln zu verzehren. – Wenn du Lust hast, bis du herzlich dazu eingeladen."
Mit diesen Worten drehte er sich um und ging in die Sakristei zurück.

Gibt es noch anzumerken, daß einige Tage später im Kreisblatt, dessen Redakteur in Witting zu Hause war, folgender Artikel stand:

„Jennerwein lebt!

Unbekannte Täter hatten zum hundertsten Todestag eines Wilderers, der im Jahre 1884 in der Nähe des Hohen Wetterkogels durch die Hand eines Jägers meuchlings ums Leben gekommen war und auf dem Friedhof zu Witting seine letzte Ruhe gefunden hat, einen offenbar gewilderten Gamsbock niedergelegt. Dieser Fall erinnert an den Tod des bekannten Wildschützen Jennerwein, der nach dem Volksmund etwa sieben Jahre früher auf ähnlich heimtückische Weise um's Leben gekommen ist. Dieses Vorkommnis zeigt, daß solche Schandtaten unvergessen bleiben und Jennerwein sowie seine Leidensgenossen noch immer einen Platz in den Herzen unserer Bevölkerung haben."

Der Schlingensteller

Die Nacht war tiefschwarz. Eine dichte Wolkendecke verbarg den Mond und schirmte das Licht der Sterne vollständig ab. Die dunkelgekleidete Gestalt ließ ihren Blick aufmerksam über die sich weit hinziehende Feldmark gleiten. Erst nachdem sie sich vergewissert hatte, daß sie völlig alleine war, bückte sie sich und verschwand im Unterholz des Waldrandes.
Wenig später hatte die Person die Stelle im Wald erreicht, die offenbar ihr Ziel war. Sie hantierte einige Zeit herum, man hörte das Rascheln der Äste und Sträucher, dann war ein Knacken zu hören, das klang, als würde ein Revolver gespannt. Wenig später hastete die Gestalt weiter. Sie kannte sich offensichtlich gut aus im Wald, denn es bereitete ihr keine Schwierigkeiten, den richtigen Weg zu finden. Die Gestalt hielt noch mehrere Male an, und immer wieder war dieses merkwürdige Knacken zu hören. Schließlich verließ sie den Wald und marschierte in Richtung Dorf.

Die tief eingesunkenen Trittsiegel der Hufspur veranlaßten Herbert Schlotterer zu einem ärgerlichen Kopfschütteln. Jetzt hatten sie zusammen mit der Gemeinde fünfzehn Kilometer Reitwege ausgeschildert und trotzdem konnten es sich manche Pferdeliebhaber nicht verkneifen, direkt durch den dichten Bestand zu reiten. Mitten durch die Kinderstuben des Wildes mußte es sein. Es waren zwar nur wenige schwarze Schafe, die sich nicht an die erlaubten Wege hielten, das wußte der Jäger wohl, aber das half dem Wild nichts, das durch den Lärm in seinen letzten ruhigen Einständen aufgestöbert wurde. Herbert Schlotterer beschloß, bei nächster Gelegenheit wieder einige ernste Worte mit dem Vorstand des Reitvereins von Grundelhofen zu sprechen.

Schlotterer war Rentner und seit dem Tode seiner Frau mit der Gemeindejagd von Grundelhofen verheiratet. So gut wie jeden Tag war er im Revier und sah nach dem Rechten. Diese Fürsorge trug sehr dazu bei, daß der Pächter, Ulf Bonnath, eine der gepflegtesten Jagden der ganzen Umgebung besaß. Der Jäger rückte seinen Drilling auf der Schulter zurecht und drehte sich nach Schnuffel, seinem Deutsch-Kurzhaar, um, der am Dickungsrand offenbar Interessantes gewittert hatte. Schnuffel war selbstverständlich nicht der richtige Name des Hundes, eigentlich hieß er Dasso vom Klingenberg. Aber seine verstorbene Frau hatte den Rüden als putzigen Welpen mit allen möglichen unmöglichen Namen bedacht, bis schließlich Schnuffel hängengeblieben war. Was konnte man machen? Schließlich mußten die Jagdfreunde auch etwas zu Lästern haben.
Er stieß einen kurzen schnalzenden Laut aus und der Rüde kam herangehechelt.
„Fuß", mahnte ihn sein Herr und fuhr dabei kurz mit der Hand über den breiten Schädel des Hundes.
Das Gespann marschierte über den schmalen Grasweg, der, dicht bewachsen, an der Mischwalddickung entlangführte. Obwohl es ziemlich heiß war, hatte sich Herbert Schlotterer ein bestimmtes Programm vorgenommen, das er an diesem Nachmittag absolvieren wollte.
Der Herbst zeigte sich dieses Jahr von seiner besten Seite, so als wolle er für das kalte Frühjahr und den verregneten Sommer entschädigen. Zunächst waren zwei Fütterungen dran. Es würde zwar noch einige Zeit dauern, bis der erste Schnee fiel, aber Schlotterer fing gerne beizeiten mit der Kontrolle der jagdlichen Einrichtungen an. So hatte er genügend Zeit, wenn Reparaturen notwendig wurden.
Er kam an einem Stapel gefällter Stämme vorbei, die schon seit zwei Jahren hier lagen und von niemandem abtransportiert wurden. Nicht mehr lange und das Holz war nur noch bedingt zu gebrauchen. Eine Verschwendung, die den Mann sehr ärgerte.
Der Jäger ließ sich auf den obersten der Stämme nieder und zog seine Pfeife aus der Joppentasche. Während er bedächtig den Tabak hineinstopfte, machte sich Schnuffel wieder einmal selbständig. Schlotterer ließ ihn gewähren, wußte er doch, daß er ihn jederzeit zu sich rufen konnte. Als die Pfeife brannte, stützte sich der Mann mit seinen Ellbogen auf seine Knie und sah nachdenklich den dichten Rauchwolken nach, die sich langsam im leichten Wind auflösten. Es

war schon merkwürdig, zu Hause, in der geräumigen Mietwohnung, inmitten eines Mehrfamilienhauses mit zahlreichen Menschen, fühlte er sich einsam und verlassen. Hier aber, im Wald, umgeben von freier Natur, hatte er stets das Gefühl der Geborgenheit.
Er holte eine alte, abgeschossene Büchsenpatrone aus der Hosentasche und stopfte den Tabak fester, dann erhob er sich.
„Auf geht's Schnuffel!" rief er. Doch der Hund kam nicht. Offenbar hatten ihn seine Forschungen etwas weiter weggeführt. Schlotterer griff zu der Hundepfeife, die an einer dünnen Lederschnur um seinen Hals hing und pfiff kurz. – Der gewünschte Erfolg blieb aus.
Der Jäger runzelte erstaunt die Stirn. Es gab eigentlich nur einen Grund, daß der Kurzhaar ihm den Gehorsam versagte: eine Katze. Schnuffel war durch nichts aus der Ruhe zu bringen, kreuzte jedoch eine von den Samtpfotigen seinen Weg, war es mit seiner Ausgeglichenheit vorbei. Seit er in jungen Jahren einmal von einem starken Kater kräftig geohrfeigt worden war, brannte bei jeder Begegnung mit einem Mäusejäger bei dem Rüden die Sicherung durch. Allerdings, und das gab Schlotterer zu denken, ging das nicht ohne entsprechende Geräuschentwicklung ab. Jetzt hörte er aber seltsamerweise keinen Laut.
Der Weidmann schlenderte ein Stück den breiten Waldweg hinunter, dann pfiff er wieder – diesmal nachhaltiger. Anschließend legte er den Kopf schief und lauschte. Nichts! – Oder doch? Er glaubte aus dem Hochwald ein feines Jaulen gehört zu haben.
Er verließ den Weg und stieg den sanft ansteigenden Hang durch den hohen Bestand hinauf. Nach etwa hundert Schritten wurde es steiler und der Atem des Jägers beschleunigte sich. Trotzdem hörte er nun ein merkwürdiges kratzendes Geräusch und ein erstickt klingendes Jaulen. Es klang wie ein Kampf.
Wenig später hatte er die Höhe erreicht. Der Hügel hatte hier eine ziemlich spitze Kuppe und fiel auf der anderen Seite relativ steil ab. Als der Jäger auf der Gegenseite hinuntersehen konnte, bot sich ihm ein Bild, das ihm vor Schrecken den Atem verschlug.
Vor ihm lief ein breiter Rehwechsel den Hang hinunter. Durch die ständige Benutzung war der Boden ausgetreten und lehmig. Die Regenfälle der vergangenen Wochen hatten hier eine regelrechte Rutschbahn entstehen lassen. Diesem Wechsel war Schnuffel offenbar gefolgt und hier hatte ihn das Schicksal auch ereilt. Er mußte mit einem richtigen Satz in die Schlinge gesprungen sein, die hier für eine

ganz andere Beute gelegt worden war. Sie war so tückisch gestellt, daß der Hund keine Chance gehabt hätte, wäre er alleine unterwegs gewesen. Schnuffel hing am unteren Teil des Wechsels und versuchte verzweifelt den Hang wieder hinaufzukommen, um sich von der tödlichen Umschlingung zu befreien. Doch der weiche Boden machte alle seine Bemühungen zunichte. Das Erdreich war schon tief aufgewühlt. Eine Folge der Befreiungsbemühungen des Hundes. Schlotterer sah, daß er gerade noch zur rechten Zeit gekommen war, denn dem Rüden hing schon die Zunge aus dem Fang.

Der Mann legte sein Gewehr auf den Boden und rutschte so schnell er konnte auf dem Hosenboden den Wechsel hinunter. Es bereitete Mühe, den in panischer Angst um sein Leben kämpfenden Hund aus der Schlinge zu befreien, die schon in das Halsfell hineingeschnitten hatte.

Endlich hatte er es geschafft und beide, Herr und Hund, rutschten ein Stück tiefer in eine Mulde, wo sie erschöpft liegenblieben.

Nach einiger Zeit richtete sich der Jäger auf und untersuchte vorsichtig die Verletzung am Hals seines Hundes. Laut hechelnd und dabei leise winselnd lag der Rüde auf der Seite und sah seinen Herrn verständnislos an. „So eine elende Schweinerei!" fluchte der Jäger laut vor sich hin. Der Draht hatte eine blutunterlaufene Furche am Hals des Hundes hinterlassen, deren Ränder dick angeschwollen waren. Das war eine Sache für den Tierarzt. Herbert Schlotterer erhob sich und betrachtete den Draht der Falle genauer. Er hatte eine merkwürdige stumpfe Färbung. Offenbar war das Material über Feuer ausgeglüht worden. Hier war ein Verbrecher am Werk gewesen, der sein verwerfliches Handwerk verstand.

Zornig riß der Mann an dem Draht, doch das Metall widerstand seiner Wut. Er mußte den Hang ein Stück hinaufklettern, bis er den Baum erreichte, an dem die Schlinge befestigt war. Hastig drehte er am Draht, um ihn zu lösen. Dabei stach er sich mit dem spitzen Ende in die Hand. Der Schmerz verstärkte seinen Zorn noch. Schließlich hielt er den Draht in der Hand und wickelte ihn zusammen. In dieser Schlinge würde sich kein Tier mehr fangen.

Er rutschte wieder hinunter zu seinem Hund, der sich zwischenzeitlich wieder erholt hatte, daß er auf den Beinen stehen und schwach mit der Rute wedeln konnte. „Geht es wieder, mein Junge?" fragte der Jäger den Rüden und tätschelte dem Tier den Rücken. „Na, bis zum Auto wirst du es wohl schaffen."

Er holte sein Gewehr und marschierte langsam los. Schnuffel trottete neben ihm her.
Der Jäger hatte kein Auge mehr für die Schönheit des Waldes. Schwere Gedanken beschäftigten ihn. Es war ihm klar, daß in einem Revier, in dem man eine Schlinge fand, sich mit hoher Wahrscheinlichkeit noch mehrere befinden mußten. Aber wo? Und vor allen Dingen: Wer war der Täter?

Der Graureiher stand wie ein Pfahl am Ufer des Fischteiches und lauerte. Seine Geduld wurde auf keine lange Probe gestellt. Urplötzlich schnellte sein schmaler Kopf herunter und der spitze Schnabel hielt eine zappelnde Forelle. Einen Augenblick später war der junge Fisch im Hals des Vogels verschwunden. Sekunden später erstarrte der Reiher wieder zum Denkmal.
Er hatte seinen Horst unten am Fluß, doch regelmäßig kam er hierher, um leichte Beute zu machen. Die Forellen in dem flachen, dicht besetzten Zuchtteich hatten keine Chance, seinem pfeilschnellen Stößen zu entgehen. Sehr zum Ärgernis des Züchters, der ihn die Ausbeute seiner Bemühungen nur ungern schmälern ließ.
Ein heftiges Geräusch riß den grauen, gefiederten Fischer aus seiner Jagdhaltung und ließ ihn mit schwerfälligen Schwingenschlägen abstreichen.
Er konnte nicht wissen, daß in der Dickung, die sich dicht hinter dem Teich anschloß, ein junger Bock einen aussichtslosen Kampf gegen den Erstickungstod kämpfte. Die Schlinge, in der er sich gefangen hatte, war zu geschickt gestellt, als daß er eine Möglichkeit gehabt hätte, sich daraus zu befreien. Nachdem er mit seinem Haupt in die heimtückische Falle geraten war, hatte er einen raffinierten Mechanismus ausgelöst, der einen jungen Baum in die Höhe schnellen ließ, in dessen Wipfel der Draht befestigt war. Der junge Bock war hochgerissen worden und hing nun wie an einem Galgen. Die unmenschliche Grausamkeit dieser Falle bestand darin, daß er mit den Hinterläufen noch den Boden berühren konnte. Ein langer quälender Todeskampf stand ihm bevor.

Herbert Schlotterer wurde an dem Tag nach dem Unfall seines Hundes schon sehr früh sehr aktiv. Zuerst fuhr er zum Tierarzt, der

die Verletzung Schnuffels versorgte. Dann suchte er den Jagdherrn in dessen Haus auf. Schon am Abend des Zwischenfalls hatte er ihn telefonisch benachrichtigt. Ulf Bonnath stellte seinem Jagdfreund ein Glas mit kühlem Bier auf den Tisch; auch heute war es wieder recht warm. Nachdem die beiden Männer einen tiefen Zug genommen hatten, eröffnete der Jagdpächter das Gespräch:
„Erzähl mir doch bitte noch einmal alle Einzelheiten, damit ich mir ein vollständiges Bild machen kann. Die ganze Sache klingt wie die Geschichte aus einem billigen Kriminalroman."
Ausführlich berichtete Schlotterer den ganzen Vorgang. Am Ende seiner Ausführungen stützte Ulf Bonnath den Kopf in beide Handflächen und zog ein besorgtes Gesicht. „Es ist dir doch klar, daß da in unserem Revier wahrscheinlich noch mehr von diesen verflixten Schlingen liegen?"
Schlotterer nickte mit dem Kopf: „Das kann man wohl als sicher annehmen. Doch wo? Wir können doch nicht die ganzen zwölfhundert Hektar nach Schlingen absuchen!"
Der Jagdpächter zuckte mit den Schultern. Er dachte einen Augenblick nach, dann erwiderte er: „Auf jeden Fall werde ich heute Nachmittag zur Kriminalpolizei fahren und Anzeige erstatten. Den Draht werde ich mitnehmen, vielleicht können die dort etwas damit anfangen."
„Und ich", spann Schlotterer das Garn fort, „werde zwei oder drei Bauern zusammentrommeln, die sich sonst immer als Treiber zur Verfügung stellen und werde die mir bekannten Hauptwechsel absuchen. Möglicherweise finden wir etwas."
Die beiden Männer unterhielten sich noch kurze Zeit, dann gingen sie auseinander.
Der zuständige Beamte der Kripo in der Kreisstadt hörte sich den Bericht des Jagdherrn aufmerksam an. Am Ende zuckte er jedoch mit den Schultern.
„Das tut mir schrecklich leid, Herr Bonnath. Ihre Anzeige gegen Unbekannt nehme ich gerne auf. Doch fürchte ich, daß sich bisher noch keine Anhaltspunkte für Ermittlungen ergeben. Den Draht werde ich untersuchen lassen. Vielleicht gibt er ein paar Hinweise. Aber damit sind wir mit unserem Latein, im Augenblick jedenfalls, ziemlich am Ende.
Sie sollten tatsächlich nach weiteren Schlingen suchen. Wenn sie eine gefunden haben, dann entfernen sie sie aber nicht. Das würde den

Täter nur darauf aufmerksam machen, daß man seine Aktivitäten erkannt hat. Verbiegen sie die Falle etwas, damit sich kein Wild mehr darin fangen kann. Rufen sie mich an, ich werde dann hinauskommen und mit ihnen die Schlinge überwachen.
Nur so besteht die Chance, daß wir dem Täter vielleicht auf die Schliche kommen."
Die beiden Männer verabschiedeten sich und Bonnath fuhr zurück.

Zu Hause angekommen, versuchte der Jagdpächter, Herbert Schlotterer zu erreichen. Da er nicht ans Telefon ging, konnte er nur im Revier sein. Bonnath setzte sich in seinen Wagen und fuhr hinaus. Schlotterer saß in der Jagdhütte und machte gerade Brotzeit, als der Pächter eintrat. Nach kurzer Begrüßung berichtete Bonnath von seinem Besuch bei der Polizei und von dem entmutigenden Ergebnis dieser Unterredung.
„Das habe ich mir gedacht", brummte der Jäger mit vollem Mund. „Ich habe für morgen früh drei Leute zusammengetrommelt. Wir werden alles auf den Kopf stellen, vielleicht finden wir etwas."
Bonnath nahm sich ein Stück Wurst vom Tisch und schob es in den Mund: „Leider kann ich nicht mitsuchen. Aber wenn ihr etwas gefunden habt, ruft mich sofort an!"
Schlotterer sagte dies zu, dann verabschiedete sich Bonnath wieder. Einer mußte schließlich das Geld verdienen, mit dem die Jagdpacht bezahlt wurde.
Schlotterer übernachtete im Revier in der Hütte.
Mitten in der Nacht wurde der alte Jäger dadurch geweckt, daß sein Hund, der neben dem Bett auf einem alten Vorleger ruhte, anhaltend knurrte. Schlaftrunken tastete der Mann nach dem Kopf des Rüden und streichelte beruhigend darüber. „Kannst ruhig weiterschlafen, alter Junge", brummelte er, „wird nur ein Reh sein, das an der Hütte vorbeizieht." Geräuschvoll drehte er sich auf die andere Seite und war gerade wieder eingeschlafen, als der Hund mit einem Satz in Richtung Türe sprang und wie wild bellte.
Erschrocken setzte sich Schlotterer auf. Er wollte schon mit Schnuffel schimpfen, als ein unbestimmtes Gefühl in davon abhielt. Es kam schon gelegentlich vor, daß der Hund in der Nacht knurrte, wenn sie auf der Hütte waren. Aber derartig aufgeregt hatte sich der Rüde noch nie aufgeführt.

Nunmehr hellwach, wälzte sich der Mann aus den Federn und fuhr in die Hosen. Ohne Licht zu machen holte er sein Gewehr vom Haken und tastete nach einer Schrotpatrone. Man konnte nie wissen. Nachdem er geladen hatte, öffnete er vorsichtig die Türe. Obwohl seine Augen an die Dunkelheit gewöhnt waren, konnte er nichts entdecken. Es war schwarz wie in einem Sack. Schnuffel drängte sich an ihm vorbei und rannte noch immer wild Laut gebend ins Freie. Sekunden später war er verschwunden. Sein Gebell wurde immer leiser.

Schlotterer wollte ihn noch zurückrufen, wurde aber davon abgehalten, weil ihm, gerade als er einen Schritt ins Freie machte, etwas Warmes, Haariges ins Gesicht fuhr.

Mit einem heiseren Schreckensschrei fuhr der Jäger zurück und riß die Waffe in den Hüftschlag! – Doch nichts weiter geschah. Er lauschte sekundenlang, konnte jedoch nichts anderes vernehmen, als das erregte Pochen seines Herzens. Schlotterer suchte sich Streichhölzer und zündete das Gaslicht an. Nachdem sich seine Augen an das Licht gewöhnt hatten, holte er sich aus dem Rucksack seine Taschenlampe und leuchtete in Richtung Eingang.

Ins grelle Licht des Handscheinwerfers getaucht, erkannte er, im oberen Drittel der Türöffnung baumelnd, die Hinterläufe eines Rehes. Schlimmes ahnend, trat er langsam einige Schritte näher.

Beim Eingang der Hütte stand eine alte Buche. Einer der Äste wuchs quer zur Hüttenwand, nur eine Handspanne von der Wand entfernt. An diesem Ast hing, mit dem Träger in einer Drahtschlinge, ein junger Bock direkt vor dem Eingang.

Außer sich vor Zorn griff der Mann nach dem Stück Wild. Es war schon kalt und die Leichenstarre eingetreten. Er mußte sich einen Stuhl herholen, um den Bock vom Ast holen zu können.

Dem Jäger war nun klar, daß die Schlingen im Wald nicht von einem gewöhnlichen Wilderer gestellt worden waren. Hier hatten sie es mit einem perversen Menschen zu tun, der wahrscheinlich auch noch verrückt war. Anders konnte sich Schlotterer die unverständliche Vorgehensweise des Frevlers nicht erklären.

Der Jäger brach den Bock im Lichte der Lampe auf und versorgte ihn. Dabei kam ihm der Gedanke, daß die ganze Wilderei vielleicht auch ein Racheakt an Bonnath sein könnte. Wer hatte schon keine Feinde?

Während er so nachgrübelte, fiel ihm auf, daß der Hund noch nicht zurückgekommen war. In der Aufregung hatte er gar nicht darauf geachtet. Besorgt trat der Mann ein Stück auf den Weg hinaus, der vor der Hütte vorbeilief und pfiff durch die Zähne. Als Schnuffel nicht kam, eilte er in die Hütte und holte sich die Hundepfeife. Vielleicht würde ihn der Rüde dann hören. Wahrscheinlich hatte er mitbekommen, wie der Lump den Bock aufgehängt hat und führte sich deshalb so auf. Sicher war er dem Kerl gefolgt.
Sorge um seine vierbeinigen Freund kam in ihm auf. Wer derartig grausam mit dem Wild umging, der hatte keinerlei Achtung vor dem tierischen Leben und scheute sicher auch nicht davor zurück,einem Hund zu schaden. Er drehte sich gerade herum und wollte in die Hütte zurückgehen, als er es durch die Nacht heranhecheln hörte. Er blieb stehen und war außer sich vor Freude, als der Rüde einen Augenblick später aufgeregt winselnd an ihm hochsprang.
„Da bist du ja, mein Junge“, rief der Jäger erleichtert und tätschelte seinem vierbeinigen Freund den Rücken. Da zuckte dieser zusammen und jaulte schmerzlich auf.
Schlotterer führte ihn ins Licht und untersuchte sofort die fragliche Stelle. Als er mit der Hand sanft über den schmerzenden Bereich fuhr, fühlte er klebrigen Schweiß. Er sah nach und entdeckte eine kleinfingerlange glatte Wunde. Es schien ganz so, als stamme sie von einem Messer.
Der Mann nahm den Kopf seines Hundes in beide Hände und sah ihm in die Augen.
„Du hast den Kerl angenommen, nicht wahr? Und der hat sich mit dem Messer gewehrt.“ Schnuffel wedelte aufgeregt mit der Rute. „Ach, wenn du nur reden könntest“, seufzte Schlotter, „dann wüßten wir mehr und dem Spuk wäre schnell ein Ende bereitet.“
Er ging zum Schrank und holte eine Flasche von dem Spezial-Waffenöl, das für alle Zwecke zu gebrauchen war. Da die Wunde nicht tief war, schien ihm Nähen nicht nötig. Er schüttete vorsichtig einige Tropfen des Öls in die Verletzung, dann brummte er: „Für den Rest der Nacht werden wir wohl unsere Ruhe haben. Hauen wir uns also noch ein paar Stunden aufs Ohr.“
Er zog sich wieder aus und legte sich nieder. Doch an Schlaf war nicht mehr zu denken. Er hatte die Arme hinter dem Kopf verschränkt und starrte in die Dunkelheit: Wer kam für diese verbrecherischen Taten in Frage?

Irgendwann fiel Schlotter dann doch in einen unruhigen Schlummer, selbstverständlich ohne eine Antwort auf diese Frage gefunden zu haben.
Am nächsten Morgen erhob sich der Weidmann schon um 5 Uhr von seinem Lager. Seine Knochen waren schwer wie Blei und sein Kopf schmerzte gemein. Die vergangene Nacht hatte ihre Spuren hinterlassen. Er braute sich einen starken Kaffee, um den Kreislauf in Gang zu bringen. Dann untersuchte er noch einmal Schnuffels Verletzung. Der Schnitt war verschorft und blutete nicht mehr. Der Rüde war zäh im Nehmen.
Schließlich zog er die Revierkarte aus dem Schrank und schlug sie auf. Er studierte sie einen Augenblick, nickte einige Male versonnen, dann faltete er sie zusammen und steckte sie in die Innentasche seiner Jacke. Er schulterte das Gewehr und rief den Hund, dann verließ er die Hütte. Unwillkürlich warf er beim Weggehen einen Blick zu dem Ast, von dem er in der Nacht den gehängten Bock heruntergeholt hatte. Wieder stieg der Zorn in ihm hoch, doch er zwang sich zur Ruhe und marschierte weiter. Es brachte mehr, wenn man bei derartigen Unternehmungen ruhig Blut bewahrte.
Schlotter war auf dem Weg zu dem Treffpunkt mit den drei Männern, die ihm bei der Durchsuchung des Reviers helfen würden. Es paßte ihm gar nicht, daß sie gezwungen waren, durch die Dickungen zu kriechen. Die Aktion würde eine ziemliche Beunruhigung des Wildes mit sich bringen. Aber in Anbetracht des Vorgefallenen, ließ sich diese Maßnahme wohl nicht umgehen. Schnuffel revierte frei vor ihm her, die Nase tief, die Rute steil erhoben. Mochte der Himmel wissen, welche Nachrichten ihm die verschiedenen Witterungen des Waldbodens vermittelten.
Plötzlich machte der Hund einen Satz und verschwand im Unterholz. Schlotterer hatte sofort die Pfeife im Mund und gab Signal. Er hatte für den Augenblick die Nase voll von den „Unfällen“ der letzten Tage.
Da kam der Rüde auch schon wieder zurück. Im Fang trug er einen Fetzen Stoff, den er sich beim Laufen knurrend um die Behänge schlug.
Der Jäger, der keine Zeit für die Spielereien des Hundes hatte, wollte das Tier schon unwirsch „bei Fuß“ beordern, als ihm ein Gedanke kam. Schnuffels Knurren hatte einen Unterton, der ungewohnt zornig klang.

Der Mann blieb stehen und befahl: „Hier, Schnuffel! Gib aus!"
Der Rüde kam gehorsam herbei, setzte sich vor seinem Herrn auf die Keulen und ließ sich das Stoffstück aus dem Fang nehmen. Dabei kam aus seiner Kehle noch immer ein verhaltenes Grollen.
Neugierig betrachtete Schlotterer den Fetzen. Er war von der Größe einer Männerhand und an den Rändern ausgefranst. Er mußte herausgerissen worden sein. Wahrscheinlich stammte er von einer Jacke, denn für einen Hosenstoff war er zu dick. Der Jäger erkannte, daß es sich um Loden handelte. Die Farbe war eindeutig olivgrün.
Nachdenklich musterte der Mann den Fund. Schließlich betrachtete er seinen Hund und fragte leise: „Hast du das dem Kerl heute Nacht herausgerissen?" Dabei hielt er dem Rüden den Stoff vor den Fang. Dieser begann sofort wieder zu knurren.
„Sicher hast du das!" spann der alte Jäger leise fort. „Der Kerl hat nach dir getreten oder dich sonstwie angegriffen, dann hast du zugepackt. Daraufhin hat er sich mit dem Messer gewehrt. – Anders kann es nicht gewesen sein!"
Ganz beiläufig hob er den Fetzen hoch und roch daran. Er hatte keinen besonderen Grund dafür. Es war mehr die Reaktion eines Mannes, der instinktiv versuchte, einem Rätsel mit all seinen Sinnen auf die Spur zu kommen. Plötzlich stutzte er. Betrachtete den Lappen nochmals eingehend und hob ihn erneut an die Nase. Tief zog er die Witterung ein. Der Fetzen roch ganz schwach nach etwas, was er kannte. Er konnte im Augenblick nicht sagen, was es war, aber er wußte, daß er den Geruch in der Vergangenheit schon einmal gerochen hatte.
Langsam steckte er den Lappen in die Jackentasche. Er war sicher, daß er hier einen wichtigen Fund gemacht hatte. Für ihn war klar, daß der Stoff von der Kleidung des Verbrechers stammte. Unter Umständen ein wichtiges Beweisstück also. Wenig später traf er sich mit seinen Helfern.

Es wurde ein anstrengender Tag. Systematisch marschierten sie von Dickung zu Dickung. Krochen über die Wechsel, die hindurchführten und suchten nach Schlingen. Bis zur Mittagszeit hatten sie noch keine Spur gefunden, die auf weitere Aktivitäten des Schlingenstellers schließen ließ. Schlotterer war dadurch aber keineswegs zu entmutigen. Hatten sie bisher doch Revierteile durchkämmt, die mehr am Rande der Jagd lagen. Die Schlinge in der sich Schnuffel gefangen hatte, war jedoch im Herzen des Reviers aufgestellt worden. Dort war es am ruhigsten und dort hielt sich das meiste Wild auf. Dieser Abschnitt lag noch vor ihnen.

Nach einer kurzen Mittagspause vor der Hütte suchten sie weiter. Zwei Stunden später, sie durchforschten gerade eine Schonung, die sich auf das „Feuchte Gründlein" zuzog, als Schlotterers Nachbar zur Rechten einen Ruf ausstieß. Der Jäger kämpfte sich durch das Grün zu ihm durch. Als er ihn erreicht hatte, wischte er sich schnaufend den Schweiß von der Stirn.

„Was ist los, Konrad, hast du was gefunden?"

Konrad Lössert, ein Bauer mittleren Alters, nickte nur wortlos und wies auf eine Stelle, die mit hohem Gras bewachsen war. Der Jäger konnte im ersten Augenblick nichts entdecken und trat deshalb einen Schritt näher. Nun sah er die Sauerei! Von einer Birke hing ein langer, ausgeglühter Draht, von der Sorte, die er nun schon kannte. In der Schlinge hingen die fast völlig skelettierten Überreste eines Rehs. Es mußte ein junger Bock gewesen sein. Das Gehörn war zwar von den Mäusen angenagt, doch noch erkennbar. Reste der Decke waren auch noch vorhanden und lagen lose und ausgebleicht über den Rippen. Schlotterer hob einen kahlen Ast auf und teilte das Gras. Ein Teil der Knochen lag neben dem Skelett. Spuren von Fuchs und sonstigen Totengräbern, die hier ihre Arbeit getan hatten.

Zornig warf der Jäger den Ast zur Seite und fluchte: „Diese Kreatur hat es nicht auf das Wildbret abgesehen. Der will nur Quälen und läßt seine Beute verludern. Das ist ein Aasgeier in Menschengestalt. Verdammt, wenn ich ihn jetzt zwischen den Fingern hätte..."

Er ließ offen, was dann mit dem Kerl geschehen würde, aber diese Antwort konnte sich sowieso jeder selbst geben.

Schlotterer holte einen flachen Fotoapparat aus seiner Jackentasche und hielt den Fund im Bilde fest. Dann drehte er sich wortlos um und stiefelte auf den Weg hinaus. Sie suchten noch, bis die Dämmerung sie zwang, Schluß zu machen. Eine Schlinge hatten sie noch gefunden, doch sie war zum Glück leer. Nachdem Schlotterer sie unschädlich gemacht hatte, ließ er sie hängen. Er hatte zwar keine Hoffnung, daß er Erfolg haben würde, aber er wollte sich in dieser Nacht dort in der Nähe ansetzen. Vielleicht ging ihm der Kerl in die Falle.

Wie erwartet brachte die Nachtwache in Sichtweite der Schlinge nichts. Schlotterer war klar, daß der Schlingensteller auf diese Weise wohl kaum zu fangen war. War eine Schlinge einmal gestellt, arbeitete sie ohne Aufsicht im Sinne des Verbrechers. Er wollte offenbar nur, daß sich Wild fing und sich langsam zu Tode quälte. Damit waren seine abartigen Gelüste gestillt. Die Beute interessierte ihn dann anscheinend nicht mehr.

Es vergingen vier Wochen, in denen keine neuen Anzeichen von der Tätigkeit des Wilderers festzustellen waren. Obwohl Schlotterer ständig unterwegs war und die Augen offen hielt, fand er keine Schlinge mehr. Sollte der Verrückte seine Aktivitäten eingestellt haben? Der Pächter und sein Jäger wagten es kaum zu hoffen.

Es war ein Samstagvormittag, als der Gemeindearbeiter Wolfrum Nagel mit dem Fahrrad durch das „Feuchte Gründlein“ fuhr. Der Gemeinderat hatte beschlossen, daß an einer Stelle des Waldes eine Aufforstung vorgenommen werden sollte, und Nagel wollte sich die Stelle einmal ansehen. Als er den Platz erreicht hatte, lehnte er sein Zweirad an einen Baum und schlenderte über die große Lichtung, die bepflanzt werden sollte. Das Gelände stieg hier sanft an. Oben endete die freie Fläche an einer älteren Dickung.

Der Arbeiter überlegte gerade, daß man wohl erst einmal das wild wuchernde Gras würde mähen müssen, weil sonst die jungen Pflanzen ersticken würden, als er ein rauhes, blökendes Klagen hörte.

Erstaunt sah er auf und musterte sein Gesichtsfeld. Er erinnerte sich, einen ähnlichen Schmerzlaut schon einmal gehört zu haben. Das war vor zwei Jahren auf einer Drückjagd gewesen. Er und einige seiner Kollegen hatten bei Pächter Bonnath als Treiber fungiert. Einer der Schützen hatte ein Reh angeschossen, und man hetzte einen Hund hinterher, der es niederziehen sollte. Der fing das Reh auch und packte es am Träger. Bis jedoch der Hundeführer heran war und dem Reh den Fangschuß geben konnte, schrie es in der Art, wie er es eben gehört hatte. Nagel war klar, daß so nur ein Stück in höchster Todesnot klagte.

Eilends überquerte er die Freifläche und ging dem Schrei nach. Er kam eindeutig aus der Dickung oberhalb der Lichtung. Nagel eilte am Dickungsrand entlang, um einen Weg hinein zu finden. Schließlich entdeckte er eine Schneise. Er war dem Klagen nun ganz nah.

Gebückt drang er ein. Er mußte sich ein ganzes Stück durch die dicht stehenden Blätter kämpfen, ehe er an Ort und Stelle war. Was er sah, verschlug ihm die Sprache: Vor ihm hing ein Bock in einer Schlinge. Doch das Stück war nicht mit dem Träger hineingeraten, vielmehr hatte sich der biegsame Draht um sein ausgeprägtes Gehörn geschlungen und hielt das Reh so unbarmherzig fest. Der von den schlagenden Schalen total aufgewühlte Boden, der keuchende Atem des Bockes und die von der Anstrengung herausquellenden Augen des Stücks, ließen darauf schließen, daß er schon lange gegen die grausame Schlinge ankämpfte.
Nagel kannte sich soweit aus. Er konnte sehen, daß es der Bock nicht mehr lange machen würde. Der Lecker hing ihm vor Erschöpfung weit aus dem Äser. Der Waldarbeiter überlegte einen Augenblick krampfhaft, dann entschied er sich. Mit einem Satz sprang er auf den Bock zu, packte ihn und klemmte ihn sich zwischen die Beine. Dann begannen seine, von der harten Arbeit hornigen Hände, den Draht auseinanderzubiegen. Es war Schwerarbeit, denn der Bock, der sich einer vermeintlichen neuen Todesgefahr gegenübersah, schlug mit letzter Kraft um sich.
Schließlich hatte es der Mann geschafft. Er sprang zur Seite und gab den Bock frei. Doch das Stück war zu erschöpft, um sofort flüchten zu können. Mit pumpenden Flanken blieb es liegen und starrte den Menschen an. Der zog sich einige Meter zurück. Es dauerte ziemlich lange, ehe sich das Reh langsam auf die Läufe quälte und torkelnd über den Wechsel verschwand. Jetzt erst fand der Mann Zeit, um über das Geschehen nachzudenken. Es war ihm unverständlich, wie ein Mensch derartige Fallen aufstellen konnte, in denen sich das Wild zu Tode strangulierte. Kopfschüttelnd drehte er um und marschierte zu seinem Fahrrad. Das nächste Telefon war im Dorf.

Als Schlotterer von dem Vorfall erfuhr, wurde ihm das Herz schwer. Wäre auch zu schön gewesen, dachte er, wenn die Schlingenstellerei der Vergangenheit angehört hätte. Er wußte sich einfach keinen Rat mehr.
Am nächsten Tag erhielt er von seinem Jagdherrn einen Anruf.
„Grüß dich“, kam der gleich zur Sache. „Mich hat soeben die Landespolizei angerufen. Die Untersuchung des Stoffetzens, den du mir vor Wochen gegeben hast, durch das Landeskriminalamt, hat

auch nicht viel ergeben. Es ist ein gewöhnlicher Lodenstoff, wie man ihn üblicherweise verwendet. Man fand ganz feine Verbrennungen, der Kerl muß Raucher sein. Wahrscheinlich ist ihm etwas Asche auf die Kleidung gefallen. Außerdem hat man herausgefunden, daß er auch dem Alkohol nicht abgeneigt ist. Das Kleidungsstück, zu dem der Fetzen gehört, den du gefunden hast, muß einmal mit Schnaps in Berührung gekommen sein."

„Schnaps?" fragte der Jäger, hellhörig geworden, zurück. „Haben die auch gesagt welche Sorte?"

„Ja", erwiderte Bonnath. „Der Polizeibeamte hat etwas von Apfelschnaps erzählt. Aber das bringt uns ja auch nicht weiter. Den kannst du in jedem Lebensmittelgeschäft kaufen." Sie unterhielten sich noch einige Sätze lang, dann verabschiedeten sie sich voneinander. Beide in keiner sehr guten Stimmung. Die Sache schien wirklich hoffnungslos zu sein.

Am späten Nachmittag war Schlotterer wieder auf der Hütte. Ohne großen Hunger verzehrte er seine Brotzeit. Um sich etwas abzulenken, schlug er das dicke Hüttenbuch auf und blätterte darin herum. Ereignisse, die teilweise schon Jahre zurücklagen, wurden wieder vor sein geistiges Auge gerufen. Gelegentlich lockte die Erinnerung ein schwaches Lächeln auf die Züge des alten Jägers. Plötzlich, beim Betrachten einer älteren Fotographie, stutzte er. Er nahm das Buch und trat ans Fenster. Aufmerksam studierte er die Personen, die auf dem Bild zu erkennen waren. Schließlich legte er das Hüttenbuch auf den Tisch zurück. Nachdenklich trat er vor die Hütte und starrte vor sich hin. Schließlich drehte er sich ruckartig auf den Absätzen um, ging wieder in den Raum hinein, zog seine Schuhe aus und legte sich auf das Bett. Obwohl seine Gedanken wild im Kopf herumkreisten, zwang er sich zur Ruhe. Er mußte etwas vorschlafen, weil ihm eine lange Nachtwache bevorstand. Wenn ihn nicht alles täuschte, hatte er eine Spur entdeckt.

Der Jäger ließ den Hund im Wagen und legte den letzten Kilometer zu Fuß zurück. Er klappte seinen Ansitzstuhl auf und setzte sich dicht neben dem Trampelpfad, der von dem einsam gelegenen Gehöft vor ihm direkt in den Wald hineinführte.

Er war hier fast sechs Kilometer vom heimischen Revier entfernt, in der Nähe der Ortschaft Reukirchen. Sein Gewehr hatte er in der

Jagdhütte gelassen. Er war hier nicht jagdberechtigt, durfte also auch keine Waffe mit sich führen. Allerdings hatte er seine Pistole eingesteckt. Das war zwar auch nicht ganz in Ordnung, aber er fühlte sich so einfach sicherer. Der Hof, der in einer leichten Senke lag, war dunkel. Er konnte keine Einzelheiten erkennen, erinnerte sich aber ungefähr an die Örtlichkeiten. Es mochte fast acht Jahre her sein, daß er das letzte Mal hier war. Damals hatte der Bauer noch gelebt, und es war ein gastliches Haus gewesen. Gregor Sandlinger war ein guter Jäger gewesen und hatte im Revier von Bonnath freie Büchse. Auch der Sohn Anton, Toni nannten sie ihn nur, hatte später, nachdem er einen Jagdschein erworben hatte, bei Bonnath gejagt. Dann war der alte Sandlinger plötzlich an einem Herzschlag gestorben. Seine Frau war ihm vor Kummer ein Jahr später gefolgt. Toni, auf sich alleine gestellt, hatte versucht, die Landwirtschaft weiterzuführen. Aber er war noch zu jung und mit der Aufgabe überfordert. Irgendwann hatte er dann zum Alkohol gegriffen. Alle Warnungen der Freunde nutzten nichts. Es wurde mit dem Trinken immer schlimmer, bis er schließlich in die totale Abhängigkeit geriet. Er machte in der Folgezeit eine derart negative Wesensveränderung durch, daß ihm Bonnath die weitere Jagdausübung untersagen mußte. Er sorgte auch dafür, daß der junge Bursche unter Pflegschaft gestellt wurde und auf eine Entziehungskur kam. Schlotterer konnte sich noch genau daran erinnern, wie Toni seinerzeit geflucht und wüste Drohungen gegen Bonnath ausgestoßen hatte, als er das Revier verlassen mußte.

Mit den Jahren hatten sie das Schicksal des jungen Burschen aus den Augen verloren, zumal er später nicht mehr auf dem Anwesen seiner Eltern lebte. Da sich offenbar niemand fand, der den Hof bewirtschaften wollte, kamen die Baulichkeiten ziemlich herunter.

Der wartende Jäger wurde aus seinen Gedanken gerissen. Er glaubte, auf dem Hof einen schwachen Lichtschein erkannt zu haben. Also, waren die Gebäude doch nicht ganz unbewohnt! Er gratulierte sich zu seiner Eingebung. Wenig später hörte er schwache Geräusche, die sich wie das Schleifen von Gras an den Hosenbeinen eines Menschen anhörten. Schlotterer war ganz gespannte Aufmerksamkeit.

Selbst bei dem schwachen Licht, das herrschte, konnte er erkennen, daß eine dunkle Gestalt den Pfad heraufkam. Unwillkürlich hielt der Mann den Atem an. Immer näher kam der nächtliche Waldbesucher und marschierte schließlich nur einen Meter von Schlotterer entfernt vorbei. Der merkte erst, als er ein Stechen in der Brust fühlte, daß er noch immer die Luft anhielt. Als er sicher war, daß er nicht mehr gehört werden konnte, stieß er pfeifend den Atem aus und schnaufte tief durch. Erkannt hatte er die Gestalt zwar nicht, aber deutlich roch er die Alkoholfahne, die noch immer in der Luft hing. Es war ein süßlicher Geruch, ähnlich dem von Apfelschnaps!

Am nächsten Tag unterrichtete Schlotterer seinen Jagdherrn von seinem Verdacht und von seiner nächtlichen Ermittlungsarbeit. Der war einen Augenblick sprachlos, dann fragte er gepreßt: „Wie bist du denn darauf gekommen, den Toni zu verdächtigen?"

„Ich habe gestern in den alten Aufzeichnungen im Hüttenbuch geblättert. Dabei bin ich auf ein Bild gestoßen, auf dem wir zusammen mit Toni abgebildet sind. Es war zu der Zeit, als er schon ständig getrunken hat. Auf dem Bild steht vor ihm eine Flasche mit Apfelschnaps. Der Rest war nicht schwer zusammenzureimen."

„Und du meinst, er war es, den du gesehen hast?" fragte Bonnath zurück.

„Das kann ich nicht sagen", gab der Jäger zurück, „dazu war es zu dunkel. Aber ich habe deutlich eine ausgeprägte Alkoholfahne gerochen."

„Es ist aber ein ganzes Ende zu laufen, bis man von dort zu uns ins Revier kommt", gab der Pächter zu bedenken.

„Stimmt schon", gab Schlotterer zu, „doch wenn man einigermaßen zu Fuß ist und sich im Gelände auskennt, kann man in einer guten Stunde hier sein."

„Mag sein, daß du recht hast", meinte Bonnath, „auf jeden Fall fahren wir zusammen zur Polizei und du berichtest alles. Vielleicht können die jetzt etwas erreichen."

Aufgrund des Hinweises von Schlotterer nahm die Landespolizei Ermittlungen auf. Bald stellte sich heraus, daß der junge Sandlinger aus seiner Wohnung in K-stadt verschwunden war. Er hatte sich dort, nach einer Entziehungskur und einem längeren Aufenthalt in einem Nervenkrankenhaus, niedergelassen gehabt.

Die Nachbarn wurden vernommen, Hinweisen wurde nachgegangen, schließlich kam man zu dem Ergebnis, daß der Toni Sandlinger

wieder dem Alkohol verfallen war. Nachdem er aus seinem gewohnten Lebenskreis verschwunden war, war der Verdacht des Jägers durchaus angebracht, daß er sich auf dem verlassenen Hof seiner Eltern aufhielt.
Am nächsten Tag, es war ein Dienstag, fuhr gegen 10.00 Uhr ein Zivilfahrzeug der Kriminalpolizei auf den Hof der Sandlinger. Dicht dahinter folgte der Wagen des Jagdherrn. Schlotterer war bei ihm. Man hatte sie gebeten dabei zu sein, weil sie den Toni Sandlinger identifizieren konnten. Rein vorsorglich trug der leitende Ermittlungsbeamte einen Haftbefehl und eine Durchsuchungsanordnung bei sich. Sie klopften an die Tür des Wohnhauses. Doch niemand öffnete. Einer der Beamten versuchte, durch die Scheiben des Hauses zu sehen, konnte aber nichts entdecken. Sie waren vom Dreck so blind, daß eine Durchsicht unmöglich war.
Sie wollten die Türe schon aufbrechen, als Schlotterer unbeabsichtigt auf den Türgriff drückte. Ächzend drehte sich die Türe in ihren Angeln nach innen. Die Männer sahen sich einen Augenblick erstaunt an, traten jedoch dann ein.
Die Räume des Untergeschosses befanden sich in einem total verwahrlosten Zustand. Zentimeterdicker Staub lag auf dem Fußboden und den wenigen noch vorhandenen Möbeln. In dem Zimmer, das wohl früher einmal als Wohnstube gedient hatte, lag in einer Ecke auf Matratzen, bedeckt mit einer löcherigen Decke, ein Mann und schlief. Neben ihm auf dem Boden lagen zwei leere Flaschen Schnaps. Die Männer sahen sich bezeichnend an, dann ging einer der Beamten hin und stieß den Schlafenden an: „Heh, Sie, aufstehen! Hier ist die Polizei!"
Es dauerte geraume Zeit, bis sich der Mann mühsam von seinem Lager erhob. Bonnath und Schlotterer sahen sich betroffen an. Es war erschütternd, was der Alkohol aus einem Menschen machen konnte. Toni Sandlinger hatte das verfallende Gesicht eines alten Mannes. Als er seine Decken zurückschlug, um sich zu erheben, quoll eine Wolke schlechter Luft hervor. Er mußte seine Kleidung schon lange nicht mehr gewechselt haben.
Sofort entdeckte Schlotterer das Loch in der alten Lodenjacke. Es hatte ungefähr die Größte des Fetzens, den sein Hund gefunden hatte.
Die Beamten belehrten den Mann über seine Rechte und den Grund ihres Hierseins. Es dauerte einige Zeit, bis er einigermaßen begriff,

um was es ging. Dann begann er fürchterlich zu fluchen und die wildesten Bedrohungen auszustoßen. Es war allen Beteiligten klar, daß man es hier mit einem Menschen zu tun hatte, dem die Sucht das Gehirn zerfressen hatte. Aus all seinen Haßtiraden konnte man entnehmen, daß er der Schlingensteller war. In seinem kranken Gehirn hatte er sich eingebildet, daß Bonnath an seinem ganzen Unglück schuld sei.

Schlotterers Zorn über den Schlingensteller war verschwunden. Stattdessen empfand er Mitleid mit einem Menschen, den das Schicksal so hart getroffen hatte, daß er seine Zuflucht in den Alkohol nahm.

Wenig später wurde Toni Sandlinger mit einem Krankenwagen in das nächstgelegene Nervenkrankenhaus gefahren, da er gedroht hatte, sich das Leben zu nehmen.

Wolfsblut

Die Geis stand mit bebenden Flanken und keuchendem Atem zwischen den dichten Jungbuchen und sicherte den Waldweg zurück, den sie soeben mit höchster Kraftanstrengung heraufgeflüchtet war. Ihre Lichter traten vor Anstrengung hervor. Ihr feuchter Windfang sog die abendliche Frühlingsluft ein; vergeblich forschte sie nach einer Nachricht in ihr, der sie entnehmen konnte, daß die Gefahr vorüber war.
Nur langsam beruhigten sich ihre stechenden Lungen. Noch vor wenigen Wochen wäre sie ihrem Feind mit größerer Leichtigkeit entkommen. Doch heute, da das Kitz in ihrer Tracht kurz vor dem Setzen stand, hatte sie die gnadenlose Hetze schnell erschöpft. Immer häufiger mußte sie die Deckung einer Hecke oder den Schutz einer Dickung aufsuchen.
Da schreckte sie zusammen. Ihre Läufe zuckten, als wollten sie das Stück, unabhängig von dessen Willen, davontragen. Weg von dem vierläufigen Räuber, der sich mit unerbittlicher Entschlossenheit auf ihre Fährte gesetzt hatte und auch mit den bewährtesten Tricks nicht von ihr abzubringen war. Mit tiefer Nase suchte der Verfolger die Witterung der Beute, die Rute aufgeregt erhoben, ab und zu lustvoll mit ihr wedelnd, wenn ihm die verlockende Witterung besonders intensiv in die Nase stach.
Die Geis wartete tatsächlich bis zum letzten Augenblick. Dann, als der Feind sie fast erreicht hatte, brach sie durch die Dickung, daß die Äste nur so peitschten. Der Rüde erschrak etwas und machte einen kleinen Satz zur Seite, stürmte aber dann mit einem kurzen Heulen hinterher. Fast eine Stunde war er nun schon hinter dem Reh her. Einige Male hatte er die Fährte verloren, sie aber immer wiedergefunden. Manchmal konnte er auf Sicht hetzen, meist jedoch mußte er sich auf seine vortreffliche Nase verlassen, die ihn nur selten im Stich ließ. Sein Instinkt sagte ihm, daß das Reh seine Kraft verbraucht

hatte und kurz vor dem Ende stand. Dieses stachelte seinen Jagdtrieb enorm an, und mit weit geöffnetem Fang hetzte er weiter.
Plötzlich hörte er neben sich ein kurzes blaffendes Bellen. Er wandte leicht den Kopf und erblickte seinen Artgenossen. Seiner Erfahrung nach ein deutliches Zeichen dafür, daß die Jagd bald vorüber sein würde.
Diesen kurzen Augenblick der Unaufmerksamkeit hatte das Reh genutzt, um erneut in eine Fichtenschonung zu schlüpfen. Sofort war der leicht gebaute Rüde wieder bei der Sache. Es war seine Aufgabe, die Beute zu finden und sie zu hetzen, bis sie so erschöpft war, daß sie der andere, der Packer, fassen und abtun konnte.
Eine kurze Quersuche, dann war er wieder auf der Fährte. Langsam drang er in die Dickung ein. Ein kurzes, lautes Rascheln, dann stand das Reh, das aus der Deckung flüchten wollte, mit röchelndem Atem vor dem schweren Packer. Der hatte sich am Heraustreiben nicht beteiligt, sondern vor der Dickung gewartet.
Für eine kurze Schrecksekunde standen sich Jäger und Opfer gegenüber, dann sprang der Packer vor und faßte zu. Der dünne Hals der Geis verschwand fast zwischen seinen eisernen Kiefern – der Tod kam schnell und gnädig.
Noch eine ganze Weile schüttelte der bullige Hund seine Beute, ehe er von ihr abließ. Sein Gefährte stand mittlerweile hechelnd dabei, ohne sich beim Reißen zu beteiligen. Als der Packer das Reh schließlich losließ, kam der kleinere Hund mit eingezogener Rute demütig näher. Der stärkere ließ ein kurzes drohendes Knurren hören, duldete jedoch die Annäherung. Der Finder bewindete kurz das Reh, dann faßte er ein Stöckchen, das ihm an einer kurzen Schnur um den Hals hing und rannte los.
Er wußte, daß der eigentliche Führer dieses kleinen Rudels auf ihn wartete. Auf ihn und die Nachricht, daß die beiden erfolgreich gewesen waren.
Der Packer legte sich mittlerweile neben das Reh und ließ es keinen Augenblick aus den Augen.

Der Mann in der dunkelblauen Latzhose und der gleichfarbenen Leinenjacke lehnte lässig an seinem alten Wagen und rauchte eine Zigarette. Als er den Hund mit dem Bringsel im Fang heranrennen sah, trat ein zufriedenes Lächeln auf sein Gesicht. Als der Rüde heran war, tätschelte er ihm kurz den Kopf, dann befahl er: „Such! Zum Stück!" Sofort drehte sich der Hund herum und lief den Weg, den er gerade gekommen war, wieder zurück. Schnell warf sich der Mann einen Rucksack über die Schulter und eilte hinterher.

Der Hund entfernte sich immer nur ein Stück, dann blieb er stehen, bis sein Herr heran war und ihm ein Zeichen gab, daß er weiterlaufen sollte.

Als der Mann den Platz erreichte, an dem der Packer bei dem Reh wachte, war er ziemlich außer Atem.

Er ließ den Rucksack von der Schulter gleiten und holte eine starke Lederleine hervor. Er riemte den Packer an und rief ihm ein kurzes scharfes „Aus!" zu, als der Rüde ungehalten knurrte. Mit einem Griff in seine Jackentasche holte er mehrere Hundekuchen hervor und gab sie dem kräftigen Vierbeiner. Dieser ließ sich die Belohnung schmatzend schmecken, nun hatte er nichts mehr dagegen, daß er etwas abseits an einer alten Buche abgelegt wurde. Gleichermaßen verfuhr der Mann mit dem kleineren Hund.

Nachdem die beiden versorgt waren, machte er sich an dem Reh zu schaffen. Tatsächlich, die Hunde hatten ganze Arbeit geleistet. Die Geis war kaum verletzt. Mit dem Messer schärfte er das Stück auf und weidete es aus. Als er den Embryo in der Gebärmutter bemerkte, zuckte er nur kurz mit den Schultern und warf ihn zum übrigen Aufbruch.

Kurze Zeit später war die Geis im Rucksack verschwunden. Zuvor hatte er einen kleinen Klappspaten entnommen und den Aufbruch ein Stück unter den Waldboden gebracht. Er wußte, daß der Fuchs ihn finden würde, aber das war in der Nacht, bis dahin war er über alle Berge.

Nachdem er sich davon überzeugt hatte, daß er keine Spuren hinterlassen hatte, die auf ihn hindeuten könnten, faßte er seine beiden Hunde an den Leinen und marschierte davon.

Die Bauern von Antbach schüttelten anfänglich den Kopf über den ausgeflippten Aussteiger, der sich vor einiger Zeit die alte, halbverfallene Mühle am Bach, der dem Dorf den Namen gegeben hatte, gekauft hatte und dort alleine hauste. Ein nicht mehr ganz taufrischer Bursche mit Bart, langen Haaren und Ohrring. – Kurzum ein Mensch, der in das geordnete Weltbild der Landwirte nicht so recht

hineinpaßte. Aber, wie das so ist, mit der Zeit gewöhnten sie sich an den Sonderling. Er rang ihnen sogar so etwas wie Respekt ab, als sie sahen, daß die alte Mühle mit der Zeit in neuer, alter Pracht erstrahlte. Immerhin, vor körperlicher Arbeit schien er nicht zurückzuschrekken.
Daß er sich in der abseits gelegenen Mühle auch einen Hund hielt, dafür hatten sie sofort Verständnis: dort am Bach war es schon verdammt einsam, und der Köter paßte auf, das stellten sie fest, wenn sie mit ihren Traktoren vorbeifuhren und der kleine Kläffer vor Wut faßt über den Jägerzaun gesprungen kam.
Eines Tages, es war ein später Samstagnachmittag, betrat der Mann, wie immer in Geleit seines Hundes, den Hof von Thomas Nachmann. Nachmann war gerade dabei, die automatische Entmistungsanlage seines Stalles zu überprüfen und schaute einigermaßen überrascht auf den Besucher. Er wischte sich umständlich die Hände an einem alten Lappen ab und brummte nicht unfreundlich: „Ja, was gibts denn?"
Der Mann lächelte etwas verlegen, dann sagte er: „Grüß Sie, Herr Nachmann, sie werden sicher über meinen Besuch erstaunt sein, aber ich hätte da eine Angelegenheit mit Ihnen zu besprechen..."
Neugierig geworden, kam der Landwirt von dem Förderband heruntergesprungen und meinte: „Schießen sie los!"
„Sie haben doch die Gemeindejagd gepachtet?" fragte der Mann. Der Landwirt nickte mit dem Kopf: „Und das schon seit zwanzig Jahren."
Nachmann konnte sich gar nicht vorstellen, was der Mann von ihm wollte. So ein Typ hatte doch kein Interesse an der Jagd.
„Kommen Sie doch bitte einmal mit zu meinem Auto." Ohne weitere Erklärung drehte sich der Mann um und marschierte in Richtung einer alten klapprigen „Ente", die er außerhalb des Hofes abgestellt hatte. Sein Hund folgte ihm dicht auf den Fersen.
Bevor er den Kofferraumdeckel öffnete, erklärte er weiter: „Wissen Sie, ich gehe oft mit Lux spazieren." Als er den fragenden Blick des Bauern sah, erläuterte er: „Lux, das ist mein Hund." Nachmann warf dem Tier einen flüchtigen Blick zu und nickte.
„Nun, wie gesagt, ich gehe oft mit ihm über die Fluren, damit ich ihm Gehorsam beibringen kann. Ich nehme an, daß einer seiner Vorfahren ein Jagdhund war, denn er interessiert sich lebhaft für alles Wild. Darüber mache ich mir einige Sorgen, denn ich möchte nicht, daß er

eines Tages von einem Jäger...“ Er unterbrach sich und musterte den Bauern plötzlich scharf. Dieser zuckte mit den Schultern und meinte: „Normalerweise gibt es in meinem Revier keinen, der leichtfertig auf einen Hund schießen würde. Sorgen sie halt dafür, daß er angeleint ist, dann kann doch nichts passieren.“ Damit war die Sache für ihn erledigt. Er wollte nun endlich wissen, was der Bursche wirklich von ihm wollte.

„Also heute“, fuhr dieser schließlich fort, „kurz nach Tagesanbruch, war ich in der Nähe einer Wiese, unweit des Baches, unterwegs. Plötzlich höre ich einen kurzen scharfen Knall gar nicht weit von mir entfernt. Ich bin ziemlich erschrocken, als ich mir bewußt wurde, daß es sich wohl um einen Schuß gehandelt haben mußte. Ehe ich es verhindern konnte, war Lux auf und davon. Ich bin natürlich sofort hinterher und habe dann den Hund nach einigen Minuten auch gefunden. Er hat ganz aufgeregt an einem Stück Wild herumgeleckt.“ Mit diesen Worten zog er die Heckklappe des Wagens knarrend nach oben. Im Kofferraum lag auf einem Stück Wellpappe ein Reh. Langsam beugte sich der Bauer herab und zog das Stück aus den Wagen. Auf der Pappe blieb ein großer Schweißfleck zurück.

Forschend fuhr Nachmanns Hand am Körper des toten Stückes entlang. Am Träger wurden seine Finger plötzlich klebrig. Er schob die Haare zur Seite und entdeckte einen winzigen Einschuß.

„Verdammt“, entfuhr es dem Bauern, „da hat doch einer mit einem Kleinkaliber geschossen.“

Der Mann zuckte mit den Achseln: „Tut mir leid, aber ich verstehe davon nichts. Ich hielt es auf jeden Fall für richtig, Ihnen das Tier zu bringen. Der Jäger hat offenbar angenommen, daß er nicht getroffen hat.“

Nachmann erhob sich bedächtig. Auf seiner sonst glatten Stirne hatten sich einige Zornfalten eingegraben.

„Welcher Jäger?“ knurrte er. Schließlich ging ihm ein Licht auf und er fuhr hoch: „Sie glauben wohl, daß dieses Reh von einem Weidmann geschossen wurde?“

Der Mann hob die Schultern: „Das hatte ich eigentlich angenommen.“

Nachmann schlug sich so heftig mit der Handfläche gegen den Oberschenkel, daß der Hund zu knurren begann: „Dieses Stück ist von einem ganz lausigen Wilderer erschossen worden. Kein Jäger benutzt ein derartiges Kaliber. Wenn Sie nicht zufällig dazu gekom-

men wären, hätte er sich die Beute geschnappt und wäre auf und davon."
Der Mann machte erschrockenen einen Schritt zur Seite. „Sie glauben, daß ich dort draußen auf einen Gesetzesbrecher gestoßen bin?"
Der Landwirt hob die Hand.
„Eine andere Erklärung gibt es für mich nicht. Offenbar hat Ihr Hund ihn bei seiner Tätigkeit gestört. Bisher habe ich in meinem Revier keine derartige Aktivitäten feststellen können, doch nun scheint es mit der Ruhe vorbei zu sein."
Er wischte sich mit der Hand über die Stirne. „Jedenfalls danke ich Ihnen, daß sie mich unterrichtet und das Reh vorbeigebracht haben."
Sie wechselten noch einige Worte, dann fuhr der Mann weg. Zurück blieb ein äußerst bedrückter Revierpächter.

Seitdem Herr Stein den wohlverdienten Ruhestand genoß, unternahm er mit seiner Frau regelmäßig ausgedehnte Waldspaziergänge. Sie suchten sich hierzu meistens die Wochentage aus, weil dann die Natur nicht so sehr von Erholungssuchenden überlaufen war.
Heute, an diesem heißen Augusttag, hatten sie schon fünfzehn Kilometer Wanderung hinter sich. Sie legten gerade eine kurze Pause am Waldrand auf einer gefällten Eiche ein, als sie lautes Knacken und Rascheln hörten, das aus dem Hochwald kam. Frau Stein legte das Wurstbrötchen, das sie gerade in der Hand hielt, neben sich auf den Stamm und sah sich erstaunt um. Auch ihr Mann suchte aufmerksam mit den Augen zwischen den Bäumen.
Ehe sie sich versahen, wurden sie Zeuge eines dramatischen Geschehens.
Aus dem Unterholz zwischen den Bäumen brachen in hohen Fluchten zwei Rehe hervor. Man konnte deutlich erkennen, daß das eine Stück schwächer als das andere war; offenbar handelte es sich um Geis und Kitz. Beide Tiere machten einen erschöpften Eindruck – das Kitz geriet häufig ins Stolpern.
Kaum hatten die beiden Rehe das freie Feld erreicht, stürmte ein Hund aus dem Wald hervor. Er war nicht sonderlich groß, hatte aber keine Schwierigkeiten, den beiden Wildtieren zu folgen.
Schließlich stürzte das Kitz und blieb, sich überschlagend, liegen. Sofort stand die Geis und wandte sich mit bebenden Flanken dem

Widersacher zu. Dieser umkreiste aufgeregt seine Beute, unternahm aber sonderbarerweise keinen Angriff. Vielmehr blieb er plötzlich stehen, hob den Fang und stieß ein wolfsartiges Heulen aus.
Die beiden Menschen waren von der Szene so überrascht, daß sie im Augenblick nicht in der Lage waren, etwas zu unternehmen. Ehe sie sich gefangen hatten, nahm das Drama seinen weiteren Lauf.
Wieder prasselte es im Unterholz, und aus dem Wald kam ein weiterer Hund herausgelaufen. Er war deutlich größer, machte einen bulligen Eindruck und war auch keineswegs so flink auf den Läufen wie sein Artgenosse.
Er verhielt einen Augenblick, so als wolle er sich einen Überblick verschaffen, dann stürmte er plötzlich voran und sprang, ohne zu zögern, der Geis an die Kehle. Ein kurzes Schütteln, dann war das Reh abgetan. Das hilflose Kitz versuchte sich nochmals aufzurappeln, doch der Hund fuhr knurrend herum und einen Moment später teilte das junge Reh das Schicksal seiner Mutter.
Beide Hunde schnupperten ausgiebig an ihrer Beute, dann ließ sich der Bullige neben den beiden Tierkörpern nieder, während der andere mit einem Stück Holz im Fang davonhetzte.
Nur langsam wich die Lähmung des Entsetzens von dem Ehepaar. Doch dann wurde Herr Stein aktiv, er ergriff sich seinen Spazierstock und stürmte schreiend auf den ruhig daliegenden Hund zu.
Als dieser des Menschen ansichtig wurde, sprang er sofort auf die Läufe und sah mit hoch erhobenem Kopf auf den heranstürmenden Mann. Langsam begann sich sein Nackenpelz zu sträuben und aus seiner Kehle kam ein drohendes, dumpfes Knurren.
Herr Stein hatte einen solchen Zorn auf diese „Bestie", wie er den Hund innerlich bezeichnete, daß er diese Warnung völlig überhörte. Plötzlich machte der Hund einen Satz und sprang dem Mann gegen die Brust. Der Rentner kam sofort aus dem Gleichgewicht und stürzte der Länge nach auf den Ackerboden. Die Zähne des Hundes schlugen sich in die Lodenjacke des Mannes und wild knurrend zerrte er daran herum.
Frau Stein sah schon das letzte Stündchen ihres Mannes gekommen und vergaß alle Furcht. Sie öffnete den Rucksack und zog die große Thermoskanne heraus. Mit diesem Gefäß bewaffnet, rannte sie keuchend zu ihrem Mann.
Der Hund ließ seinen ganzen Zorn an der Jacke des Mannes aus und achtete nicht auf die herannahende Frau. Diese zog den Verschluß

von der Kanne und goß den brühheißen Kaffee auf den Kopf des Hundes. Das Tier stieß einen heulenden Schmerzensschrei aus und wälzte sich auf der Erde. Mit den Pfoten wischte es sich immer wieder über die Nase und die Augen.
Frau Stein zog ihren Mann hastig auf die Beine und so schnell die beiden konnten, suchten sie das Weite. Der Hund verfolgte sie nicht. Es dauerte einige Zeit, ehe die beiden wieder eine normale Laufgeschwindigkeit aufnahmen. Ihr Ziel war die nächste Telefonzelle, von der aus sie die Polizei verständigten. Der Polizeibeamte in der Einsatzzentrale lauschte etwas ungläubig dem Bericht von Herrn Stein. Schließlich entschloß er sich doch, eine Streife zu schicken. Als die Beamten nach über zwei Stunden an den Tatort kamen, waren weit und breit keine toten Rehe und auch kein Hund zu sehen. Die Beamten nahmen eine Anzeige gegen Unbekannt auf, damit war die Angelegenheit für sie erledigt.
Als Revierpächter Nachmann nach einigen Tagen von der Polizei routinemäßig eine Aufforderung zu einer Stellungnahme zu diesem Vorfall bekam, hatte der Regen bereits alle Spuren des Vorfalls verwischt.

Die Mitteilung der Polizei hatte Nachmann doch recht nachdenklich gemacht. Immer wieder las er den kurzen Bericht durch und überdachte die Fakten. Wie konnte es sein, daß zwei Hunde in seinem Revier herumwilderten und harmlose Menschen anfielen, ohne daß er etwas davon bemerkt hatte? Allerdings, das mußte er sich eingestehen, hatte er in den letzten Wochen auch kaum Gelegenheit gehabt, die Jagd auszuüben.
Kurz entschlossen rief er Franz Berger, einen ständigen Jagdgast in seinem Revier, an und informierte ihn von dem Sachverhalt. Der Jäger hörte seinem Jagdherrn aufmerksam zu, dann erwiderte er etwas zögernd: „Jetzt, wo du mich aufmerksam machst, fällt es mir wieder ein. Vor zwei Wochen saß ich auf der alten Kanzel am Antbach. Ich wollte mal sehen, was unsere Fasanen machen, als ich langanhaltendes Hundegeheul gehört habe.
Ich muß allerdings zugeben, daß ich dem keine besondere Bedeutung beigemessen habe, da ich annahm, es käme aus dem Dorf."
„Ist dir am Verhalten des Wildes etwas Außergewöhnliches aufgefallen?" fragte der Bauer nach. Sein Gesprächspartner dachte einen

Moment nach, dann entgegnete er: „Doch ich habe bemerkt, daß das Rehwild sehr spät austritt und auch beim Äsen dauernd aufwirft und sichert. Aber ich habe das auf die Unruhe im Revier zurückgeführt. Es ist doch jedes Jahr das gleiche: wenn die Ernte beginnt, wird das Wild dauernd gestört und verhält sich entsprechend."
Der Bauer mußte seinem Jagdgast recht geben. Er wußte ja selbst, wie es sich auswirkte, wenn bis spät in die Nacht auf den Feldern gearbeitet wurde.
Er bat Berger, trotzdem ein wachsames Auge auf das Revier zu haben. Dieser versprach es.

Es war Donnerstag, gegen 21.00 Uhr, als Thomas Nachmann seinen Mähdrescher in die Halle fuhr und müde vom Fahrersitz auf den Betonboden sprang. Langsam wischte er sich den Druschstaub aus den Augen und lehnte sich aufatmend gegen einen Stützpfeiler der Halle. Dabei fiel sein Blick auf die Straße hinaus und er bemerkte die „Ente" des Mühlenbewohners, die an seinem Hof vorbeifuhr. Er dachte sich nichts weiter dabei und zog das große Tor der Halle zu. Jetzt noch unter die Dusche und an ein kühles Bier, dachte er bei sich, als er das bewußte Fahrzeug noch einmal, diesmal entgegengesetzt, an seinem Anwesen vorfahren sah.
Die Bremslichter des Wagens leuchteten kurz auf, dann verschwand er um die Kurve. Nachmann kratzte sich am Kopf. Merkwürdig war das schon. Sein Hof lag etwas abseits und nicht an einer Durchgangsstraße. Wer hier vorbeikam, wollte entweder zu ihm auf den Hof oder hinaus auf das freie Feld. Der Landwirt ging ins Haus und stellte sich unter die Dusche. Während die reinigenden Wasserstrahlen auf ihn niederrauschten, faßte er einen Entschluß.
Nach der Dusche zog er sich seine Jagdklamotten an und holte sich den Drilling aus dem Gewehrschrank. Sein Mißtrauen war erwacht und hatte die Müdigkeit aus den Knochen vertrieben.
Er setzte sich in seinen alten Diesel und fuhr den Flurbereinigsweg am Antbach entlang. Es dauerte nicht lange, bis er in die Nähe der alten Mühle kam. In einiger Entfernung stellte er den Motor ab und verließ sein Fahrzeug. Er lud den Drilling, sicherte ihn und warf ihn sich über die Schulter. Langsam schlenderte er auf die Mühle zu. Das Haus lag völlig im Dunkeln.

Soweit es der Antbach, der direkt an der Mühle vorbeifloß, zuließ, umrundete der Bauer das Anwesen. Es war zwischenzeitlich so düster geworden, daß er die Gebäude nur noch schemenhaft wahrnehmen konnte. Deshalb hob er sein Nachtglas und überprüfte den Hof. Es war nichts zu sehen, was sein Mißtrauen gerechtfertigt hätte. Dem stabilen Hundezwinger unter einer alten Kastanie schenkte er keine besondere Aufmerksamkeit. Er war leer, folglich war der Bewohner der Mühle tatsächlich nicht zu Hause.

Nachmann blieb einen Augenblick unschlüssig stehen, dann marschierte er zurück zu seinem Wagen. Obwohl die Müdigkeit wieder langsam in die Glieder kroch, entschloß er sich, da er nun schon einmal hier war, noch einige Zeit auszuharren. Er wollte wissen, wann der Mann nach Hause kam.

Er machte es sich auf dem Fahrersitz bequem und legte sich sein Glas zurecht.

Es wurde ein harter Kampf mit den schweren Augenlidern, bis der Revierpächter auf dem Weg am Bach die Fahrlichter eines Pkw herankommen sah. Der Bauer hob das Glas und musterte das Fahrzeug. Dem Schaukeln nach war es die „Ente". Der Fahrer stieg vor dem Tor zur Mühle aus und schob das Gatter zur Seite. Dann lenkte er das Auto auf das Grundstück. Damit war es den Blicken des Bauern entzogen. Die dichte Hecke um die Mühle ließ aus dieser Entfernung keinen Einblick zu.

Nachmann überlegte, ob er nochmals näher herangehen sollte, doch dann verwarf er den Gedanken. Was sollte er sagen, wenn der Hund anschlug und ihn verriet?

Er glühte den Diesel vor und zündete.

Das nagelnde Motorgeräusch durchdrang die Nacht und ließ den Mann in der Mühle aufhorchen. Mißtrauisch hob er den Kopf und verfolgte mit den Ohren das sich entfernende Fahrzeug.

Einige Tage später fuhr der Mühlenbewohner sein Fahrzeug, wieder am späten Abend, auf das Grundstück. Wie immer, wenn er von einer Tour zurückkam, achtete er darauf, daß die beiden Hunde zuerst aus dem Fahrzeug kamen, bevor er seine Beute aus dem Kofferraum holte.

Greif, der Packer, war mit besonderer Vorsicht zu genießen. Er war ein ausgesprochener Kopfhund, den sich der Mann nur mit Härte unterordnen konnte. Er lächelte grimmig, als er an die Kämpfe dachte, die er mit diesem Tier schon ausgefochten hatte. Nun erkannte der Packer ihn als Leithund an – bis zur nächsten Gelegenheit. Lux ordnete sich ihnen beiden unter. Mit ihm gab es keine Schwierigkeiten.Der Mann öffnete die Hintertüre des Fahrzeugs und ließ Greif heraus springen. Der bullige Hund, mit dem massigen Kopf, schüttelte sich kurz, dann trollte er sich zum nächsten Baum und markierte.

Der Mann hatte zwischenzeitlich die Zwingertüre geöffnet und pfiff. Greif tat so, als hätte er nichts gehört. Angelegentlich beschnupperte er einen Busch.

Der Mann wußte, daß er diesen Ungehorsam nicht dulden durfte. Ohne zu zögern griff er in die Tasche und holte eine Steinschleuder hervor. Er bückte sich und legte einen runden Kiesel auf die Lederschlaufe. Dann zielte er kurz und schoß dem Hund den Stein auf die Hinterkeule. Dieser knurrte wütend auf, drehte sich aber herum und verschwand im Zwinger. Aufatmend schloß der Mann den Käfig. Eine Auseinandersetzung mit dem Hund hätte ihm jetzt gerade gefehlt. Er war ausgesprochen schlecht gelaunt.

Nun ließ er Lux aus dem Auto springen. Der kleine Kerl hüpfte munter heraus und kläffte freudig auf. Der Mann gab ihm schlecht gelaunt einen Tritt mit dem Absatz, so daß das Tier erschrocken einen Sprung zur Seite machte. Mit eingeklemmter Rute legte es sich vor den Eingang zum Haus.

Der Bärtige griff in den Kofferraum und holte seinen Rucksack heraus. Die Hunde hatten heute nichts gebracht. Dafür hatte er mit einer Luftdruckpistole eine Waldohreule aus dem Schlafbaum geholt. Bei der richtigen Adresse würde der Vogel schon seinen Preis bringen.

Eigentlich hatte er gehofft, daß er wieder ein oder zwei Rehe mit nach Hause bringen würde, aber Lux hatte heute keine richtige Lust gehabt. „Verdammter Köter“, brummte der Mann zornig. Er nahm sich vor, den beiden Hunden heute wieder einmal nichts zu fressen zu geben. Wenn ihnen erst einmal richtig der Magen knurrte, würden es ihnen schon die Unlust vertreiben.

Mit grimmiger Miene ging er ins Haus.

Lux erhob sich und trottete zu seinem leeren Futternapf. Gierig leckte er die vertrockneten Reste der letzten Mahlzeit heraus. Er war überhaupt ständig hungrig, da ihn sein Herr bewußt kurz hielt, um seine Jagdinstinkte wach zu halten. Nachdem hier nichts mehr zu holen war, lief er suchend über das Grundstück. Plötzlich blieb er stehen und hob die Nase in den Wind. Die Abendbrise trug ihm einen verlockenden Duft zu. Zügig marschierte er zum Bach. Es dauerte nicht lange, dann hatte er den Kadaver einer Taube gefunden. Mochte der Himmel wissen, woran der Vogel eingegangen war, jedenfalls war es ein Himmelsgeschenk für den hungrigen Vierbeiner.

Er faßte die Taube mit dem Fang und trug sie in die Nähe seines Futternapfes, wo er gierig begann, ihr die Federn auszurupfen.

Greif in seinem Zwinger hatte die Bewegungen seines Artgenossen mit aufmerksamen Blicken verfolgt. Als er nun sah, daß sich dieser vor seinen Augen den Bauch vollschlagen wollte und für ihn nichts abfiel, begann er zornig zu bellen. Immer wütender klang es und er Geifer lief ihm aus dem Maul. Der Mann im Inneren des Hauses schlug mit der Faust auf den Tisch. Bisher war es ihm gelungen, die Existenz zweier Hunde vor der Dorfbevölkerung zu verheimlichen. Nicht zuletzt deshalb, weil er Greif das Bellen mit allen Mitteln abgewöhnt hatte. Er langte in den Winkel neben dem Schrank und zog eine Hundepeitsche hervor. Es half alles nichts, er mußte dem Kerl wieder einmal beweisen, wer der Herr war. Wütend stürmte er hinaus und rannte zum Zwinger. Dabei stieß er drohende Worte aus. Greif stand vor der Zwingertüre und hatte alle Nackenhaare gesträubt. Die Lefzen waren zurückgezogen und zeigten zwei Reihen drohender Zähne. Lux hatte sich zwischenzeitlich mit seiner Beute unter das Auto zurückgezogen. So konnte der Mann nicht erkennen, warum sich der Packer so aufführte. Mit hastigen Bewegungen schlug der Mann den Riegel zurück und warf die Türe auf. „Kusch!“ brüllte er den Hund an und hob die Hand mit der Peitsche. Greif war langsam zurückgewichen, bis er mit seinem Schwanz das Gitter des Zwingers berührte. Das Knurren in seiner Kehle wurde zum drohenden Grollen.

In diesem Augenblick schlug der Mann zu. Der geflochtene Lederriemen sauste nieder und peitschte über die empfindliche Nase des Hundes. Dieser heulte kurz auf und machte einen Satz zur Seite. Der Mann drehte sich mit und hob erneut das Schlaginstrument. Vielleicht war es die Aufregung oder die fortgeschrittene Dämmerung oder beides, jedenfalls übersah der Bärtige, daß hinter ihm der Napf des Hundes stand. Er strauchelte und stürzte mit der Schulter gegen den Zwingerzaun.

Dieser Moment der Schwäche genügte dem Hund. Mit einem lauten Knurren sprang er seinem Peiniger an die Brust. Tief gruben sich die Zähne in die Schulter des Mannes. Mit einem lauten Schrei stürzte dieser auf den Betonboden des Zwingers und schlug mit dem Kopf hart auf. Seine Sinne schwanden.
Der rasende Hund schüttelte und riß an seinem wehrlosen Herrn, bis sich seine Wut etwas gelegt hatte. Er schnupperte einige Male an der regungslosen Gestalt, dann sprang er mit einem Satz hinaus in die Freiheit. Der Mann blieb schwer verletzt im Zwinger zurück. Langsam färbte sich seine Kleidung rot.
Greif eilte zum Auto und knurrte böse hinunter. Lux beeilte sich, seine Beute, bzw. das was von ihr übrig geblieben war, dem Stärkeren abzuliefern. Für Greif war der schäbige Rest nur ein Tropfen auf den heißen Stein. Nachdem er ihn hinuntergeschlungen hatte, begann er auf dem Grundstück nach Freßbarem zu suchen. Nachdem er da nichts finden konnte, blieb er einen Augenblick unschlüssig auf dem Hof stehen. Plötzlich rannte er los und überquerte mit einem Satz das Hoftor. Lux schaute ihm einen Moment nach, dann beeilte er sich, seinem neuen Rudelführer zu folgen. Wenige Augenblicke später hatten die beiden Hunde das freie Feld überwunden und verschwanden im Wald.

Der nächste Tag war ein Sonntag. Nachmann traf sich nach dem Gottesdienst mit den anderen Bauern beim Antwirt zum Frühschoppen. Einige der Männer spielten Karten, andere unterhielten sich, wie konnte es in dieser Jahreszeit auch anders sein, über die Ernte. Plötzlich ging die Türe auf und ein Mann kam herein. Die Aufmerksamkeit der Leute richtete sich auf ihn, weil er einen ziemlich erregten Eindruck machte. Er ging zum Wirt und fragte ihn etwas, worauf dieser auf Nachmann deutete. Der Mann drängte sich durch die Tische und beugte sich zu Nachmann herunter.
„Sie sind der Jäger hier?“ Der Bauer ahnte nichts Gutes und nickte.
„Sie müssen sofort mit mir kommen. Dort oben auf der Schlehenwiese zerreißen zwei tollwütige Hunde ein Reh!“
Nachmann sprang sofort auf die Beine und rief dem Wirt zu: „Ich muß mal dringend weg!“ Dann folgte er dem Mann auf die Straße.
„Mein Name ist Schweiger“, stellte der sich kurz vor, „mein Bruder und ich haben auf der Schlehenwiese Modellflugzeuge fliegen lassen.

Plötzlich kamen zwei Hunde aus dem Wald heraus und trieben ein Reh vor sich her. Das Tier muß völlig erschöpft gewesen sein. Denn mit einem Male ist es stehengeblieben. Da sprang ihm der größere der beiden Köter schon an die Kehle. Es hat noch mit den Füßen geschlagen, da haben sie sich schon darüber hergemacht!" Während des hastig hervorgestoßenen Berichts hatten sie bereits das Auto des Mannes erreicht. Sein Bruder saß auf dem Beifahrersitz und hatte ein kleines Motorflugzeug auf dem Schoß.

„Können Sie mich schnell zu meinem Hof fahren?" fragte Nachmann den Mann. „Ich muß mir meinen Drilling holen." Wenig später war Nachmann mit seinem Wagen und dem Gewehr auf dem Weg zur Schlehenwiese. Er glaubte nicht an die Geschichte von den tollwütigen Hunden. Er war ziemlich sicher, zu wissen, wer hier am Werk war.

Dreihundert Meter von der Wiese entfernt hielt er an und blickte durch sein Glas. Tatsächlich, mitten auf der Wiese standen zwei Hunde über ein Stück Wild gebeugt und rissen daran herum.

Wütend holte der Bauer den Drilling vom Hintersitz und stieg aus. Sorgfältig lud er alle drei Läufe, dann pirschte er sich langsam heran. Die beiden Räuber waren so mit ihrer Beute beschäftigt, daß sie den herannahenden Menschen nicht beachteten.

Hinter einer kleinen Bodenwelle legte sich der Bauer nieder und schob den Drilling vor sich. Er würde zuerst den größeren mit der Kugel aufs Korn nehmen, vielleicht erwischte er den anderen dann mit Schrot.

Er zielte sorgfältig und ließ dann fliegen. Im Schuß warf es den bulligen Hund zusammen.

Der Kleine stieß ein lautes Jaulen aus und raste davon. Ein Schrotschuß auf diese Entfernung würde nichts bringen, deshalb ließ es der Jäger sein. Er wußte, wo er den anderen Burschen ausfindig machen konnte. Langsam trat er näher.

Die Kugel hatte ganze Arbeit geleistet. Sie war am Blatt eingedrungen und auf der anderen Seite hinter der letzten Rippe wieder ausgetreten.

Der Hund hatte nichts mehr gespürt.

Nachmann beugte sich herunter und untersuchte das Tier. Es befand sich in keinem guten Ernährungszustand. Das Fell war struppig und die Rippen traten deutlich hervor. Gesehen hatte er diesen Hund noch nie.

Das Reh war nicht mehr zu verwerten. Er faßte es und zog es zu einer Hecke. Dort ließ er es liegen. Der Fuchs würde es sich holen. Den Hund steckte er in einen Plastikbeutel, den er aus seinem Wagen holte. Er war sich sicher, daß er noch zu Beweiszwecken gebraucht würde.
Wenig später bremste der Bauer seinen Wagen vor der alten Mühle. Langsam stieg er aus und trat zum Tor. Nachdem es keine Klingel gab, rief er einige Male, bekam jedoch keine Antwort. Schließlich drückte er die Klinke und betrat das Grundstück.
Nachdem die „Ente“ dastand, konnte der Bewohner des Hauses nicht weit sein. Der Landwirt ging zur Türe und klopfte; auch hier bekam er keine Antwort.
Schließlich ging er ums Haus herum. Da sah er den Mann liegen. Schnell eilte er hin und entdeckte die blutverschmierten Verletzungen. Der Mann lag einige Meter von dem Hundezwinger entfernt und war bewußtlos. Nachmann konnte sich nicht vorstellen, was hier vorgefallen war. Eins jedoch war sicher, der Mann benötigte schleunigst ärztliche Hilfe.
Als er gerade vom Grundstück zu seinem Auto rennen wollte, in der Mühle gab es kein Telefon, hörte er ein leises Winseln. Er blieb stehen und sah unter die „Ente“. „Hab' ich es mir doch gedacht!“ knurrte er grimmig, dann rannte er weiter. Er war sich sicher, daß der Hund den Platz unter dem Auto nicht so schnell verlassen würde. Einige Zeit später trafen Rettungsdienst und Polizei, die Nachmann ebenfalls verständigt hatte, in der Mühle ein.

Aufklärung erhielt der Landwirt erst einige Zeit später, als er zur Vernehmung auf die Polizeiinspektion gebeten wurde. Der vernehmende Beamte erklärte ihm, daß ihnen hier ein respektabler Fisch ins Netz gegangen war. Der Mann aus der Mühle hatte die Wilderei professionell betrieben. Bei der Durchsuchung des Anwesens hatte man Kühltruhen mit Wildbret und Kadavern seltener Vögel, insbesondere Greifvögel, Waffen und Fallen gefunden.
Der Mann hatte unter dem Eindruck der schweren Verletzungen ein umfassendes Geständnis abgelegt. Er hatte zugegeben, die beiden Hunde auf das Wildern abgerichtet zu haben. Auf diese Art und Weise konnte er in der ganzen Gegend seinem zwielichtigen Handwerk nachgehen, ohne daß er sich durch Schüsse verriet.

Das Reh, das er Nachmann abgeliefert hatte, war auch von ihm gewildert worden. Er wollte durch diese Handlungsweise von sich ablenken und seine Zuverlässigkeit unter Beweis stellen.
Nach der Genesung wurde dem Wilderer der Prozeß gemacht. Nachdem er erheblich vorbestraft war, wanderte er ohne Bewährung auf einige Jahre hinter schwedische Gardinen. Die Wildererutensilien wurden eingezogen – auch Lux. Er kam in ein Tierheim, wo er wenig später eingeschläfert werden mußte.

Ende einer Passion

Es war 5 Uhr morgens, eine Zeit also, zu der die meisten menschlichen Bewohner unserer Breitengrade üblicherweise noch in tiefem Schlaf liegen.
Der Rastplatz an der viel befahrenen Nord-Süd-Achse A 7, mit der rustikalen Bezeichnung „Sauhecke", war in dieser Nacht nur mäßig belegt. Die Sommerferien in den Bundesländern waren vorüber, so daß sich die Verkehrsdichte auf den Bundesautobahnen insgesamt auf ein erträgliches Maß reduziert hatte.
Ein Großlaster, ein Wohnwagengespann und ein alter Kübelwagen parkten in großzügigem Abstand voneinander, so daß die Insassen sich bei der Nachtruhe nicht stören konnten.
Der Mann in dem bejahrten Kübelwagen drückte die Reste seiner Zigarettenkippe in den überfüllten Aschenbecher und rückte die tarnfarbene Militärkappe auf seinem Kopf zurecht. Es wurde Zeit für ihn. Er warf einen prüfenden Blick auf die beiden anderen parkenden Fahrzeuge – dort herrschte Ruhe. Dann griff er nach hinten und holte ein kurzläufiges Kleinkalibergewehr, das mit einem Zielfernrohr und einem Klappschaft bestückt war, hervor und öffnete vorsichtig die Wagentüre. Er stieg aus und blieb im Schutz des Wagenschlags stehen. Die Luft war kühl und klar. Er zog den Reißverschluß seines langen Parka auf und befestigte das Gewehr mit einem Riemen unter der rechten Achsel. Mit einem Griff überzeugte er sich davon, daß der Revolver im Holster an seiner rechten Hüfte richtig saß, dann schloß er die Jacke wieder. Er legte seine beiden Handflächen auf die taufeuchte Türe und drückte sie mit einer energischen Bewegung ins Schloß. Das leise Knacken war kaum zu hören.
Auf der Fahrbahn war der näherkommende Schein eines Fahrzeugs zu erkennen. Mit lauernden Blicken verfolgte er das Scheinwerferlicht. Das Auto fuhr vorüber.

Nun zögerte er nicht länger und wandte sich dem hohen Bewuchs zu, der den Rastplatz von dem dahinterliegenden Bauernland trennte. Er kannte sich offenbar gut aus, denn obwohl man hier, zwischen dicht stehenden Bäumen, Hecken und Sträuchern fast gar nichts sehen konnte, nahm er einen schmalen Pfad an, der von zahllosen Reisenden getrampelt worden war. Wohl in der Absicht, in den Büschen ein „stilles Örtchen“ zu suchen.
Nach wenigen Metern kam er an einen Maschendrahtzaun. An einer bestimmten Stelle war er niedergetreten. Ohne Schwierigkeiten konnte der Mann das Hindernis überwinden.
Ein kurzes Sichern, dann beschritt er einen Grasweg, dem er durch den angrenzenden Bauernwald folgte. An einer alten Buche verhielt er und spähte voraus. Seine nachtgewohnten Augen konnten den leichten Schimmer erkennen, der vor ihm durch die Vegetation drang und die Dämmerung ankündigte. Gleich würde er die Feld-Wald-Grenze erreicht haben. Seine Bewegungen wurden langsam und schleichend. Tastend setzte er die weichen Sohlen seiner Pirschschuhe auf und blieb alle paar Meter stehen, um zu lauschen.
Als er den Waldrand erreicht hatte, fuhr ihm eine kalte Brise ins Gesicht. Ein zufriedenes Lächeln erschien auf seinen angespannten Zügen. Der Verräter Wind würde ihm diesmal nicht ins Handwerk pfuschen.
Ohne Schwierigkeiten erreichte er einen farnumwucherten Baumstumpf und ließ sich darauf nieder. Mit sachten Bewegungen holte er ein dämmerungsstarkes Jagdglas unter seiner Jacke hervor und leuchtete das vor ihm liegende Feld ab. Alles war noch so, wie er es von seinem letzten Besuch an dieser Stelle hier kannte: Direkt vor ihm erstreckte sich ein großer Kleeacker, aus dem einige kahle Heuböcke aufragten. Dahinter schloß sich ein hochwüchsiger Maisschlag an.
An einem Punkt verharrte sein Blick. Er beobachtete genau, dann atmete er auf. Die Kanzel, die hinter dem Mais stand, war nicht besetzt. Er hätte sich auch gewundert, denn der Fabrikant, der das Revier gepachtet hatte, in dem er sich befand, war die meiste Zeit des Jahres geschäftlich gebunden und der Bursche, der die Aufsicht führte, liebte den langen Schlaf.
Unmerklich war es heller geworden. Schnell zog Dunst auf und legte sich wie ein Schleier über die Landschaft. Der Mann zog das Gewehr unter dem Arm hervor, klappte den zusammengelegten Hinterschaft

auf, dann lehnte er sich bequem gegen den Stamm einer Birke. Nun kam die Zeit der Geduld.
Lange wurde der Mann nicht auf die Folter gespannt. Als ein Windstoß die Nebelschwaden für einen Augenblick lichtete, sah er am Rande des Maisfeldes eine Bewegung. Langsam hob er das Jagdglas an die Augen. Er hatte sich nicht getäuscht. Im vermeintlichen Schutz des Morgendunstes war ein Rehkitz auf den Klee gezogen. Unbekümmert äste es, hin und wieder einen Blick zurückwerfend: Dort mußte die Geis stehen.
Der Mann fuhr vorsichtig mit dem Jackenärmel über das Zielfernrohr, das etwas beschlagen war. Aufkommende Erregung beschleunigte seinen Atem. Da war es wieder, dieses herrliche, berauschende Gefühl, das ihn immer angesichts einer Beute befiel. Mit dem Handrücken wischte er sich den kalten Schweiß von der Stirne. Da! In diesem Augenblick verließ die Geis die schützende Deckung und trat, Schritt für Schritt sich hervortastend, auf die Freifläche. Eifrig suchte sie den Wind nach einer verräterischen Witterung ab. Doch die einzige, wirkliche Gefahr konnte sie so nicht erkennen. Der Wind war ihr heute kein Freund. Vertraut begann sie schließlich ebenfalls zu äsen.
Der Mann hob das Gewehr an die Schulter und blickte durch das Glas. Mühsam nur gelang es ihm, das Bild des Kitzes vor das Absehen zu bringen. Mit aller Gewalt zwang er sich zur Ruhe. Mit diesem kleinen Kaliber dürfte er sich keinen Pfusch erlauben. Nur wenn das Projektil den kleinen Träger traf, konnte er sicher sein, daß das Stück im Feuer blieb. Eine Nachsuche kam für ihn nicht in Frage.
Der kurze, scharfe Knall der kleinkalibrigen Waffe peitschte auf und verlor sich gleich wieder, verschluckt vom Dunst. Sofort repetierte der Mann nach und suchte die Geis. Sie stand zum Denkmal versteinert und versuchte sich zu orientieren. Offenbar machte es ihr der Nebel schwer, die Herkunft des Schusses zu bestimmen. Ehe sie sich zu einer schnellen Flucht entschließen konnte, kläffte das Gewehr wieder auf. Sie taumelte kurz, dann brach sie durch den Mais davon. Am ganzen Körper zitternd lehnte sich der Mann zurück. Fast keuchend entspannten sich die verkrampften Lungen. Nachdem er sich etwas erholt hatte, richtete er das Glas auf die vermeintliche Anschußstelle, doch der Nebel versperrte wieder die Sicht. Er sah auf seine Uhr. Er konnte es sich nicht leisten hier zu warten, um sicher zu sein, daß die Stücke auch verendet waren.

Er lud seine Waffe wieder durch und näherte sich vorsichtig dem Anschuß.
Das Kitz war sofort tot gewesen, das konnte er deutlich sehen. Das Hohlspitzgeschoß hatte ihm die Halswirbel zerschmettert.
Er ging einige Schritte weiter und suchte nach der Geis. Er fand wenig Schweiß auf dem Klee und etwas an den Maisblättern abgestreift, an denen das angeschossene Tier vorbeigeflüchtet war.
Der Mann fluchte leise vor sich hin. Das Stück war für ihn verloren. Wenn er Glück hatte, fand es der Jagdaufseher. Ein böses Lachen erschien auf seinen Zügen. Sollte er ruhig den Beweis für die Aktivität eines ungebetenen Jagdgastes in Händen halten. Erwischen würde ihn diese Niete nie! Er nahm das Kitz auf und trug die leichte Last in den Wald, wo er sich ein Paar Einweghandschuhe überstreifte und es mit wenigen gekonnten Handgriffen aufbrach. Den Aufbruch ließ er im Farn verschwinden. Die Handschuhe verbarg er in einem Astloch und stopfte es mit Moos zu. Ein letzter Blick überzeugte ihn davon, daß er keine verräterischen Spuren hinterlassen hatte, die auf seine Identität hinweisen könnten. Eilig marschierte er weiter. Ehe er den Rastplatz wieder betrat, ließ er seine Beute hinter einem der Büsche liegen und spazierte langsam zu seinem Auto. Der Lkw war verschwunden. In dem Wohnmobil zeigte sich noch kein Leben, jedenfalls waren die Vorhänge noch immer dicht geschlossen. Er öffnete die Türe des Rücksitzes und ließ sie weit offen, dann hastete er zurück und holte das Kitz. Mit Schwung warf er es in den Fußraum des Fonds und legte hastig eine Decke darüber. In der Deckung der Türe zog er seine Jacke aus und wickelte das Gewehr und die Faustfeuerwaffe in sie ein. Das Bündel ließ er auf dem Rücksitz verschwinden, dann schlüpfte er tief aufatmend hinter das Lenkrad.
Als er den Rastplatz verließ, war der Morgen so weit fortgeschritten, daß er die Scheinwerfer nicht mehr benötigte.

Das beständige Winseln des Weimaraners drang nur mühsam in die schweren Träume von Stephan Dromberger. Seines Zeichens Berufsjäger des Fabrikanten Hermann Wolf-Henschel. Erst nachdem ihm der Hund mehrmals mit seiner feuchten Zunge ins Gesicht gefahren war, kämpfte er sich mühsam hoch.
Er sah auf das Leuchtziffernblatt des Weckers: gleich 21.00 Uhr. Er erinnerte sich: kurz vor 18.00 Uhr, nach einem alkoholreichen

Nachmittag, hatten er und der Jagdgast die Fensterläden der Jagdhütte geschlossen und sich niedergelegt. Sie mußten vor dem bevorstehenden Nachtansitz dringend noch eine Mütze voll Schlaf nehmen.
Fluchend setzte er sich auf und tastete nach den Streichhölzern, um die Petroleumlampe anzuzünden. Als er das Brennen in den Augen, das die Helligkeit der kleinen Flamme auslöste, überwunden hatte, stellte er fest, daß der Wecker bereits abgelaufen war. Er hatte nichts gehört, wäre der Hund nicht gewesen, hätte er glatt verschlafen. Er tätschelte dem Vierbeiner den Kopf und brummte: „Bravo Aiko, guter Hund!"
Der Rüde quittierte das Lob mit einem heftigen Gefühlsausbruch und löste damit eine Bewegung in der anderen Ecke des kleinen Schlafraumes aus. Dort konnte man im Schein der Lampe ein weiteres Bett erkennen.
Während der Berufsjäger in seine Hosen fuhr, richtete sich in der Ecke ein Mann auf und stöhnte: „Was ist denn das für ein Lärm mitten in der Nacht?" Dromberger verzog das Gesicht zu einem Grinsen, dann antwortete er: „Tut mir leid, Herr Kalker, aber es ist Zeit. Wenn wir den Vollmond ausnutzen wollen, müssen wir uns fertig machen.In einer halben Stunde beginnt die Dämmerung." Der mit Herr Kalker angesprochene Jagdgast wälzte sich brummelnd und graunzend aus den Federn und kratzte sich den schütteren Haarwuchs: „Sagen Sie mal, Dromberger, was haben Sie denn in den Jägertee von heute Nachmittag getan? In meinem Kopf summt es, als wäre ein ganzer Schwarm Hornissen darin eingesperrt."
Er erwartete aber offenbar keine Antwort, denn stöhnend suchte er sich seine Kleidung zusammen, ohne noch weiter auf das Thema einzugehen.
Stephan Dromberger störte den Jagdgast seines Arbeitgebers nicht weiter und suchte seine eigenen Utensilien zusammen. Es war schon so eine Sache mit den Jagdfreunden seines Chefs. Da gab es die verschiedensten Charaktere, und man mußte manchmal vorsichtig sein, denn nicht jeder war so aufgeschlossen und jovial wie dieser Kalker. Heute sollte es auf Sauen gehen. Herr Wolf-Henschel hatte ihn vorgestern angerufen und ihm diesen Herrn ganz besonders ans Herz gelegt. „Dromberger", hatte er gesagt, „ich möchte, daß dieser Mann auch zum Schuß kommt. Ich habe mit ihm ein umfangreiches Geschäft vor und ich will, daß er gut gelaunt ist. Also, tun sie alles,

was in ihrer Macht steht, damit seine Laune nicht verdorben wird!"
Der Berufsjäger kannte derartige Anweisungen und wußte, daß es besser war, sie auch wortgetreu auszuführen. Er hatte hier in diesem Revier ein unabhängiges, schönes Leben, solange die Wünsche seines Fabrikanten erfüllt wurden. Der war bestimmt kein großer Weidmann. Aber er wußte die Passion anderer zu nutzen, um sie sich geschäftlich gewogen zu machen. Und er ließ sich die Sache auch etwas kosten. Dieses Revier hatte fast 1.500 Hektar. Kein billiger Spaß, aber offenbar lohnte es sich.
Der Jagdgast war mittlerweile marschbereit.
„Ich hoffe, daß wir auch Anblick haben werden!" brummelte er noch immer recht verschlafen. „Man erzählt sich ja wahre Wunderdinge von den Sauen hier."
„Ach, ich bin ganz zuversichtlich", erwiderte Dromberger freundlich und dachte bei sich, daß sich der Ansitz an der Kirrung in der Waldabteilung „Himmelspforte" noch immer gelohnt hatte. Erst gestern hatte er dort jede Menge Fährten bestätigt.
Sie verließen die Hütte und stiegen in den Geländewagen, der Dromberger als Dienstwagen zur Verfügung stand. Der Hund legte sich in den Gepäckraum und war zufrieden. Die Waffen wurden im Gewehrständer befestigt und los gings. Es dauerte fast eine halbe Stunde, ehe sie sich auf der bequemen Kanzel zurücklehnen konnten. Der Jagdgast, der zwischenzeitlich hellwach war, leuchtete mit seinem starken Nachtglas die Waldwiese ab, die hufeisenförmig in den Hochwald hineinschnitt und an deren, dem Wald zugewandten Seite die Kanzel stand. Es war mittlerweile Nacht geworden, aber der Mond stand voll am Himmel und erlaubte den beiden Jägern eine zufriedenstellende Sicht auf die Wiese vor ihnen sowie den sich dem Wald anschließenden, abgeernteten Getreidefeldern. Ganz dunkel konnte man dahinter die Masse eines Maisfeldes erahnen.
Noch im Wagen hatte Dromberger seinem Gast erklärt, daß sich hinter der Kanzel im Wald eine Suhle befand, die gerne vom Schwarzwild aufgesucht wurde. Er verschwieg allerdings, daß er erst gestern wieder reichlich Maiskörner in den Schlamm des Suhlloches gestreut hatte.
Nachdem sich Kalker orientiert hatte, lehnte er sein Gewehr, eine Bockdoppelbüchse Kaliber .308 Winchester, neben sich an die Kanzelwand und machte es sich gemütlich. Dromberger griff in seine Manteltasche und holte einen Flachmann heraus, den er Kalker

wortlos anbot. Der lehnte dankend ab und griff sich bezeichnend an die Stirne.
Es war um Mitternacht herum, als der Berufsjäger aufmerksam in Richtung des Maisfeldes lauschte. Er hatte ein Knacken gehört, das anders als die natürlichen, vom Wind erzeugten Geräusche klang. Er hatte reichlich Erfahrung mit diesen Geräuschen und sein Ohr war geschult. Er war sich sicher, daß dort Schwarzwild durch den Mais zog. Wahrscheinlich würde es wieder reichlich Wildschaden anrichten. Aber sein Chef zahlte an die Bauern ohne Murren.
Da der Wind günstig stand, hörte auch der Jagdgast bald das immer lauter werdende Brechen. Er riß das Jagdglas an die Augen und stierte in die Nacht.
Dromberger legte ihm sanft die Hand auf den Arm und hauchte ihm ins Ohr: „Keine Aufregung! Es wird noch einige Zeit dauern, bis sie herauskommen, um zur Suhle zu ziehen. Erst schlagen sie sich die Bäuche voll!"
Es verging fast eine dreiviertel Stunde, ehe das erste Stück den Mais verließ und die Waldwiese betrat. Der Berufsjäger erkannte im Glas einen Überläufer. Das Vorauskommando der Rotte, der erkunden sollte, ob die Luft rein war.
Die Sau stand unbeweglich wie ein Denkmal und Dromberger konnte sich lebhaft vorstellen, wie sie den Wind prüfte. Plötzlich überschlugen sich die Ereignisse. Ein Büchsenschuß brach ganz in der Nähe, und Dromberger konnte die Sau im Glas zusammenbrechen sehen. Im Mais prasselte es los, als würde ein Traktor samt Anhänger durchrauschen. Einen Augenblick später brachen zahlreiche Schwarzkittel hervor und flüchteten im vollen Galopp auf die Kanzel und den Wald zu. Sekunden später passierten sie unter den beiden Jägern hindurch und verschwanden lärmend im Hochwald. Einige Minuten später verlor sich das Geräusch der flüchtenden Sauen in der Ferne.
Die beiden Jäger saßen wie gelähmt auf der Kanzel und sahen sich völlig verdattert an.
„Was war das?" flüsterte schließlich Kalker.
Der Berufsjäger gab sich einen Ruck und antwortete nicht sehr geistreich: „Keine Ahnung! Außer uns geht hier niemand auf die Jagd. Wenigstens weiß ich nichts davon."
„Dann habt ihr hier Wilderer!" stellte der Jagdgast sachlich fest. „Sie sollten nun wohl etwas unternehmen, oder?"

Dromberger hob das Glas und äugte mehr aus Verlegenheit als aus Interesse zu dem erlegten Stück. Es riß ihn förmlich hoch: dort war eine Bewegung! Das war aber nicht die Sau – das war ein Mensch! Kalker hatte es ebenfalls gesehen und befahl energisch: „Wir sind hier, um zu jagen. Also jagen wir! Wenn's schon keine Sau sein kann, dann schnappen wir vielleicht einen Wilderer. Wenn wir leise näherpirschen, können wir den Kerl möglicherweise überraschen. – Ich gehe über die Wiese am Waldrand entlang. Sehen sie eine Möglichkeit durch den Wald zu kommen, um den Verbrecher von hinten zu packen?" Dromberger überlegte einen Augenblick, dann erklärte er: „Einige Meter von hier läuft ein Pirschpfad vorbei. Den werde ich nehmen. Er endet am Waldrand. Sie müssen mir aber etwas Vorsprung geben!"

Der Jagdgast nickte zustimmend: „Ich gebe Ihnen fünf Minuten, dann gehe ich los. Passen Sie aber auf, daß sie mich nicht für den Wilderer halten und mir eine aufbrennen. Weidmannsheil!"

Der Berufsjäger baumte möglichst lautlos ab. Bis zu der Stelle, wo er den Wilderer gesehen hatte, waren es gut hundertfünfzig Schritt. Das ständige Knacken und Rauschen der Maisblätter würde seine, Drombergers, Geräusche übertönen. Bevor er den Wald betrat, sicherte er nochmals zum Anschuß hin. Deutlich war die Gestalt zu sehen, die sich an dem gewilderten Stück zu schaffen machte. So schnell es vertretbar war, schlich Dromberger durch den finsteren Bestand.

Als er den Waldrand erreichte, blieb er stehen und wartete darauf, daß sich sein heftiger Atem beruhigte. Dabei beobachtete er durch sein Glas. Tatsächlich! Dort stand ein Mann am Maisfeld und brach die gewilderte Sau auf. Das schlug doch dem Faß den Boden ins Gesicht!

Der Berufsjäger wurde zornig. Sein Chef würde ihm schön was erzählen, wenn er von dieser Sauerei erfuhr. Und erfahren würde er es, dafür würde schon Kalker sorgen. Also war es gut, wenn er gleich eine Verhaftung melden konnte.

Dromberger sah auf seine Armbanduhr. Die Wartezeit war vorüber. Er zog seinen großkalibrigen Revolver aus dem Holster und rief: „Hier spricht der Jagdschutz! Bleiben Sie stehen und heben Sie die Hände! Ich bin bewaffnet!"

Er kam mit seinem Spruch nicht bis zum Ende. Ohne Zögern warf sich der Mann herum, hob den Arm und feuerte zweimal schnell

hintereinander aus einer Faustfeuerwaffe auf den Jäger, dann verschwand er mit einem Satz im Mais.
Dromberger spürte einen harten Schlag an der Außenseite des linken Oberarms. Er griff instinktiv an die Stelle. Als er die Hand zurückzog, fühlte er eine warme, klebrige Flüssigkeit daran haften.
„Ich bin getroffen", dachte er merkwürdig nüchtern und blieb stehen. Er registrierte das sich entfernende Geräusch des flüchtenden Wilderers, dann hörte er Kalker herankommen.
„Haben sie den Mistkerl erwischt?" keuchte der Jagdgast. „Wer hat geschossen?"
Ganz langsam sank Dromberger in die Knie. „Es hat mich erwischt", sagte er leiste.
„Wo?" fragte Kalker erschrocken.
Der Jäger wies auf seinen Oberarm.
„Hier kann ich nicht viel erkennen", erklärte der Jagdgast ernst, „wir müssen zum Wagen. – Können Sie laufen?" Dromberger erhob sich, unterstützt von Kalker.
„Es wird schon gehen", stöhnte er. „Was machen wir mit dem Wilderer?"
„Vergessen Sie jetzt den Kerl. Wenn Sie versorgt sind, werde ich die Polizei verständigen. Die werden sich schon um die Sache kümmern."
Am Wagen angekommen, untersuchte Kalker vorsichtig die Wunde im Licht der Innenbeleuchtung. Es stellte sich heraus, daß Dromberger offenbar nur einen Streifschuß erlitten hatte. Der Jagdgast verband den Jäger mit Hilfe der Autoapotheke, dann fuhr er ihn mit dem Geländewagen in die Notaufnahme des nächsten Krankenhauses. Dort wurde der Verletzte untersucht und verarztet.
Während Dromberger bei den Ärzten war, hing sich Kalker ans Telefon und verständigte die Polizei.

Der Mann preßte sich, gleich als er den Waldrand erreicht hatte, gegen den Stamm einer Buche und lauschte hinter sich. Doch er hörte nur den wilden Schlag seines Herzens und seinen heftigen Atem. Offenbar gab es keine Verfolger. Er hielt den Revolver noch immer in der schweißnassen Hand.
Das war verdammt knapp gewesen! Mußte sich ihm aber auch ausgerechnet heute dieser Kretin von Jäger entgegenstellen. Er

fluchte leise vor sich hin. Er hatte geschossen, ohne zu überlegen. Ob er getroffen hatte? Er steckte die Waffe ins Holster zurück.
Seine Hände tasteten die Jackentasche ab. Das Messer war weg! Er mußte es bei der Flucht verloren haben. Was sollte er tun? Zurück konnte er nicht. Zähneknirschend hetzte er weiter durch den Wald. Wie gut, daß er den Drilling beim Aufbrechen über den Rücken gehängt hatte, sonst wäre die Waffe auch verloren gewesen. Dann wäre es nur noch eine Frage von Stunden gewesen, bis man seine Identität hätte feststellen können.
Der Verlust des Messers war aber auch nicht ungefährlich. Es war keine Dutzendware, sondern hatte eine markante Gravur. Er würde wohl bei Tageslicht noch einmal zurückkommen müssen, um nachzusuchen. In seinen Augen loderte Haß auf. So leicht würden sie ihn nicht bekommen. Wenig später hatte er wieder seinen Kübelwagen auf dem Rastplatz erreicht und verschwand mit ihm über die leere Autobahn.
Um sieben Uhr morgens war Dromberger, der, nachdem ihn die Ärzte verbunden hatten, noch in der Nacht wieder aus dem Krankenhaus entlassen worden war, mit der Polizei am Tatort. Kriminaloberkommissar Mohner, kurz KOK Mohner, der für Jagdwildereidelikte zuständige Kriminalbeamte, beugte sich interessiert über den Anschuß.
„... und sie haben hier auch nichts verändert?"
Dromberger zuckte mit der gesunden Schulter.
„Sie sehen ja selbst, daß sogar die gewilderte Sau noch an Ort und Stelle liegt. Es war ja auch viel zu dunkel, als daß man etwas hätte unternehmen können."
Der Polizeibeamte fragte weiter: „Haben Sie sonst etwas entdecken können, was man verwerten kann. Irgendein Hinweis, der auf die Person des Täters hindeutet?"
Der Berufsjäger dachte angestrengt nach, dann erwiderte er: „Wie gesagt, es ging alles ziemlich schnell. Wir hatten keine Zeit, den Kerl gründlich zu betrachten. Doch glaube ich, gesehen zu haben, daß er über den Rücken ein Gewehr trug." „Art der Waffe, mit Zielfernrohr etc.?"
„Keine Ahnung. Als ich den Kerl angerufen habe, hat er sofort auf mich geschossen und sich dann in den Mais geworfen. Da waren nur wenige Sekunden Zeit... Nach dem Klang des Schusses, den er auf die Sau abgegeben hat, muß er eine großkalibrige Waffe haben."

KOK Mohner nickte dankend. Es war immer das Gleiche, das schlechteste Beweismittel waren die Zeugen. Entweder hatten sie gar nichts gesehen oder jeder etwas anderes.
Der Polizeibeamte wandte sich an seinen Kollegen, der den gesamten Schauplatz interessiert musterte: „Nolte, rufen Sie doch bitte die Spurensicherung an. Die sollen herkommen und alles gründlich durchkämmen. Der Untergrund ist so feucht, daß man vielleicht einen Fußabdruck oder eine Reifenspur sichern kann."
Der junge Beamte nickte und ging zum Einsatzfahrzeug, um die Kollegen zu verständigen.
„Herr Dromberger, bitte sorgen sie dafür, daß hier nichts verändert wird, bis die Spurensicherung eingetroffen ist," wies der Kriminalbeamte den Berufsjäger an. „Ich muß jetzt leider gehen. Kommen sie bitte in den nächsten Tagen aufs Präsidium, damit wir ein Protokoll aufnehmen können. Im übrigen sagen sie mir sofort Bescheid, wenn sich hier wieder etwas tut."
Die Polizeibeamten setzten sich in ihr Fahrzeug und holperten über den Feldweg davon. Dromberger setzte sich an den Waldrand auf einen Baumstubben und überlegte einen Augenblick, dann stand er schwerfällig auf und marschierte zu seinem in der Nähe abgestellten Wagen. Aiko brauchte dringend etwas Bewegung.
An den Tatort zurückgekommen, schnallte er den Weimaraner, dann setzte er sich wieder nieder. Es würde wohl noch einige Zeit dauern, bis die Leute von der Spurensicherung kamen.
Die Wunde begann zu schmerzen, offenbar ließ die Wirkung der verabreichten Medikamente nach. Bleierne Müdigkeit machte sich bemerkbar. Der gestrige feuchtfröhliche Abend und die schlaflose, ereignisreiche Nacht forderte ihren Tribut. Nur mühsam konnte er die Augen aufhalten. Was konnte es eigentlich schaden, wenn er ein kleines Nickerchen machte? Er lehnte sich bequem zurück und schloß erschöpft die Augen.
Er wurde davon geweckt, daß ihm der Weimaraner seine feuchte Schnauze gegen die Hand stieß.
„Gib schon Ruhe, Aiko ," brummte er verschlafen, öffnete aber die Augen. Sehr schnell war alle Müdigkeit verflogen, als er den Gegenstand sah, den der Hund in seinem Fang trug. Es handelte sich eindeutig um einen Jagdnicker in einer Lederscheide.
„Gib schon aus!" befahl der Berufsjäger und nahm dem Hund das Messer aus dem Fang. „Braaaver Aiko!" lobte er geistesabwesend,

während er das Messer langsam aus der Scheide zog. Er betrachtete es eingehend, dann flüsterte er heiser: „Das gibt es doch gar nicht!" Zögernd griff er an seinen Oberschenkel und holte aus der Messertasche seiner Jagdhose ein Messer. Er hielt es neben das gefundene – sie glichen sich wie ein Ei dem anderen! Dem Berufsjäger brach der Schweiß aus. Er nahm sein Messer heraus und las die Inschrift, die auf die Klinge eingraviert war: „Weidmannsheil" stand dort in ziselierten Buchstaben zu lesen. Das Fundmesser trug die gleiche Inschrift.
In Drombergers Kopf jagten sich die Gedanken. Er wußte, daß sein Jagdherr vor einiger Zeit mehrere dieser Messer gekauft und die Gravierung hatte anbringen lassen. Er verschenkte sie bei entsprechenden Anlässen an Jagdfreunde oder auch an verdiente Jäger wie ihn. Die Identität dieser Messer war so eindeutig, daß die Herkunft zweifellos feststand.
Aber wer von Wolf-Henschel's Freunden wilderte?
Eines war ihm klar: Das Messer durfte nicht eher in die Hände der Polizei fallen, als er die Sache mit seinem Chef besprochen hatte.
Er wickelte den brisanten Fundgegenstand in sein Taschentuch und steckte ihn in die Jacke. Kurze Zeit später sah er zwei Zivilfahrzeuge der Polizei über den Feldweg heranschaukeln.

Wolf-Henschel drehte das Messer, das Dromberger vor ihm auf den Schreibtisch gelegt hatte, langsam in der Hand. Schließlich sah er seinen Jäger an und lobte: „Lieber Dromberger, sie haben sehr umsichtig gehandelt, daß sie mir zuerst ihren Fund gezeigt haben. Sie haben völlig recht, das ist eines der Messer, die ich verschenkt habe." Er zog es aus der Scheide und betrachtete aufmerksam die Gravur. Schließlich holte er aus seinem Schreibtisch ein Vergrößerungsglas und hielt sich die Klinge dicht vor die Augen. Plötzlich wurde er blaß. Er starrte einen Augenblick vor sich hin, dann befahl er ohne weitere Erklärung: „Dromberger, Sie vergessen den Fund hier möglichst auf der Stelle. Kein Wort zur Polizei! – Haben Sie mich verstanden?"
Der Jagdherr sah seinen Jäger durchdringend an.
Dromberger wollte einen Einwand machen, unterließ es aber dann. „Wie Sie meinen, Chef", brummelte er. Wo würde er schließlich wieder so einen guten Job finden? Da mußte man schon Zugeständnisse machen.

Der Fabrikant griff in die Schreibtischschublade und holte sein Scheckheft heraus. Er füllte ein Formular aus, unterschrieb es und hielt es schließlich Dromberger hin. Dabei erklärte er freundlich: „Ein kleines Schmerzensgeld, lieber Dromberger. Ich bin mit Ihrer Arbeit sehr zufrieden.
Jetzt gehen Sie nach Hause und ruhen sich aus. Halten Sie mich aber bitte auf dem Laufenden und ... von dem Messer zu niemanden ein Wort, verstanden?"
Dromberger nickte, bedankte sich und ging. Die Höhe des Betrages, über den der Scheck ausgestellt war, war ein Argument, dem man nicht widersprechen konnte.
Nachdenklich setzte er sich in seinen Wagen und fuhr zurück ins Revier.
Der Fabrikant strich langsam über den Messerrücken. Er selbst hatte das Messer dem jetzigen Eigentümer vor mehreren Jahren geschenkt. Er erkannte es deshalb so genau, weil es in der Gravur einen leichten Fehler hatte, den man mit dem bloßen Auge jedoch kaum bemerken konnte.
Achim Reidelbach war Prokurist und erster Buchhalter in seiner Firma gewesen. Mit seiner Hilfe hatte Wolf Henschel bedeutende Kapitalbewegungen Richtung Schweiz vorgenommen. Gelder, von denen das Finanzamt selbstverständlich nichts erfuhr.
Reidelbach hatte eine große Passion gehabt, ja, man konnte schon fast Sucht dazu sagen: Er war ein leidenschaftlicher Jäger gewesen. Es war keine Frage, daß er in dem Revier Wolf-Henschels freie Büchse hatte.
Irgendwann, nach einem heftigen Streit, begann Reidelbach damit, ihn, Wolf-Henschel, mit seinem Wissen zu erpressen. Zähneknirschend hatte der Fabrikant die immer unverschämter werdenden Forderungen seines Prokuristen erfüllt.
Als Reidelbach den Bogen überspannte, hatte Wolf-Henschel anwaltlichen Rat eingeholt und schließlich beim Finanzamt Selbstanzeige wegen Steuerhinterziehung erstattet. Kurze Zeit, nachdem er von der Steuerbehörde die Zusicherung erhalten hatte, straffrei auszugehen, wenn er die hinterzogenen Steuern nachentrichten würde, schickte er seinem Prokuristen die fristlose Kündigung. Gleichzeitig erstattete er Anzeige gegen ihn wegen Beihilfe zur Steuerhinterziehung und Erpressung. Versteht sich von selbst, daß Reidelbach keinen Fuß mehr in sein Revier setzen durfte.

In dem Prozeß gegen Reidelbach trat er als Zeuge auf. Am Ende wurde sein ehemaliger Mitarbeiter zu einer empfindlichen Freiheitsstrafe verurteilt.
Er konnte sich genau daran erinnern, was ihm Reidelbach kurz nach der Verurteilung mit erhobener Faust zugerufen hatte: „Du elender Hund, du wirst noch an mich denken!"
Er hatte dieser Drohung wenig Bedeutung beigemessen und war, nun ein steuerehrlicher Bürger, zur Tagesordnung übergegangen.
Wenig später erfuhr er, daß die Verwaltungsbehörde Reidelbach die Jagderlaubnis entzogen und seine Jagdwaffen eingezogen hatte. Die erforderliche Zuverlässigkeit seiner Person sei nicht mehr gegeben, hatte es in der Begründung geheißen.
Der Fabrikant lehnte sich in seinem Sessel zurück, kalter Schweiß stand ihm auf der Stirn. Die Schatten der Vergangenheit bereiteten ihm Beklemmung.
Nach Jahren der Gesetzestreue hatte er vor einiger Zeit wieder damit begonnen, Gewinne zu manipulieren. Schnüffelnde Polizisten und Steuerfahnder konnte er beim besten Willen nicht gebrauchen.
Er überlegte einige Zeit, dann öffnete er sein Telefonregister und suchte eine Nummer heraus. Entschlossen griff er nach dem Telefonhörer und wählte. „Detektei Schütz", meldete sich eine weibliche Stimme. Der Fabrikant ließ sich verbinden.

Jeder unvoreingenommene Beobachter hätte den Mann mittleren Alters, in Jeans und einer abgewetzten Lederjacke, der über den Feldweg entlang des Maisackers schlenderte, für einen harmlosen Spaziergänger gehalten. Achim Reidelbach prüfte seine Umgebung sehr genau, ehe er den Weg verließ und auf das Feld vor dem Maisacker trat. Sorgfältig glitten seine Augen über den Boden. Die Stelle, an der er in der Nacht hatte flüchten müssen, war leicht zu finden. Der Boden war zertrampelt und deutlich waren Gipsreste zu erkennen. Die Spurensicherung hatte offenbar irgendwelche Abdrücke ausgegossen.
Der Mann sicherte noch einmal genau, dann drang er in das Maisfeld ein. Er war überzeugt davon, daß er sein Messer nur dort verloren haben konnte.
Er nahm sich Zeit und prüfte jeden Zentimeter Boden. Schließlich gab er auf. Jetzt konnte er nur noch hoffen, daß die anderen das

verräterische Beweisstück ebenfalls nicht gefunden hatten. Vorsichtig verließ er das Maisfeld und ging zu seinem Fahrzeug zurück.
Sein Haß auf Wolf-Henschel war abgrundtief. Er gab dem Fabrikanten die alleinige Schuld an seinem persönlichen Unglück und dem damit verbundenen gesellschaftlichen Niedergang. Nach seiner Verurteilung damals, kannten ihn seine Freunde nicht mehr und seine Frau verließ ihn. Am härtesten traf ihn jedoch die Tatsache, daß er eingesperrt war und nicht mehr jagen konnte.
Wie oft hatte er in ohnmächtiger Wut mit der Faust gegen die Wände seiner Zelle getrommelt und bittere Rache geschworen.
Nach seiner Entlassung hatte es nicht lange gedauert, bis er wieder eine ganz einträgliche Stelle hatte. Es gab Zeitgenossen, die geradezu nach gestrauchelten Buchhaltern suchten. Schließlich konnte es durchaus von Nutzen sein, wenn man jemand hatte, der buchhalterisch mit allen Wassern gewaschen war und den Mund halten mußte, weil er vorbestraft war.
Er parkte sein Auto bei dem kleinen, einsam gelegenen Bahnwärterhäuschen, das er für günstiges Geld erworben hatte. Für seinen eigentlichen Zweck konnte es die Bundesbahn wegen technischer Neuerungen nicht mehr gebrauchen.
Er betrat den größten der drei Räume des Hauses und setzte sich in einen Sessel. Als sein Blick langsam über die zahlreichen Trophäen glitt, die dicht an dicht an den Wänden befestigt waren, trat ein verklärter Blick in seine Augen. Sie waren übriggeblieben, waren ihm nicht durch die Behörden weggenommen worden. Zeugen einer langen, glücklichen Jägerlaufbahn, die durch die Machenschaften des Herrn Wolf-Henschel ein abruptes Ende gefunden hatte. Er erhob sich und entfernte ein loses Brett im Boden. Da lagen seine Waffen, die er sich nach seiner Entlassung im Ausland beschafft und ohne größere Mühe über die Grenze geschmuggelt hatte.
Er schloß das Versteck wieder und legte sich im Schlafzimmer auf sein Bett. Wenn einige Tage Gras über die Sache gewachsen war, würde er weitersehen.

Der Einsatzleiter, Polizeihauptkommissar Truck, stand im Besprechungszimmer vor einer großen Straßenkarte und erklärte den anwesenden Beamten: „Meine Herren, wir haben die Aufgabe, an fünfzehn Stellen Kontrollpunkte zu errichten. Unser Schwerpunkt

ist natürlich die Bundesautobahn mit den entsprechenden Zubringern und das Gebiet um A. Die Einsatzpläne haben Sie erhalten, die Einsatzzentrale ist hier im Hause. Wir gehen nach dem üblichen Schema vor, gründlich, aber höflich. Sagen sie ihren Leuten, daß sie keine unnötigen Risiken eingehen sollen. Sie wissen, daß mit diesen Terroristen nicht zu spaßen ist. Allerdings müssen wir die Belästigungen für den normalen Bürger im erträglichen Umfang halten. Sie wissen Bescheid. Sollte es irgendwelche Probleme geben, halten sie mit mir Rücksprache. – Gibt es noch irgendwelche Fragen?"
Die anwesenden Beamten schüttelten die Köpfe.
„Also gut", fuhr der Einsatzleiter fort, „dann begeben Sie sich auf Ihre Posten."
Um 6.00 Uhr morgens dieses Tages standen an allen strategisch günstigen Punkten Polizeieinheiten und führten eine flächendeckende Terroristenfahndung durch. Sämtliche Fahrzeuge, die die Kontrollpunkte passierten, wurden gründlich durchsucht und die Insassen überprüft.

Achim Reidelbach verließ sein Anwesen ohne besondere Vorsichtsmaßnahmen.
Es war etwa drei Uhr morgens und noch stockdunkel. Er legte die Teile des zerlegten Drillings auf die Rückbank des Kübelwagens und stieg ein. Es war Vollmond. Trotz einiger Bedenken hielt es ihn nicht mehr im Haus. Die Passion trieb ihn hinaus. Er würde es in einem anderen Revierteil versuchen. Die Polizei konnte schließlich nicht wochenlang das gesamte Revier überwachen.
Als er eine Weile gefahren war, bemerkte er die Scheinwerfer eines Fahrzeugs, das ihm in einiger Entfernung folgte. Er beobachtete es einige Zeit im Rückspiegel, war jedoch beruhigt, als es kurze Zeit später abbog. Als er auf den vertrauten Rastplatz einbog, überblickte er schnell die parkenden Fahrzeuge. Lediglich ein Personenwagen stand da, sonst war der Parkstreifen leer. Zufrieden stellte er sein Fahrzeug ein ganzes Stück weiter hinten ab und lehnte sich bequem zurück. Er hatte noch etwas Zeit.
Als wenig später der grelle Scheinwerfer eines Fahrzeugs auf den Rastplatz einbog, hob er sofort angespannt den Kopf. Er stellte seinen Rückspiegel so ein, daß er das Auto genau beobachten konnte. Er beruhigte sich allerdings wieder, als er sah, daß es sich um einen

Camper handelte. Offenbar ein Urlauber, der in der Nachsaison unterwegs war und sich hier etwas ausruhen wollte.
Er konnte beobachten, daß der Insasse, ein einzelner Mann, den Wohnraum des Wagens betrat. Nach einiger Zeit löschte er das Licht. Von dort hatte er keine Gefahr zu erwarten.
Als Reidelbach, nach den üblichen Vorsichtsmaßnahmen, seinen Kübelwagen verließ, warf er noch einmal einen mißtrauischen Blick zu dem Camper hin, doch dort war Stille. Beruhigt beschritt er den vertrauten Weg.
Kaum hatte er den Rastplatz verlassen, öffnete sich die Seitentüre des Campers und ein Mann in dunkler Kleidung kam heraus. Er schloß schnell, aber leise, die Türe und eilte dann, in der Deckung der Büsche bleibend, hinter Reidelbach her.
Kaum war Reidelbach in die Dunkelheit des Bauernwaldes eingetaucht, holte er den Drilling unter seiner Jacke hervor, setzte ihn zusammen und lud die Waffe. Er wollte vorbereitet sein. Er kannte die verschiedenen Ankirrungen im Revier genau. Seine Erfolgsaussichten waren deshalb gar nicht schlecht.
Auch an der Kirrung, die er sich ausgesucht hatte, stand eine geräumige Kanzel. Er näherte sich ihr schrittweise von der Seite. Als er gute Sicht hatte, beäugte er minutenlang den Ansitz durch sein Jagdglas. Seine Augen suchten einen Schatten oder eine Bewegung, die ihm die Anwesenheit eines Jägers verrieten. Doch nichts war zu erkennen. Als ihm die Augen tränten, setzte er das Glas wieder ab. Plötzlich kam ihm ein Gedanke. Ein höhnisches Grinsen trat auf sein Gesicht. Langsam näherte er sich dem Hochsitz und kletterte lautlos hinauf. Oben angekommen, machte er es sich gemütlich. Hier konnte er alles übersehen und eine herannahende Gefahr rechtzeitig bemerken.
Er lehnte sich zurück und schloß für einen Augenblick die Lider. Er schlief jedoch nicht, sondern lauschte aufmerksam den Geräuschen des Waldes. Nach einiger Zeit öffnete er die Augen wieder und suchte mit dem Glas das Sichtfeld ab. Der Mond stand hell hinter ihm am nächtlichen Himmel und beleuchtete das Feld vor ihm.
Plötzlich stutzte er. Er leuchtete angespannt eine bestimmte Stelle an dem gegenüberliegenden Maisfeld ab. Da! Er hatte sich nicht getäuscht! Am Rande des Feldes war ein merkwürdiges Blinken. Es schien, als würde das Mondlicht von einem metallischen Gegenstand reflektiert.

Er setzte das Glas ab und bekämpfte eine aufkommende Panik. Was war dort? Die Kanzel war wie eine Falle! Er mußte so schnell wie möglich hier weg. So leise es ging baumte er wieder ab.
Er umschlug die Kanzel und nahm einen Pirschgang an. Sollte Wolf-Henschel überall Wächter aufgestellt haben? Jedenfalls mußte er sehen, daß er wegkam, denn es wurde langsam dämmerig.
Er huschte über den Weg. Wie gut, daß er jeden Winkel in diesem Revier kannte. Kein Ast knackte unter seinen Sohlen. Der Revierjäger hatte dafür gesorgt, daß die Pirschwege sauber waren.
Bevor Reidelbach den Rastplatz wieder betrat, blieb er stehen und duckte sich hinter eine Hecke. Er wollte sehen, ob er verfolgt wurde. Als nach zehn Minuten noch immer niemand vorbeigekommen war, stand er auf. Sollte er sich getäuscht haben? Vielleicht hatten ihm seine überreizten Nerven auch einen Streich gespielt?
Er eilte zu seinem Fahrzeug.
Ein Blick über den Parkplatz zeigte ihm, daß der Pkw, der vor ihm gestanden hatte, nicht mehr da war. Der Camper stand noch immer am alten Platz.
Reidelbach deponierte sein Gewehr, dann schlenderte er langsam über den Gehweg. Als er den Camper erreichte, warf er einen vorsichtigen Blick in den Fahrerraum. Als er das Funkgerät am Amaturenbrett erkannte, erschrak er. Sein Mißtrauen war also berechtigt! Konnte man nicht täglich in den einschlägigen Fernsehkrimis sehen, daß die Polizei auch mit Zivilfahrzeugen arbeitete?
Er drehte sich um und eilte zu seinem Wagen. Er wollte nur noch weg. Kurze Zeit später fuhr er mit Vollgas über die Autobahn. Immer wieder sah er in den Rückspiegel und suchte nach dem Camper oder sonst einem verdächtigen Fahrzeug. Er konnte aber nichts entdekken.
Nach einigen Kilometern wurde er etwas ruhiger. Als er sich der Ausfahrt Neueichen näherte, konnte er schon aus einiger Entfernung die Lichter mehrerer Fahrzeuge sehen, die dort abgestellt waren. Als er schon auf die Ausfahrspur abgebogen war, erkannte er zu seinem Schrecken, daß dort eine Polizeikontrolle stattfand. Ohne zu überlegen trat er auf die Bremse, hielt, warf den Rückwärtsgang ein und raste mit Vollgas auf die Autobahn zurück.
Dieses überaus gefährliche Manöver wurde von den Beamten natürlich bemerkt. Sofort machte sich eine Polizeistreife, mit Blaulicht und Sirene, an die Verfolgung.

Reidelbach blickte gehetzt in den Rückspiegel. Er war jetzt davon überzeugt, daß der Mann im Camper ein Polizist gewesen war. Sicher hatte er über Funk seine Kollegen verständigt, die daraufhin diese Straßensperre errichtet hatten. Der Schrecken hatte sein vernünftiges Denken derartig eingeschränkt, daß er nur noch kopflos an Flucht dachte.
Das Polizeifahrzeug hatte wenig Mühe, gegenüber dem langsameren Kübelwagen aufzuholen. Schnell kamen sie immer näher. Reidelbach stand der kalte Angstschweiß auf der Stirne und immer öfter hetzte sein Blick zwischen Rückspiegel und Fahrbahn hin und her. Unvermittelt sah er die engen Wände seiner Zelle vor sich. Er wollte nicht mehr eingesperrt werden!
Seine Füße traten das Gaspedal so fest durch, daß er fast einen Krampf bekam.
Plötzlich gab es einen lauten Knall und der Kübelwagen machte einen Satz nach rechts. Jetzt haben sie auf den Reifen geschossen, fuhr es ihm noch durch den Kopf. Da prallte der Wagen schon gegen die Leitplanke, durchschlug sie ohne große Mühe und knallte mit kaum geminderter Geschwindigkeit gegen den massiven Betonpfeiler einer Brücke, die hier die Autobahn überspannte. Sekunden später stand der Wagen in Flammen.
Reidelbach war nach dem Aufprall sofort tot. Er spürte nicht mehr, wie das Feuer seinen leblosen Körper ergriff. Die Polizeibeamten hatten natürlich nicht geschossen. Einer der stark abgenutzten Vorderreifen des Kübelwagens war geplatzt und hatte das Fahrzeug aus der Richtung geworfen. Die Beamten versuchten vergeblich, das Feuer mit ihren Handfeuerlöschern einzudämmen. Als einige Zeit später die Feuerwehr den Unfallort erreichte, stand an dem Brückenpfeiler nur noch ein qualmendes, schwarzes, ausgebranntes Wrack.

Als die Autobahn später wieder freigegeben wurde, fuhr ein Camper langsam an der Unfallstelle vorbei. Der Detektiv, den Wolf-Henschel mit Nachforschungen beauftragt hatte, erkannte das verbrannte Autowrack sofort.
Er verließ die Autobahn bei der nächsten Raststätte und erstattete seinem Auftraggeber telephonisch Bericht.

Heiße Grenze

Grenzen, jene künstlichen Linien, gezogen von Völkern zwischen ihren Ländern, zur Sicherung des jeweiligen Staatsgebietes, übten schon immer eine magische Anziehungskraft auf bestimmte Zeitgenossen aus. Unter ihnen befanden sich nicht selten auch Wilderer, die es vorzogen, ihrem dunklen Handwerk im nahen Ausland nachzugehen, um sich dann anschließend in die Sicherheit des eigenen Landes zurückzuziehen.
Die nachfolgend geschilderten Vorfälle ereigneten sich gegen Ende der fünfziger Jahre dieses Jahrhunderts an der deutsch-französischen Grenze in Elsaß-Lothringen. Die Namen der beteiligten Personen und die Orte der Handlung wurden zum Schutz der Betroffenen geändert.

Hermann Schuster und Fritz Neubert befanden sich, zusammen mit dem Deutschen Schäferhund Rex, auf Streife entlang der Grenze. Es war ein naßkalter Novembermorgen, und die beiden Beamten hatten ihre Mantelkrägen hochgeschlagen. Um diese Jahreszeit konnte man sich leicht eine Erkältung einhandeln. Schuster blieb plötzlich stehen und griff in seine Manteltasche.
„Mensch, Fritz, das ist vielleicht heute wieder eine Milchsuppe. Man sieht hier im Wald fast nicht die eigene Hand vor Augen. – Ich werde mir jetzt erst mal eine anstecken.“ Er stieß sich eine Zigarette aus der eingebeulten Schachtel und riß sich ein Streichholz an. Die kleine Flamme knisterte, die Nässe bereitete ihr offenbar Unmut. Der Beamte warf das Zündholz auf den Waldboden, wo es zischend mit einer kleinen Rauchwolke erlosch.
Fritz Neubert war überzeugter Nichtraucher. Er hatte sich gegen eine Buche gelehnt und strich mit seiner behandschuhten Rechten dem Hund, der sich neben ihm auf die Keulen niedergelassen hatte, über den Kopf.

„Na, Dicker“, sprach er das Tier an, „dir ist egal, was wir für Wetter haben. Die Hauptsache ist, du kannst dabeisein was?“
Der Zollhund warf seinem Führer einen kurzen Blick zu, wedelte ein angedeutetes „Verstanden“, dann widmete er sich wieder ganz der undurchsichtigen Umgebung. Schließlich war er im Dienst und er wußte, was man von ihm erwartete. Als Nasentier war er durch den Tröpfchenvorhang wesentlich weniger behindert als die Zweibeiner.
Schuster nahm einen tiefen Zug und inhalierte den Rauch in die Lungen.
„Diesen Sonntagsdienst habe ich besonders aufgeschrieben. Nichts ist los, außer schlechtem Wetter, und daheim gibt es Schweinebraten, während wir hier belegte Brote einschieben müssen.“
Er griff zum Riemen der Maschinenpistole und rückte die Waffe bequemer zurecht. Neubert stieß sich vom Baum ab und meinte: „Hättest du einen vernünftigen Beruf ergriffen, dann müßtest du heute nicht im nassen Wald herumstolpern. – Komm, laß uns weitergehen!“
Als die beiden Männer einige Meter auf dem Trampelpfad weitergelaufen waren, fielen nicht weit entfernt zwei Schüsse.

Raimund Bremer hatte heute schon recht frühzeitig den Federn entsagt. Er war in sein Revier gefahren, um an einem älteren Hochsitz ein paar dringend fällige Reparaturen durchzuführen. Sein Gewehr hatte er im Auto liegenlassen. Er hatte es zwar gewohnheitsgemäß mitgenommen, jagen wollte er aber heute nicht. Um 11.00 Uhr mußte er auf der Probe des Gesangvereins sein.
Da er seinen Wagen vor zwei Tagen erst hatte waschen lassen, war er nicht in den Waldweg hineingefahren, sondern hatte ihn außerhalb abgestellt. Die Wege waren feucht und stellenweise schlammig. Die hundert Meter konnte er auch zu Fuß gehen.
Die Hammerschläge klangen in dem Nebel unwirklich und dumpf, sie würden nicht weit zu hören sein. Das war ihm auch ganz recht, Sonntagsarbeit war bei der Landbevölkerung nicht sehr angesehen.
Als er gerade das lockere Sitzbrett austauschte, hörte er ganz in der Nähe zwei Schüsse fallen.

Die beiden Zollbeamten sahen sich an. „Da werden sicher Jäger unterwegs sein", vermutete Neubert. „Wahrscheinlich hast du recht", stimmte Schuster zu, „aber wir sollten doch einmal nachsehen; es war ziemlich nahe an der Grenze."
Die beiden Beamten eilten in Richtung der Schüsse. Dabei kamen sie in die Nähe der Feld-Wald-Grenze. Hier, auf der freien Fläche, war der Nebel besonders ausgeprägt. Die Männer standen wie vor einer grauen Wand und konnten nichts erkennen. Lediglich der Hund hielt seine Ohren steil aufgerichtet, windete heftig und begann dann leise zu knurren. „Was ist denn, Rex?" versuchte Neubert das Tier zu beruhigen. Es kam ein leiser Windstoß und der Nebel wurde etwas transparenter. Schuster stieß seinen Kollegen an und flüsterte: „Du, dort im Rübenacker stehen zwei Männer!"
Neubert hob sein Dienstglas und beobachtete, dann bemerkte er: „Das ist keiner von den ortsansässigen Jägern, die kenne ich. Ich glaube, wir sollten uns die beiden Figuren einmal näher ansehen."
Sie traten aus der Deckung des Waldrandes heraus und brachen durch die Rübenblätter auf die beiden Männer zu. Die beiden schienen intensiv damit beschäftigt zu sein, etwas zu suchen. Sie liefen langsam durch die Reihen der Pflanzen und hielten den Blick zu Boden gesenkt. Dabei machten sie selbst ziemlichen Lärm. – So konnten die beiden Zöllner unbemerkt ein ganzes Stück näher kommen. Plötzlich hob einer der Männer seinen Kopf und sah in Richtung der anrückenden Zollbeamten. Nach einer kurzen Schrecksekunde schrie er seinem Kumpanen zu: „Aufpassen! Die Grünen kommen!"
Sofort warfen sich die beiden Männer herum und rannten, so schnell sie konnten durch die Rüben in Richtung Landesgrenze.
Schuster und Neubert waren im Augenblick etwas überrascht, da sie mit einer derartigen Reaktion nicht gerechnet hatten. Dann nahmen sie die Verfolgung auf.
„Wir müssen sehen, daß wir sie noch vor der Grenze erwischen! Laß Rex los, die haben bestimmt Dreck am Stecken!" „Das ist mir riskant", keuchte Neubert, „wenn mich nicht alles täuscht, hatte der eine ein Gewehr über dem Rücken. Ich laß mir doch nicht den Hund abknallen!"
Flüchtlinge und Verfolger rauschten durch die Rüben wie eine hochflüchtige Rotte Sauen. Dabei forderten die Zollbeamten die beiden Flüchtigen mehrfach auf, stehenzubleiben, doch die Befehle

blieben unbeachtet. Auch ein Warnschuß wurde ignoriert. Der Jagdpächter Bremer war zwischenzeitlich ebenfalls in die Nähe des Geschehens gekommen. Er hörte das Rauschen in den Rüben, die Schreie der Zollbeamten und den Warnschuß und er brauchte einen Augenblick, bis er erkannte, was da vorging. – Da waren die beiden Männer schon an ihm vorbeigehastet. Obwohl der eine von ihnen ein Gewehr trug und er unbewaffnet war, machte er sich ohne Zögern an die Verfolgung. Auch er forderte die Flüchtigen vergebens auf, stehenzubleiben. Kurze Zeit später wurde er von den beiden jüngeren Zollbeamten eingeholt. Keuchend setzten sie zu dritt die Verfolgung fort. Plötzlich hob Neubert den Arm: „Halt! Es hat keinen Sinn mehr, sie sind schon drüben!“

Sie blieben stehen und suchten erst einmal zu Atem zu kommen. Lediglich Rex wollte weiterhetzen. Sein Führer hatte Mühe, ihn zu beruhigen. Schließlich legte er ihn ab.

„Haben Sie die Schüsse auch gehört?“ fragte Bremer, nachdem sie sich wieder etwas gefangen hatten.

Die beiden Beamten erzählten, was sie gehört und gesehen hatten, der Jagdpächter fügte seine Version hinzu.

„Das waren Wilderer“, meinte er abschließend, „da wette ich meinen Kopf. Wir sollten einmal nachsehen, auf was sie geschossen haben.“

Sie gingen zum Feld zurück und suchten an der Stelle, wo sich zuvor die beiden Kerle zu schaffen gemacht hatten. In den dichten Rüben konnten sie zunächst nichts finden. Plötzlich blieb Rex stehen, nahm mit hoher Nase Wind und zog dann in eine bestimmte Richtung. Sein Hundeführer ließ ihn gewähren. Schließlich konnte er sich bücken und ein totes Rebhuhn vorzeigen.

„Das war es wohl, wonach die beiden Lumpen gesucht haben. Sie waren nur eben mal schnell auf Hühnerjagd in Deutschland!“

Der Jäger kam heran und nahm ihm das Feldhuhn aus der Hand. Nachdem er es einen Augenblick untersucht hatte, erklärte er: „Eindeutig mit Schrot beschossen. – Ich werde morgen Anzeige erstatten. Ich hatte schon öfters den Verdacht, daß hier gewildert wird, beweisen konnte ich es allerdings nie. Es wird höchste Zeit, daß man dagegen etwas unternimmt.“

Am Dienstag ging die schriftliche Anzeige des Revierpächters Bremer bei der Kriminalpolizei in Saarbrücken ein.

Einige Tage nach dem geschilderten Vorfall fuhr der Waldarbeiter Rudolf Mühlrath mit dem Fahrrad zu seinem Arbeitsplatz. Er benutzte gerne die stillen Waldwege, da er auf ihnen schneller und ungefährlicher vorankam als auf der stark befahrenen Landstraße. Als der Weg etwas steiler anstieg, mußte er absteigen, da ihm das Treten zu beschwerlich wurde. Dabei fiel sein Blick zufällig auf den Wegrand, der mit dichtstehendem Farn bewachsen war. Ihn störte ein rötlicher Fleck, der irgendwie nicht ins natürliche Bild paßte. Neugierig geworden, lehnte er seinen Drahtesel an einen Baum und bückte sich. Er strich über die Farbe an einem Farnblatt. Erstaunt stellte er fest, daß sie abging. Als er seinen Finger beroch, wurde ihm klar, daß es sich um Blut handelte. Vorsichtig teilte er den Farn und hatte plötzlich einen blutigen Fleischklumpen vor sich liegen.
Schnell hatte er seinen anfänglichen Schrecken unter Kontrolle. Er war erfahren genug, um zu erkennen, daß er das Herz eines Stückes Wild vor sich hatte, das wahrscheinlich einstmals in einem Reh geschlagen hatte. Er forschte weiter und fand dicht bei dem Herzen den restlichen Aufbruch.
Rudolf Mühlrath war ein alter Waldläufer. Er wußte, daß kein rechter Weidmann die edlen Teile eines Aufbruchs einfach zwischen den Farn geworfen hätte. Die ganze Angelegenheit kam ihm äußerst verdächtig vor und er beschloß, den zuständigen Revierförster zu verständigen.
Er drehte sein Rad herum und schwang sich wieder hinauf.

Wolfgang Metzger war Kriminaloberinspektor bei der Polizeidirektion Saarbrücken und dort unter anderem auch zuständig für Jagdwildereiangelegenheiten. Vor wenigen Tagen hatte er die schriftliche Anzeige des Revierpächters Bremer gegen Unbekannt, wegen Verdachts der Jagdwilderei, auf seinen Schreibtisch bekommen. Er hatte seinen Terminkalender vor sich liegen und überlegte, wann er Zeit hatte, um den Anzeigeerstatter zur Sache zu vernehmen. Die Anzeige ließ einige Fragen offen, die noch zu klären waren. Wie immer war der Kalender vollgestopft mit allen möglichen anderen Terminen. Er runzelte die Stirn und blätterte nachdenklich hin und her. Da schrillte das Telefon. Einen Seufzer ausstoßend, griff er nach dieser Geisel eines jeden Büromenschen und meldete sich: „Kriminalpolizei, Metzger!"

„Hier Forstamt Neuenstein", tönte es aus der Leitung, „Forstmeister Weigert. Bin ich mit dem Sachbearbeiter für Wildereistrafsachen verbunden?"
„So ist es, Herr Weigert. Was kann ich für sie tun?" Der Forstbeamte berichtete dem Polizeibeamten ausführlich von der Entdeckung, die der Waldarbeiter Mühlrath am Morgen dieses Tages gemacht hatte. „Wir haben natürlich schon selbst nachgeforscht, weil wir öfters einmal mit einem Gelegenheitswilderer zu tun haben. Meist rentiert es sich nicht, eine Anzeige zu erstatten, weil man diesen Kerlen sowieso nicht auf die Spur kommt. Aber hier scheint es sich um Profis zu handeln. Wir haben nämlich in der Dickung, hinter der ersten Fundstelle, noch weitere Aufbrüche vorgefunden. Insgesamt müssen dort sechs Stück Rehwild aufgebrochen worden sein. Die Wilderer hatten die Aufbrüche nur notdürftig mit Laub bedeckt. Sie hielten es offenbar nicht für nötig, ihre Schandtat besser zu verbergen. Das Beste wäre, sie kämen einmal heraus zu mir und würden sich die Bescherung an Ort und Stelle ansehen."
Mit diesem Anruf hatte sich das Problem des Terminkalenders für Metzger endgültig erledigt. Da es sich hier offenbar um keine Bagatellsache handelte, hatte sie Vorrang. Er ließ sich deshalb den Weg zum Forsthaus beschreiben und schloß: „Ich werde in etwa zwei Stunden bei Ihnen sein. Seien Sie bitte so nett und stellen Sie mir einen ortskundigen Mann zur Verfügung, der mich zum Tatort führen kann." – Damit legte er auf.
Ziemlich pünktlich traf der Kriminalpolizist im Forsthaus ein. Forstmeister Weigert ließ es sich nicht nehmen, ihn selbst zu begleiten. Er meinte: „Die Waldwege sind recht ausgefahren. Ich schlage deshalb vor, daß wir meinen Jeep nehmen. Mit ihrem Dienstwagen würden wir nicht weit kommen."
Metzger war einverstanden und sie setzten sich in den schlammverspritzten Geländewagen. Metzger, der die weichen Polster seines Dienstwagens gewohnt war, wurde gründlich durchgeschüttelt, bis sie auf einem Waldweg zum Stehen kamen.
Der Forstbeamte führte Metzger zu der Fundstelle. Es war alles noch unverändert. Lediglich die Maden auf den Aufbrüchen hatten sich etwas vermehrt.
Aufmerksam sah der Kriminaler sich um. Mit einem Stock drehte er die Aufbrüche herum, konnte aber keinerlei Hinweise auf die Täter erkennen.

„Sie hatten recht, Herr Weigert, das waren wirklich Profis. Typische Fleischmacher, die keinerlei Interesse an den schmackhaften Innereien haben. Solche Leute schießen zusammen, was ihnen gerade vor den Lauf kommt, brechen es irgendwo auf und hauen dann schleunigst wieder ab. – Gehen wir einmal hinaus auf den Weg, vielleicht finden wir Reifenspuren."
Gebückt liefen die beiden Männer über den Waldweg und musterten sorgfältig die ausgefahrene Spurrinne.
„Hier ist ein deutlicher Abdruck von einem grobstolligen Reifen", rief der Polizeibeamte plötzlich und wies auf eine bestimmte Stelle.
Weigert trat hinzu und betrachtete den Abdruck kritisch. Schließlich meinte er: „Ich müßte mich sehr täuschen, wenn das nicht die Spur von einem unserer Holzfahrzeuge ist. Zur Zeit werden über diesen Weg hier die geschlagenen Stämme vom letzten Winter abtransportiert. Ich fürchte, wir haben Pech."
Metzger winkte ab: „Es wäre auch zu schön gewesen, wenn man auf Anhieb eine brauchbare Spur gefunden hätte. – Ich werde mir einen dieser Aufbrüche mitnehmen, vielleicht kann der Sachverständige noch einen Hinweis finden."
Er holte aus seiner Manteltasche eine starke Plastiktüte heraus und verfrachtete mit Hilfe des Forstbeamten einen der Aufbrüche hinein. Eine Tätigkeit, die starke Magennerven verlangte.
Dann fuhren sie zurück zum Forsthaus und Metzger kehrte zu seiner Dienststelle zurück.

Einige Tage später, andere, wichtigere Arbeiten hatten die Wilderergeschichte etwas in den Hintergrund gedrängt, landete auf seinem Schreibtisch ein kriminalpolizeiliches Mitteilungsblatt; Pflichtlektüre für jeden Kriminaler. Mit großer Aufmerksamkeit studierte er die Schilderung eines Wildererfalls, der sich in der Eifel zugetragen hatte: Zwei Männer in einem deutschen Auto mit französischem Kennzeichen waren dort beim Wildern beobachtet worden. Die Täter waren entkommen. In einem Dickicht nahe des Tatortes hatte man einige Aufbrüche gefunden. Es folgte eine vage Beschreibung der Täter und eine etwas bessere des Wagens. Alles war jedoch so allgemein gehalten, daß die Angaben auf hunderte Menschen und Autos zutreffen konnten. Metzger registrierte den Fall, maß ihm aber für seine eigenen Ermittlungen wegen der räumlichen Entfernung der beiden Tatorte keine Bedeutung bei.

Drei Wochen später veranstaltete das Forstamt Neuenstein im engeren Kreise eine kleine Treibjagd. Sechs Schützen, zehn Treiber und drei Hunde zählte die Jagdgesellschaft, die sich am frühen Morgen vor dem alten Forsthaus traf. Als alle beisammen waren, zog man los. Der Morgen war kalt und die „Wärmeflaschen" kreisten. Beim dritten Trieb entstand plötzlich unter den mitgeführten Hunden eine wilde Keilerei. Forstmeister Weigert, der der Beißerei am nächsten stand, sicherte sein Gewehr und gab seinem Standnachbarn ein Zeichen, daß er nach dem Rechten sehen wolle.
Kaum war er einige Meter in die niedrige Schonung eingedrungen, als er auf die sich balgenden Hunde stieß. Mit einigen lauten Befehlen und harten Knüffen trieb er die Bande auseinander. Nun konnte er das Streitobjekt sehen. Von den Zähnen der Hunde schon reichlich zerfetzt, für das kundige Auge aber noch immer gut erkennbar, lag vor ihm der Aufbruch eines Rehs. Nichts Gutes ahnend, ging er einige Schritte weiter und scharrte mit den Stiefeln im Laub herum. Er fühlte Weiches und förderte einen weiteren Aufbruch zutage. Auf seiner Stirne bildeten sich Zornfalten. Durch Zufall war er wieder auf einen dieser mysteriösen Aufbruchplätze der Wilderer gestoßen.
Er ließ das Treiben abblasen und rief seine Kollegen zusammen. Nachdem ihnen Weigert von seinem Fund berichtet hatte, drangen die Männer gemeinsam ins Unterholz ein, um sich selbst zu überzeugen. Dabei trat einer der Gäste auf eine weiche Stelle im Untergrund: Der dritte Aufbruch wurde ans Tageslicht befördert. Nun wurde eine gründliche Suche durchgeführt.
Zum Entsetzen der Forstbeamten lagen am Ende neun Aufbrüche auf der Strecke. Selbstverständlich wurde die Jagd abgebrochen. In der Dienststelle angekommen, verständigte Weigert sofort die Kriminalpolizei in Saarbrücken. Metzger versprach, sofort zu kommen. Zwei Stunden später standen die beiden Beamten wieder vor dem grausigen Fund.
„Die Kerle scheinen sich auf dieses Gebiet spezialisiert zu haben", meinte Metzger, während er mit einem Stock in den Aufbrüchen herumwühlte. Plötzlich hielt er inne, bückte sich und meinte dann: „Kommen sie doch einmal her. Sieht dieses kleine Loch hier im

Weidsack nicht wie eine Schußverletzung aus?" Er deutete mit seinem Ast auf eine bestimmte Stelle. Weigert beugte sich darüber.
„Sieht so aus, als hätten sie recht", erwiderte er nach einiger Zeit. „Aber dieses Loch stammt weder von einem Kleinkalibergewehr, noch sonst von einem Jagdkaliber. – Ich könnte mir nur vorstellen, daß hier mit groben Posten geschossen wurde."
Metzger wurde ganz aufgeregt: „Na klar, sie haben recht. Sehen sie, da ist noch ein Loch und dort ein weiteres. Die Kerle schießen mit Posten! Trifft sich ja auch leichter!" Der Kriminalbeamte holte eine seiner Plastiksäcke aus der Manteltasche und ließ den Aufbruch darin verschwinden. Nachdem sie vergeblich nach weiteren Spuren gesucht hatten, fuhren sie zurück zum Forsthaus. Bei einer Tasse Kaffee besprachen sie das weitere Vorgehen.
„Ich müßte mich sehr täuschen, wenn wir es hier nicht mit Autowilderern zu tun hätten", meinte Metzger nachdenklich. „Die fahren durch die Reviere, blenden das Wild mit den Scheinwerfern und schießen dabei mit den Posten alles zusammen, was ihnen vor die Flinte kommt. In einem ruhigen Eck brechen sie ihre Beute auf und dann geht es ab. Eine Methode mit ziemlich geringem Risiko und größtmöglichem Nutzeffekt."
„Sicher haben Sie recht", entgegnete der Forstbeamte grimmig, „die Aufbrüche waren alle gleich alt, sie dürften also alle von der gleichen Wilderertour stammen. Mit ist nur unverständlich, daß wir keine Schüsse gehört haben."
„Es ist nicht gesagt, daß das Wild hier in der Nähe geschossen wurde. Es kann gerade so gut sein, daß es an einer entfernten Stelle abgeknallt wurde und es die Wilderer nur hier, dicht bei der Straße, aufgebrochen haben. Die machen es sich so risikolos wie möglich."
„Sie sprechen immer von *den* Wilderern. Glauben sie, daß es sich um eine ganze Bande handelt?"
Der Polizeibeamte rührte in seiner Kaffeetasse.
„Erfahrungsgemäß treten Autowilderer immer mindestens zu zweit auf. Einer fährt das Fahrzeug, der andere erledigt das Schießen. Alles schön rationell und zeitsparend. Einer alleine wäre zu schwerfällig."
„Welche Maßnahmen werden sie nun ergreifen?" fragte der Forstmann.
„Ich werde veranlassen, daß in den gefährdeten Waldgebieten in unregelmäßigen Zeitabständen Streifen gegangen und gefahren werden. – Es wäre allerdings für uns sehr vorteilhaft, wenn sie den

Streifen einen Forstbeamten mitgeben könnten, der sich im Revier auskennt."
„Das werde ich auf alle Fälle veranlassen", stimmte der Förster zu. „Vielleicht wird sich auch der Zoll beteiligen. Es könnte ja sein, daß die Kerle aus Frankreich kommen. Möglicherweise kann man sie durch eine schärfere Zollkontrolle erwischen."
Metzger bestätigte diese Ansicht und sagte zu, alles Weitere in die Wege zu leiten.

Zwei Tage später trafen sich die verantwortlichen Beamten des Landeskriminalamtes, der Kriminalpolizei Saarbrücken, des Forstamtes Neuenstein und der angrenzenden, ebenfalls gefährdeten Forstämter; ein Vertreter des Zolls war auch anwesend.
Man erarbeitete ein gemeinsames Konzept, welches es ermöglichte, mit einem vernünftigen Maß an Personalaufwand, ein größtmögliches Gebiet zu kontrollieren. Schon kurze Zeit später liefen die Überwachungsmaßnahmen an. Gemischte Streifen patroullierten auf den Waldwegen und paßten an geeigneten Stellen. Der Zoll durchsuchte die Autos der Reisenden gründlicher und hatte ein besonderes Augenmerk auf den kleinen Grenzverkehr.
Doch alle Mühen blieben umsonst. Sie führten weder zur Festnahme der Wilderer, noch konnte man eine verwertbare Spur entdecken. Als eine Zeit lang von den Wilderern nichts mehr zu spüren war, mußte man die aufwendigen Streifen einstellen, da sich die damit verbundene Personalbindung nicht mehr verantworten ließ.

Der Grenzübergang Sössingen war ein kleiner Zollposten an einer untergeordneten Nebenstraße. Er wurde in erster Linie von Frauen und Männern genutzt, die in Frankreich wohnten, aber in der Bundesrepublik Deutschland ihrem Beruf nachgingen oder hier ihre Einkäufe tätigten. Entsprechend lagen die Hauptverkehrszeiten am frühen Morgen und am Abend. Unter der Zeit war nicht viel los und die beiden Zollbeamten, die hier Dienst taten, konnten über Streß nicht klagen.
Zollinspektor Arnd Huber stützte sich auf seine Ellbogen und starrte auf die dicke Überschrift einer Tageszeitung, die sich klagend über die Einführung der Atomindustrie ausließ. Sein Kollege, Zoll-

hauptsekretär Johannes Großer, kam gerade durch die Tür und legte die Dienstmütze auf seinen Schreibtisch. Er hatte eben ein junges Mädchen abgefertigt, das mit einem Kofferraum voller Lebensmittel die Grenze in Richtung Frankreich passiert hatte.

„Die Kleine sollte mir mal vor dem Frühstück begegnen", begeisterte er sich und verdrehte vielsagend die Augen. „Hör mir bloß mit den Weibern auf!" entgegnete sein Kollege und stocherte dabei ungeniert mit seinem kleinen Finger in seinen Backenzähnen herum. „Wenn sie jung sind, mag es ja noch angehen. Aber laß sie mal älter werden, dann können sie ganz schön Haare auf die Zähne bekommen."

Großer grinste: „Du bist und bleibst ein eingefleischter Junggeselle. Du weißt überhaupt nicht, was dir entgeht." Doch Huber winkte nur lässig mit der Hand ab und widmete sich wieder den neuesten Nachrichten. Großer zuckte mit den Schultern: Wem nicht zu helfen war... Er setzte sich seine Dienstmütze wieder auf den Kopf und verließ den Dienstraum. Er wollte einige Schritte gehen. Er liebte die frische Luft; der Dienstraum war überheizt.

Als er die geöffnete Zollschranke erreichte, sah er von der französischen Zollstation einen roten Renault kommen. Der Fahrer verlangsamte auf der deutschen Seite seine Fahrt, doch Großer winkte ihn durch. Langsam schlenderte er um die Zollstation herum. Hier auf der Rückseite befand sich ein kleiner Parkplatz, auf dem im Augenblick drei Wagen standen.

In erster Linie stellten hier Waldarbeiter ihren Wagen ab, die für die angrenzenden Forstämter arbeiteten. Sein Blick glitt gleichgültig über die Fahrzeuge. Plötzlich stutzte er. Was schaute denn da Merkwürdiges aus dem Kofferraum des einen Fahrzeugs heraus? Neugierig geworden ging er näher und sah sich die Sache genauer an. Zunächst wurde er daraus nicht recht klug. Es war ein seltsames haariges Dreieck, das offenbar beim Zuschlagen des Kofferraumdeckels eingeklemmt worden war. Er fuhr vorsichtig mit der Hand darüber: „Da brat mir einer einen Storch!" brummte er überrascht. „Wenn das nicht das Ohr von einem Tier ist."

Er trat einen Schritt zurück und umkreiste das Auto. Unter dem Fahrzeug, zwischen den beiden Hinterrädern, fand er eine kleine Lache. Er vermutete Öl, beugte sich aber dann doch hinunter und fuhr mit seinem Finger durch die Flüssigkeit. Was er auf dem dunklen Asphaltboden nicht erkennen konnte, wurde ihm nun mit Schrekken klar – es handelte sich um Blut!

Hastig drehte er sich um und rannte zum Dienstgebäude zurück. An der Sache war etwas oberfaul!
Zollinspektor Huber hörte sich mit Erstaunen den Bericht seines Kollegen an, dann fragte er skeptisch: „Bist du dir auch völlig sicher, daß es sich um das Ohr eines Tieres handelt? Es wäre ganz schön blöd, wenn wir uns bei unseren Vorgesetzten blamieren."
„Meinst du, ich bin betrunken?" regte sich Großer auf.
„Wenn ich sage, es ist ein Ohr, dann ist es auch ein Ohr. Und Blut ist ja nicht mit Wasser zu verwechseln, oder?"
Huber erhob sich seufzend und meinte: „Also, dann will ich mir mal deine Blutlache ansehen." Bald waren beide wieder zurück und Huber griff mit ernster Miene sofort zum Telefonhörer, um seine vorgesetzte Dienststelle zu verständigen.
Dort nahm man die Mitteilung sehr ernst. Es dauerte nicht lange, bis Kriminaloberinspektor Metzger verständigt war. Dieser machte sich sofort mit einem Kollegen der Spurensicherung auf den Weg.
Zusammen mit ihrem ebenfalls herbeigeeilten Vorgesetzten warteten die Zollbeamten Huber und Großer auf die Kriminalbeamten.
Metzger betrachtete aufmerksam den verdächtigen Wagen. Schließlich meinte er, zu Huber gewandt: „Sie haben recht, Kollege, es dürfte sich hier um den Lauscher eines Stückes Wild handeln." – Großer warf Huber einen triumphierenden Blick zu.
Metzger versuchte den Kofferraum zu öffnen, dieser war aber fest verschlossen. Der andere Polizeibeamte hatte zwischenzeitlich die übrigen Türgriffe versucht und festgestellt, daß der Fahrgastraum unverschlossen war.
„Herr Metzger, hier ist die Vordertüre offen", machte er seinen Vorgesetzten aufmerksam. Metzger setzte sich langsam in das Fahrzeug und öffnete die anderen Türen, damit man ungehindert in das Innere blicken konnte. Vorsichtig, um Fingerspuren nicht zu verwischen, durchsuchte der Kriminaloberinspektor den Wagen. Es dauerte nicht lange und er hatte eine Möglichkeit gefunden, das Rücksitzpolster des Autos zu entfernen.
„Was haben wird denn da", knurrte er zufrieden und zog aus dem Versteck eine Doppelflinte hervor. Er reichte die Waffe seinem Kollegen, der sie draußen entgegennahm und auf den Boden legte.
„Da haben wir wirklich einen Volltreffer gelandet", freute sich der Kripomann. „Hier liegt so ziemlich alles, was man zum Wildern benötigt."

Er begann auszuräumen. Zuerst kam eine Schachtel Munition. Wie erwartet Posten, die man in Frankreich frei erwerben konnte. Es folgten ein Jagdmesser, zwei Grubenlampen, wie sie die Bergleute in den naheliegenden Kohlerevieren benutzten sowie eine alte Zeltplane, die schweißverschmiert war. „Das war gute Arbeit", lobte er Großer, als er wieder herausgekrochen war. „Ich glaube, daß wir hier die heiße Spur haben, die wir schon seit Wochen suchen."
Währenddessen hatte der andere Kriminaler das Ablagefach des Wagens untersucht. „Sehen sie einmal her, Herr Metzger, was ich hier gefunden habe!" Er hielt in der Hand verschiedene Ausweispapiere. Metzger nahm sie in die Hand und blätterte sie durch. „Ein französischer Paß, ausgestellt auf den Namen Sebastian Gollard. Ein Führerschein und Kraftfahrzeugpapiere, auf den gleichen Namen lautend. – Es ist wirklich zu schön, um wahr zu sein. Es kommt äußerst selten vor, daß ein Straftäter der Polizei seinen Namen und die Anschrift griffbereit hinterläßt. Wir werden die Papiere gleich sicherstellen."
Er übergab sie seinem Kollegen und der ließ sie in einer kleinen Plastiktüte verschwinden.
„Meine Herren", wandte sich Metzger an die umstehenden Männer, „wir sollten versuchen, den Wilderern hier eine Falle zu stellen. Sicher haben sie von unserer Entdeckung noch nichts mitbekommen. – Es ist aber auch eine seltene Frechheit, ein Tatfahrzeug direkt unter den Augen des Zolls abzustellen. Ich nehme an, daß sie an die alte Binsenweisheit geglaubt haben, wonach es im Auge des Orkans am sichersten ist. Ich bin zwar überzeugt, daß in diesem Kofferraum einige Stücke Wild liegen, doch möchte ich ihn im Augenblick nicht öffnen. Am besten, wir legen wieder alles an seinen Platz zurück, damit die Kerle nicht Lunte riechen. Wenn wir uns hier auf die Lauer legen, sollte es mich nicht wundern, wenn wir bis heute Abend einen guten Fang im Netz haben."
Wie besprochen, verteilten sich die Beamten an günstigen Punkten rund um den Parkplatz, von denen aus sie nicht gesehen werden konnten, ihrerseits aber einen ausgezeichneten Blick auf das Täterfahrzeug hatten.
Die beiden Zollbeamten mußten auf ihren Posten zurück. Die Stunden vergingen, ohne daß etwas Bedeutungsvolles geschah. Von Zeit zu Zeit traten die Beamten in Funkkontakt und erstatteten Meldung. Die Kälte machte sich langsam unangenehm bemerkbar

und wie so oft bei derartigen Einsätzen, dachte Metzger darüber nach, warum er nichts Gescheites gelernt hatte.
Bis 13.00 Uhr hatten sieben Fahrzeuge und elf Fußgänger den Zollposten passiert. Keine dieser Personen kümmerte sich in irgendeiner Form um das bewachte Fahrzeug.
Um 14.15 Uhr kam eine einzelne männliche Person auf der deutschen Seite die Straße entlang. Ohne auch nur einen Augenblick zu zögern, näherte sich der Mann dem Wildererfahrzeug. Er öffnete die Fahrertür und setzte sich mit Schwung hinter das Steuer. Blitzschnell riß Metzger sein Funksprechgerät an den Mund und kommandierte: „Achtung! Einsatz! Verdächtige Person festnehmen!"
Die wartenden Beamten, froh, sich endlich wieder bewegen zu können, stürmten aus ihren Verstecken, umstellten das Fahrzeug. Ehe sich der verdächtige Mann von seiner Überraschung erholt hatte, lagen ihm Fesseln um die Handgelenke. Jeder Gedanke an Flucht wurde damit sofort im Keime erstickt. Die Polizisten brachten den völlig verdatterten Mann in den Dienstraum der Zollstation und setzten ihn auf einen Stuhl. Metzger ließ sich hinter dem Schreibtisch nieder und zündete sich eine Zigarette an.
„Sprechen Sie deutsch?" fragte er freundlich den jungen Mann, der höchstens fünfundzwanzig Jahre alt sein möchte. Dieser nickte nur.
„Haben Sie Ausweispapiere bei sich?" fragte der Kriminalbeamte weiter. Der Festgenommene griff in seine Jackentasche und holte mit einiger Mühe, behindert durch die Handschellen, einen verschmierten französischen Personalausweis heraus. Metzger nahm ihn entgegen und öffnete ihn. Das Papier war ausgestellt auf den Namen René Davesne, wohnhaft in Lemelle/Frankreich. Der Beamte sah von dem Ausweispapier auf.
„Sie sind René Davesne?"
„Ja", war die kurze Antwort.
„Ist das da draußen ihr Wagen?" fragte Metzger weiter.
„Non".
Metzger wandte sich von dem Mann ab und gab seinem Kollegen einen Auftrag: „Gehen Sie hinaus und öffnen Sie mit den sichergestellten Wagenschlüsseln den Kofferraum. Ich möchte gerne wissen, was sich darin befindet."
Während er diese Anweisung gab, warf er dem Gefangenen einen verstohlenen Blick zu. Wenn ihn nicht alles täuschte, bekamen dessen Augen einen feuchten Schimmer.

Offensichtlich kein hartgesottener Brocken. Mal sehen, was sich noch auf die Schnelle herausholen ließ. Er ging wieder zu dem Mann und schleuderte ihm ins Gesicht: „Sie haben gewildert und dort draußen in dem Wagen werden wir gleich ihre Beute finden. Stimmts?!"
Plötzlich wurde der junge Mann von einem trockenen Schluchzen geschüttelt. Er machte eigentlich keinen unsympathischen Eindruck, aber darauf konnte Metzger keine Rücksicht nehmen.
„Wer ist Sebastian Gollard?" bohrte er weiter.
Nach einer kurzen Pause: „Geben Sie schon Antwort, Sie können ihre Lage nur verbessern, wenn Sie uns helfen. Sie sehen doch selbst, daß Ausflüchte keinen Sinn mehr haben!" Man konnte sehen, daß in dem jungen Mann etwa zerbrach. Er atmete mehrmals tief durch, dann sagte er leise: „Sebastian ist ein Freund von mir. Ihm gehört auch der Wagen. Ich sollte ihn nur hier abholen."
„Haben Sie auch gewildert?" stieß der Polizeibeamte nach. „Ja – das heißt, eigentlich nicht direkt," stotterte er. „Ich habe immer nur den Wagen gefahren. Geschossen hat Sebastian."
Metzger stand auf und ging zu seinem Kollegen, der zwischenzeitlich wieder das Dienstzimmer betreten hatte.
„Nun, was ist im Kofferraum?" fragte Metzger neugierig.
Der Mann nickte: „Wie wir es erwartet haben. Er ist bis oben hin voll mit Wild. Ich habe nichts herausgenommen, weiß also nicht genau, wieviele Stücke drin sind. Auf jeden Fall sind es mehrere."
Zufrieden klopfte Metzger seinem Kollegen auf die Schulter: „Gottseidank, da scheinen wir die Richtigen erwischt zu haben. – Um den Jungen dort brauchen wir uns keine Sorgen zu machen. Der wird singen wie eine Nachtigall. Bringen Sie ihn bitte nach Saarbrücken! Fordern Sie aber zuvor über Funk zwei Leute an, damit wir den Wagen weiter beobachten können! Ich kann mir vorstellen, daß sein Kumpan nachsehen kommt, wenn dieser Davesne nicht mit dem Wagen bei ihm auftaucht."
Ohne Widerspruch ließ sich der Festgenommene abführen. Kurze Zeit später war die angeforderte Verstärkung eingetroffen und gemeinsam legten sich die Polizeibeamten wieder auf die Lauer. Diesmal mit mehr Motivation, weil sie sich des Erfolgs ihrer Aktion sicher waren.

Um 17.00 Uhr verstärkte sich der Verkehr an der Grenze. Arbeiter und Angestellte fuhren von der Arbeit nach Hause. – Doch niemand kümmerte sich um das besagte Fahrzeug.
Um 18.00 Uhr wurde es dunkel und die Zollbeamten schalteten die Beleuchtung am Übergang ein. Ihr Schein erhellte auch den Parkplatz.
Gegen 19.15 Uhr passierte ein kleines Personenauto die Grenze und bog auf den Parkplatz ein. Es entstieg ihm eine Frau, die sich zuerst aufmerksam umsah und dann einer zweiten Person im Fahrzeug etwas zurief. Gleich darauf stieg ein Mann aus und näherte sich langsam dem bewachten Auto. Vorsichtig sah er sich um. Dann öffnete er die Fahrzeugtüre. Die Frau war ebenfalls herangekommen und sah in den Wagen hinein. Schließlich ließ sich der Mann hinters Steuer gleiten und steckte den Zündschlüssel ins Zündschloß. Dies war der Augenblick für die Beamten, um zu handeln. Wie bei der ersten Festnahme kamen sie aus ihren Verstecken hervor und überrumpelten die beiden Personen. Da auch hier die Überraschung gelungen war, leistete weder der Mann noch die Frau Gegenwehr.
Im Zollamt nahm sich Metzger zuerst die Frau vor.
„Der Wagen gehört Sebastian. Mein Mann, René, sollte ihn heute nach der Schicht hier abholen. Da er bis jetzt nicht nach Hause gekommen ist, haben wir uns Sorgen gemacht und sind hierher nachsehen gekommen. – Ist ihm etwas zugestoßen?“
Ihre Augen sahen den Polizeibeamten ängstlich an. Der Kriminalbeamte musterte sie prüfend. Die Frau hatte offenbar keine Ahnung, in welche kriminellen Handlungen ihr Mann verwickelt war.
Metzger klärte sie auf und eröffnete ihr, daß er sie mit ins Präsidium nach Saarbrücken nehmen müsse.
Einer der Beamten führte die weinende Frau hinaus. Für die Vernehmung des anderen Täters war es zwischenzeitlich schon zu spät geworden, so daß man auch ihn ins Dienstauto verfrachtete. Wenig später fuhren alle nach Saarbrücken. Am nächsten Morgen fanden die Vernehmungen statt. Zuerst knöpfte sich Metzger René Davesne vor. Er versprach sich von ihm schnelle Ergebnisse, die er dann nötigenfalls dem anderen vorhalten konnte.
„Ich muß Sie darauf aufmerksam machen“, eröffnete er die Befragung, „daß Sie hier bei der Polizei nur ihre Personalien angeben müssen. Zur Sache müssen Sie sich nicht äußern. Sie können auch einen Rechtsanwalt ihrer Wahl zu Rate ziehen.“

Davesne winkte ab: „Ich will aussagen, damit ich alles hinter mir habe."
Der Polizeibeamte nickte zufrieden und gab dem Protokollführer einen Wink, der einen entsprechenden Vermerk tippte. Danach berichtete Metzger dem jungen Mann von der Festnahme seiner Frau und seines Freundes.
Erschrocken fuhr Davesne zusammen: „Was habt ihr mit meiner Frau gemacht? Sie hat mit der ganzen verdammten Sache nichts zu tun!" Er hatte dunkelblaue Ränder unter den Augen, offenbar hatte er schlecht geschlafen.
Der Kriminaloberinspektor klopfte ihm beruhigend auf die Schultern. „Machen Sie sich keine Sorgen. Wir haben nur ein kurzes Protokoll aufgenommen und sie dann nach Hause entlassen."
Der Festgenommene ließ sich erleichtert zurücksinken. „Also, fangen wir an", eröffnete Metzger die Vernehmung. „Erzählen Sie am besten von Anfang an. Wenn mich etwas besonders interessiert, werde ich Sie unterbrechen."
Davesne zögerte einen Augenblick, dann begann er: „Sebastian und ich sind im gleichen Dorf geboren und haben auch dort gemeinsam die Volksschule besucht. Schon damals haben wir es ausgenutzt, daß wir in der Nähe des Waldes wohnten. Sebastians Vater hatte ein Flobertgewehr. Sebastian wußte, wo er es versteckt hatte und lieh es sich manchmal aus. Wir haben dann mit dem Ding Vögel geschossen. Zuerst haben wir nur in den Gärten am Dorfrand gejagt. Später, als uns das zu langweilig wurde, sind wir auch auf die Felder und in den Wald gegangen. Dort hatten wir es besonders auf die Eichelhäher und Krähen abgesehen. Die waren viel schwerer zu erwischen als die Amseln.
Als wir mit der Schule fertig waren, kamen wir bei uns in der Grube in die Lehre. Zu dieser Zeit haben wir dann schon gelegentlich auf Hasen geschossen. Da es bei uns nur wenige Hasen gab, sind wir auch auf die saarländische Seite gegangen und haben dort gejagt.
Einmal habe ich versucht, einen erlegten Hasen mit nach Hause zu bringen. Als mein Vater das Tier gesehen hat, wurde er sehr zornig und verbot mir streng, auf Wild zu schießen. Wir konnten es aber nicht lassen. Weil es zu gefährlich war, haben wir die paar Hasen, die wir erwischten, einfach draußen liegengelassen."
„Sie haben das Wild also einfach geschossen und dann verludern lassen?" vergewisserte sich Metzger.

„Ja!"
„Bitte, weiter!"
„Das erste Rehe schossen wir etwa vor vier Jahren. Der Schütze war Sebastian. Wir gingen durch unseren Wald und hatten das Gewehr dabei. Plötzlich sprangen vor uns zwei Rehe aus einem Gebüsch. Wir waren sehr erschrocken. Wohl mehr instinktiv hat Sebastian das Kleinkalibergewehr hochgerissen und auf die flüchtigen Rehe einen Schuß abgefeuert. Ich war betroffen, als ich sah, daß eines der Tiere noch einige Sätze weitersprang und dann zusammenbrach. Wir konnten es zuerst gar nicht glauben, daß Sebastian getroffen hatte. Als wir uns hintrauten, war es bereits verendet. Da wir beide schreckliche Angst hatten, ließen wir das Reh liegen."
Er griff in die Tasche seiner Jacke und holte sich ein Taschentuch heraus. Langsam wischte er sich den Schweiß von der Stirn. Als er es weggesteckt hatte, fuhr er fort: „Etwa ein Jahr später streiften wir wieder durch unseren Gemeindewald. Sebastian führte, wie jetzt immer bei solchen Gelegenheiten, das Gewehr seines Vaters mit sich. Plötzlich sahen wir auf etwa sechzig Meter vier Rehe vor uns. Da hat Sebastian die Waffe gehoben und auf eines der Tiere geschossen; es blieb auch sofort liegen.
Wir haben uns damals sehr über die Treffsicherheit meines Freundes gefreut. Wir haben dann das Reh zusammen aus dem Wald herausgetragen und am Waldrand versteckt. Sebastian hat dann einen Arbeitskollegen informiert, der das Reh abgeholt hat. Wieviel der dafür gezahlt hat, kann ich nicht sagen.
Kurz danach hat dann Sebastian einen Jagdschein gelöst. Nun konnte er in Frankreich auf die Jagd gehen und auch Waffen sowie Munition erwerben. Bei dieser Gelegenheit hat er Verbindungen zu Wildhändlern und anderen Wildinteressenten geknüpft. Er hat mir das erzählt, und wir beschlossen, nun mehr Wild zu schießen und es zu verkaufen.
Um uns die Wege zu erleichtern, kauften wir uns zwei Fahrräder, mit denen wir auch zur Arbeit fuhren. Während unserer Freizeit radelten wir in den Wäldern unserer Heimat herum und schossen dabei etwa zehn Stück Rehwild, die wir bei einem Kaufmann versilberten. Der fragte niemals nach der Herkunft des Wildes, da er wußte, daß Sebastian einen Jagdschein besaß.
Wir haben in der Folgezeit noch mehrmals Rehwild und auch Hasen geschossen; wieviele, kann ich allerdings heute nicht mehr sagen. Wir

hatten großes Glück und wurden bei unseren Jagdzügen niemals erwischt.
Dies ging so lange, bis wir beide 1958 zum Militärdienst eingezogen wurden. Aus der Armee wurde wir nach vier Monaten wieder entlassen."
Metzger unterbrach ihn: „Habt ihr auch während der Militärausbildung gewildert?"
Der Junge schüttelte den Kopf: „Nein, dazu hatten wir keine Gelegenheit. – Gleich nach der Entlassung kaufte sich Sebastian ein Auto. Er bezahlte es überwiegend mit Geld, das er aus der Wilderei erlöst hatte. Kurz vor dem Militärdienst hatte sich Sebastian auch eine Schrotflinte gekauft. Hatten wir bisher das Wild bei Tageslicht im saarländisch-lothringischen Grenzstreifen geschossen, fingen wir nun an, auch in der Nacht mit dem Auto zu jagen.
Die ersten Fahrten mit dem neuen Wagen führten uns weit nach Lothringen hinein. Wir hatten uns Stabtaschenlampen besorgt. Später nahmen wir in der Mine Grubenlampen mit. Mit diesen und mit den Scheinwerfern des Autos leuchteten wir das Wild an und schossen es dann. Wir haben uns dabei die Arbeit geteilt; ich bin gefahren und Sebastian hat geschossen.
Ich habe es auch einmal mit dem Schießen probiert, da ich aber sehr schlecht getroffen habe, hat das mein Freund zukünftig alleine übernommen.
Auf unseren Fahrten nach Lothringen und ins Elsaß hinein haben wir ungefähr fünfunddreißig Stück Rehwild und zwei Hirsche geschossen. Das Wild haben wir zum Teil in Saarbrücken verkauft. Nach Ausweisen oder dergleichen wurden wir niemals gefragt."
„Welchen Zollübergang habt ihr benutzt?" fragte der Kriminalbeamte dazwischen.
Der Mann überlegte, dann gab er Auskunft: „Bei unserer ersten Fahrt über die deutsch-französische Grenze überquerten wir sie bei Sössingen. Später wechselten wir häufiger."
Metzger nickte und machte sich einige Notizen. Dann fragte er weiter: „Wie seit ihr vorgegangen bei euren Fahrten?"
„Wir fuhren fast immer nur im Wald herum. Das Feld war uns zu gefährlich. Wenn wir Wild gesehen haben, haben wir es geblendet und geschossen. Sebastian hat es dann in den Kofferraum geschmissen, und wir sind schnell weitergefahren. War der Kofferraum voll, sind wir an eine ruhige Stelle in der Nähe der Straße gefahren und

haben die Beute aufgebrochen. Die Aufbrüche haben wir notdürftig mit Laub zugedeckt."
„Wieviel Stücke habt ihr so pro Fahrt geschossen?"
„Bei zwei bis drei Fahrten sind immer so ungefähr zwölf Rehe zusammengekommen."
„In welchem Jahr war das?"
„Das muß 1959 gewesen sein."
„Habt ihr bei euren Abschüssen auf irgendwelche Schonzeiten Rücksicht genommen?"
Der Wilderer schüttelte den Kopf: „Wir haben Geißen und Böcke geschossen. Den Böcken sägten wir das Gehörn ab, damit beim Kauf niemand gleich erkennen konnte, um welches Geschlecht es sich handelte."
„Habt ihr immer im selben Gebiet gewildert?" „Nein, nach einiger Zeit haben wir unser Jagdrevier verlegt. Es wäre zu gefährlich gewesen, immer in der gleichen Gegend zu schießen. Außerdem wurde das Wild unruhig. Wir sind dann ein paar Mal bei Burboch in den Wald gefahren. Dort haben wir allerdings nicht soviel Wild bekommen; nur etwa zehn Stück.
Danach ging es zwei Nächte in Richtung Däffirten. In der ersten Nacht schossen wir sechs und beim zweiten Mal vier oder fünf Rehe. Im November 1959 ging es dann in Richtung Sarrig. Dort haben wir auch Hirsche erwischt. Wir haben, wenn ich mich recht erinnere, fünf männliche sowie fünf oder sechs weibliche Stücke geschossen."
„Wurde während dieser Fahrt auch Rehwild geschossen?" fragte Metzger dazwischen.
„Ja, es war auch Rehwild dabei. Ich kann mich allerdings nicht mehr genau erinnern wieviele es waren; so ungefähr zwanzig Stück, denke ich."
Als er das erstaunte Gesicht des Polizeibeamten sah, erläuterte er: „Es ist auch vorgekommen, daß Sebastian zwei Rehe auf einmal getroffen hat. Um diese Zeit sind wir auch zweimal über Trier hinausgekommen. Bei der ersten Fahrt haben wir ungefähr vierzehn Rehe und bei der zweiten ein paar weniger geschossen."
„War eigentlich jeder Schuß ein tödlicher Treffer?"
Der Beschuldigte zögerte einen Augenblick, dann fuhr er fort: „Es ist schon vorgekommen, daß Sebastian geschossen hat und ein Reh nicht liegen blieb. Wir sind dann schnell weitergefahren."
„Erzählen Sie weiter", ermunterte Metzger den Mann.

„Eine Nachtfahrt führte uns in die Nähe von Hermeskeil. Dort haben wir etwa sieben Rehe bekommen. Bei der Fahrt in die Eifel haben wir auch einen Einbruch begangen. Wir sind in ein Jagdhaus eingestiegen, weil wir hofften, dort Jagdwaffen finden. Es war aber leider nicht so. Da haben wir nur die Lebensmittel mitgenommen, die wir im Kühlschrank gefunden haben."
„Habt ihr noch weitere Einbrüche begangen?" hakte Metzger nach.
„Nein, das war das einzige Mal, daß wir es versucht haben."
Die Tür ging auf und eine Sekretärin mit einem Tablett, auf dem Kaffee stand, kam herein. Nachdem alle bedient waren, ging die Vernehmung weiter.
„Wie war das gestern", wollte Metzger wissen.
„Gestern Nacht waren wir wieder unterwegs. Meine Frau hat zwar immer mit mir gezankt, wenn ich fortging, aber ich habe ihr niemals die Wahrheit gesagt. Wir fuhren in der Gegend von Nesseln herum. Auf dem Weg schossen wir ein Hirschkalb und drei Rehe. Wenig später erwischten wir ein weiteres Reh. Auf der Rückfahrt nach Hause, in Richtung Grenze, schossen wir einen weiteren jungen Hirsch und nochmals zwei Rehe. Die Hirsche haben wir an Ort und Stelle aufgebrochen, die Rehe erst in der Nähe der Grenzstation. Der Kofferraum war brechend voll.
Da wir das Wild in Saarbrücken verkaufen wollten, konnten wir uns eine Überfahrt mit dem Wagen sparen. Da es schon ziemlich spät war, haben wir den Wagen auf den Parkplatz des Zollgebäudes gestellt. Wir nahmen an, daß dort kein Mensch Verdacht schöpfen würde. Den Wagen sollte ich nach der Schicht abholen. – Dabei haben Sie mich dann gefaßt."
Wieder wischte er sich den Schweiß von der Stirn.
„Wart ihr einmal kurz hinter der Grenze auf deutscher Seite auf Hühnerjagd?"
Der Bursche sah ihn erstaunt an. „Das stimmt. Es ist aber schon eine Weile her. Wir haben aber, glaube ich, nichts getroffen. Ehe wir richtig nachsuchen konnten, waren die Zöllner hinter uns her und wir mußten über die Grenze verschwinden."
Metzger blickte den jungen Mann nachdenklich an: „Sehen Sie eigentlich die Unrechtmäßigkeit ihrer Taten ein?"
Einige Tränen liefen über das fast kindlich zu nennende Gesicht des Mannes. Schließlich erklärte er stockend: „Ich weiß, daß es unrecht war, mit Sebastian zu wildern. Ich wollte auch einige Male aufhören,

aber er hat mich immer wieder überredet, weil er mich als Fahrer benötigte. Es hat mir natürlich auch gefallen, daß wir zusätzliches Geld eingenommen haben.
Ich bereue heute alles und werde für meine Straftaten geradestehen."
Nachdem das Protokoll abgeschrieben worden war und Davesne es unterschrieben hatte, wurde er abgeführt.
Sebastian Gollard zeigte sich bei seiner Vernehmung ausgesprochen verstockt und wollte alles leugnen. Doch als man ihm die Aussage seines Freundes vorhielt, sah er ein, daß ihm nur noch ein umfangreiches Geständnis helfen konnte.
Im wesentlichen stimmten seine Aussagen mit denen seines Kumpanen überein. Nur den Einbruch in das Jagdhaus gestand er erst nach einigem guten Zureden.
Da beide Wilderer französische Staatsbürger waren und somit Fluchtgefahr bestand, erließ der Untersuchungsrichter gegen beide Haftbefehl. Sie verschwanden bis zu ihrer Hauptverhandlung in Untersuchungshaft.
Einige Monate später fand die Gerichtsverhandlung statt. Im Verlauf der Verhandlung zeichnete sich das Bild zweier gewohnheitsmäßiger Wilderer ab, deren Werdegang bereits in früher Jugend begann und sich konsequent bis zur Festnahme fortentwickelte.
Da beide Reue zeigten und sie zur Zeit der Straftaten Jugendliche im Sinne des Gesetzes waren, fiel das Urteil verhältnismäßig milde aus.
Wenige Zeit nach der Rechtskraft des Urteils wurden die beiden nach Frankreich abgeschoben. Sie erhielten eine Bewährungszeit, während der sie Deutschland nicht mehr betreten durften.
An der Grenze trat für einige Zeit Ruhe ein.

Erinnerungen

Es war wieder einmal Winter. Das Frankenland lag unter einer dichten Schneedecke. Der junge Bauer Thomas Heimberger saß in seinem Jagdzimmer und reinigte die Gewehre. Eine Waffe nach der anderen nahm er sich vor, ölte, wischte und sah durch die Läufe.
Als er glaubte, fertig zu sein und gerade die Schranktüren wieder schließen wollte, fiel sein Blick auf eine alte, unscheinbare Hahndoppelflinte, die, durch einen darübergehängten Janker halb verdeckt, in der Ecke lehnte. Er zog die Jacke weg und nahm die alte Flinte in die Hände. Sie war ein Erbstück seines Vaters. Schießen konnte man mit ihr nicht mehr, da sie schon einige tiefere Rostnarben aufwieß, doch war sie ein Erinnerungsstück. Während der junge Bauer seine harten Hände über die Narben der alten Flinte gleiten ließ, erinnerte er sich an einen gemütlichen Abend, an dem sie gemeinsam im Jagdzimmer saßen und ihm der Vater eine spannende Geschichte erzählt hatte, bei der die Flinte eine wesentliche Rolle spielte.

Die Heimbergers saßen schon seit Generationen auf demselben Hof, zu dem auch eine gepflegte Eigenjagd gehörte. Erworbenes Gut, aber auch Wissen, wurde von den Vätern an die Kinder weitergegeben. Hier lernte Thomas Vater, Pankraz, das jagdliche Handwerk von Grund auf.
Der Vater von Pankraz, Thomas Großvater, war ein strenger Lehrprinz und gar manches Mal unterstrich eine Ohrfeige die Lektionen. Immer wurde ihm vor Augen gehalten, welch hohes Gut ihm anvertraut war und daß er es gewissenhaft zu verwalten habe, um es seinen Nachkommen geordnet weitergeben zu können.
Die Jahre vergingen und Pankraz Heimberger wurde erwachsen.
Eines Tages brach der Zweite Weltkrieg aus. Zuerst wurde der junge Heimberger vom Wehrdienst freigestellt, da er in der Landwirtschaft

benötigt wurde. Aber später, als auch die Jungen und die Alten eingezogen wurden, erhielt er seinen Stellungsbefehl und mußte nach kurzer Ausbildung an die Front.
Die Kriegswirren verschlugen ihn nach Rußland. Wie das Schicksal es wollte, kam er nach harten Kämpfen in Gefangenschaft. Schon bald fühlte der junge Mann, daß er seine Heimat nicht lebend wiedersehen würde, wenn er nicht die schwierige Flucht versuchte. An einem günstigen Tag wagte er mit Hilfe einiger Kameraden sein Glück und was er sich niemals zu hoffen getraut hatte, trat ein: er blieb unentdeckt.
Über die Qualen und die Mühsal, die er auf seiner Flucht durch die russische Wildnis erlitten hatte, berichtete Pankraz Heimberger nie. Nur ein Erlebnis gab er häufiger zum Besten: eines Tages war er völlig erschöpft auf ein russisches Bauernhaus gestoßen. Wenige Meter vor der Kate, hinter einer Hecke, brach er bewußtlos zusammen.
Als er wieder zu sich kam, lag er auf einem Kachelofen und war in Pferdedecken eingewickelt. Zuerst beherrschte ihn schreckliche Angst, daß ihn die Bewohner der Hütte an die russische Armee ausliefern würden. Doch das alte Ehepaar, das in der Kate hauste, unternahm seltsamerweise keinen derartigen Versuch. Mit einigen russischen Sprachbrocken, die er sich angeeignet hatte und mit Hilfe von Händen und Füßen, erklärte er ihnen, daß er geflüchtet sei und sich nach Hause durchschlagen wollte.
Die alte Frau pflegte ihn mit rührender Fürsorge. Als er wieder einigermaßen bei Kräften war, schenkten sie ihm unauffällige Bauernkleider und gaben ihm an Verpflegung, was sie entbehren konnten. So zog er weiter.
Gefährlich war es auch, als er hinter der eigenen Front angekommen war. Jeden Augenblick konnte er als Fahnenflüchtiger verhaftet und hingerichtet werden.
Nach Monaten schlimmster Entbehrungen klopfte er eines Nachts an die Türe seines Vaterhauses. Nach der ersten Freude über seine Heimkehr mußte er erfahren, daß sein Vater beim letzten Aufgebot gefallen war. Tiefe Erschütterung und Trauer befiel ihn. Die Mutter beschwor ihn, sich zu verstecken, damit man ihn nicht finden konnte. Der Hof brauchte einen Mann.

Kurze Zeit später war der Krieg vorüber. Jetzt, nachdem er sich wieder hervorwagen konnte, sah er erst, wie sehr der Hof unter den Kriegseinflüssen gelitten hatte.
Als große Erniedrigung empfand er es, daß alle Jagdwaffen, die er von seinem Vater ererbt hatte, bei den Siegern abgeliefert werden mußten. Nur mit Mühe war es ihm gelungen, eine alte Hahnflinte im Dachgebälk der Scheune zu verstecken. Etwas Munition konnte er auch beiseite bringen. Mit knirschenden Zähnen mußte er es dulden, daß amerikanische Offiziere mit Jeeps in seinem Revier herumfuhren und auf alles schossen, was sich bewegte. Die größte Schmach war, daß er sie auch noch führen „durfte". Mit der Faust in der Tasche sah er zu, wie die Herren an dem wohlgehegten Wildbestand seines Vaters Raubbau trieben. Sooft es ihm bei all der vielen Arbeit möglich war, pirschte er durch den Wald und sah nach dem Rechten. Er bestätigte kapitale Stücke und merkte sich die Einstände, um die Gegend bei Jagdausflügen mit den „Gästen" zu meiden. Bei derartigen Erkundungen stieß er zu seinem Leidwesen auch auf Schlingen, was auf die Tätigkeit von Wilderern schließen ließ. Voll ohnmächtiger Wut saß er zu Hause und überlegte, wie er diesen Verbrechern das Handwerk legen könnte.
Es war ihm schon seit langem bekannt, daß verschiedene Dorfbewohner, wenn es ihnen gelang, im Hausgarten einen Hasen zu fangen, diesen erschlugen, um den kärglichen Küchenzettel etwas aufzubessern. Dagegen hatte er auch nichts, wußte er doch, wie Hunger schmerzen konnte. Doch hier waren andere Elemente am Werke, die mit System arbeiteten, um Gewinne erzielen zu können. Häufig saß er nun nachts im Wald. Stundenlang lauerte er an einer Schlinge und wartete auf den Wilderer. Doch er blieb glücklos. Bald war es Zeit ,die Felder zu bestellen und er benötigte seine Nachtruhe, um seine Kräfte zu regenerieren. Eines Abends hatte er sich seit längerer Zeit wieder einmal die Zeit genommen, hinter einer Hecke zu lauern. Nur wenige Meter von ihm entfernt, stand auf einem guten Wechsel eine frische Schlinge. Wie immer bei derartigen Wildererkontrollen hatte er die alte Flinte aus ihrem Versteck geholt und sie geladen neben sich liegen. Er hatte schon keine große Hoffnungen mehr, daß noch jemand kommen würde, als er in einiger Entfernung ein Rascheln hörte. Wahrscheinlich ein Reh, das den Wechsel benutzte. Er würde es rechtzeitig verjagen müssen, damit es sich nicht in der Kupferschlinge verfing.

Doch es war kein Reh. Es war überhaupt kein Wild. Nach kurzer Zeit schob sich zwischen den dichten Zweigen einer Fichte ein mit Ruß beschmiertes Gesicht hervor. Mit vor Aufregung zitternden Händen griff der Jäger nach der Waffe. Dem Kerl würde er es geben! In seiner Erregung trat er einen Schritt vor. Laut und vernehmlich knackte ein trockener Ast unter seiner Schuhsohle. So schnell wie ein Karnickel im Bau, verschwand der Wilderer wieder zwischen den Bäumen. Heimberger setzte sofort nach, hörte aber nur noch das Brechen von Ästen und das Schlagen von Zweigen, dann war Stille. Der Bauer wollte dem Kerl zuerst nachsetzen, gab jedoch nach einigen Sprüngen sein Vorhaben wieder auf. Der Lump brauchte sich nur in einer der zahlreichen Dickungen zu verstecken. Finden würde ihn dort keiner.
Mißmutig warf er sich die Flinte über die Schulter und schlug den Heimweg ein.

Einige Tage später fuhr der junge Bauer mit seinem Pferdefuhrwerk am Moserhof vorbei. Der alte Moser lehnte am Gartenzaun und rauchte eine Pfeife. Heimberger hielt an und die beiden Männer unterhielten sich über die Landwirtschaft. Sie kamen auch auf den Wald und die Jagd zu sprechen.
„Die verdammten Amis machen in deinem Wald, was sie wollen", meinte der alte Bauer und zog dabei genüßlich den Rauch ein.
Heimberger, der auf dieses Thema verständlicherweise recht empfindlich reagierte, entgegnete heftig: „Die Amis sind schon eine arge Plage. Aber da gibt es noch Schlimmere. Wir haben Gauner in unserem Dorf wohnen, die mit allen Mitteln das Wild umbringen, nur um es unter der Hand zu verschieben."
Der alte Moser zuckte mit den Schultern: „Weißt, Junge, wir haben halt den Krieg verloren. Da gibt es immer welche, die auf Kosten anderer aus dem Schlamassel herauskommen wollen. Was glaubst du, was für die ein paar Rehe oder Hasen zählen?"
Wenig später fuhr Heimberger weiter.
Am Abend ging er auf ein Glas Most in die „Traube". Als er das Wirtshaus verließ, war es kurz vor Mitternacht. Da es draußen ziemlich kühl war, schlug er fröstelnd den Rockkragen in die Höhe. Tief zog er die würzige Luft in die Lungen. Jetzt erst merkte er, wie verräuchert das Gastzimmer gewesen war. In Gedanken versunken

marschierte er durch die unbeleuchteten Gassen des Dorfes zu seinem Hof.
Als er um eine Häuserecke bog, wurde ihm plötzlich von der Seite auf die Schulter getippt.
Erschrocken warf er sich herum und ging in Abwehrstellung. Es war noch nicht lange her, da konnte so eine unvermutete nächtliche Begegnung den Tod bedeuten.
Aus dem Dunkel der Häuserecke zischelte es ihm ängstlich entgegen: „Mensch, Pankraz, hör auf, ich will dir doch nur etwas sagen!"
„Wer bist du", fragte Heimberger, „komm aus dem Schatten, damit ich dich sehen kann!"
Aus dem Winkel trat langsam eine dunkle Gestalt hervor. Das Gesicht war unter einer breiten Hutkrempe verdeckt. Der Mann war etwas kleiner als der Bauer.
„Steinl, du bist's? Was willst du von mir?" fragte Heimberger erstaunt.
„Psst", flüsterte der Mann aufgeregt, „bloß keinen Namen. Ich möchte nicht, daß man es erfährt."
Jetzt wurde der junge Bauer langsam ungeduldig: „Was erfährt?"
„Ich habe gehört, daß du in der Wirtschaft über die Wilderei gesprochen hast. – Ich könnte dir vielleicht einen Tip geben!"
Jetzt wurde Heimberger hellhörig.
„Also, raus mit der Sprache, was kannst du mir sagen?" Der Kleine druckste herum. Pankraz, der müde war, wurde zornig: „Heraus jetzt mit der Sprache, sonst werde ich ungemütlich!"
„Ja, weißt du", der Mann wandt sich wie ein Aal, „ich habe von deinem Vater zu seinen Lebzeiten einen Acker gepachtet. Seit zwei Jahren kann ich keine Pacht mehr zahlen. Der Krieg, verstehst du? Wenn du mir für meinen Hinweis vielleicht die Pacht erlassen könntest...?"
Der Bauer zögerte einen Augenblick, dann erwiderte er: „In Ordnung, wenn dein Hinweis zu gebrauchen ist und nicht nur ein billiger Trick, dann werde ich auf das Pachtgeld verzichten. – Aber warum, um Gottes Willen, lauerst du mir hier auf der Straße auf. Warum kommst du nicht wie ein ehrlicher Mensch zu mir auf den Hof?"
Der Kleine zuckte zusammen und wich einen Schritt zurück: „Du hast keine Ahnung wie gefährlich das wäre. Wenn die Kerle erfahren, daß ich sie verpfiffen habe, kann es mich Kopf und Kragen kosten!"
Die Erregung hatte dem Mann fast den Atem genommen.

„Ist ja gut", beruhigte ihn der Bauer, „ich werde dich nicht verraten. Kein Mensch wird erfahren, was wir hier gesprochen haben. Darauf hast du mein Wort!"
Steinl stieß erleichtert die Luft aus. Schließlich fuhr er so leise, daß Heimberger Mühe hatte ihn zu verstehen, fort: „Paß auf, du kennst doch das Haus von Benedikt Kohrmann? Es würde sich für dich lohnen, einmal nachzusehen, wer dort zur Nachtzeit ein und aus geht. Ich habe gehört, daß der Kohrmann in der letzten Zeit ziemlich viel Geld gemacht haben soll. In diesem Zusammenhang ist auch das Wort ‚Wilderei' gefallen!"
Nachdem Steinl den letzten Satz hastig hervorgestoßen hatte, drehte er sich um und rannte eilig davon. Heimberger wollte ihn noch zurückhalten. Viele Fragen brannten ihm auf der Zunge. Doch dann ließ er ihn laufen. Vorerst genügte dieser Hinweis. Hatte er doch nun einen Punkt, an dem er den Hebel ansetzen konnte.
Mit weiten Schritten marschierte er heim.

Am nächsten Tag fuhr er mit Lise und Hans, den einzigen beiden Pferden, die man aus Altersgründen im Krieg nicht eingezogen hatte, auf das Feld hinaus. Da er dabei durch das Dorf fahren mußte, richtete er es so ein, daß er am Haus von Benedikt Kohrmann vorbeikam. Das Haus lag mehr am Rande des Dorfes und war mit einer dichten Hecke umwachsen. Im Vorbeifahren suchte der Bauer unauffällig nach einer Versteckmöglichkeit. Schon bald hatte er eine lichtere Stelle in der Hecke ausgemacht, die seinen Zwecken dienlich war. Von dort aus mußte man den Eingang des Hauses gut im Auge behalten können. Mit gehobener Laune fuhr er weiter. Am Abend, nach Einbruch der Dunkelheit, bewaffnete er sich mit seiner Flinte und verließ den Hof. Um zu seinem Beobachtungspunkt zu gelangen, mußte er das ganze Dorf umgehen, damit ihn keiner sehen konnte. Schweißnaß erreichte er schließlich die Hecke und schob sich so gut es ging hinein.
Er mußte nicht lange ausharren. Bald ging die Haustüre auf und eine männliche Gestalt trat heraus. Der Mann war offenbar stark behindert, denn er zog das eine Bein merklich nach. Heimberger glaubte, den alten Kohrmann erkannt zu haben. Er konnte sich nicht erinnern, daß der Mann früher humpelte. Vielleicht hatte er sich im Krieg eine Verletzung zugezogen? Als der Mann das Anwesen verließ, gab

er ihm einen vernünftigen Vorsprung und folgte ihm dann vorsichtig. Der Mond war fast voll, die Sicht entsprechend gut.
Ohne Umschweife schlug der Mann den Weg zum Wald ein. Nach etwa dreiviertel Stunden blieb er plötzlich stehen und knipste eine Taschenlampe an. Er schien sich völlig sicher zu fühlen, denn er machte sich nicht einmal die Mühe, sich vorher umzudrehen oder das Licht abzudecken.
Erstaunt beobachtete Heimberger, daß sich der Mann an seiner Hose zu schaffen machte. Der Bauer bekam große Augen, als nach und nach die Einzelteile eines Gewehres zum Vorschein kamen. Mit wenigen Handgriffen hatte Kohrmann die Waffe zusammengesetzt. „So ein hinterlistiger Kerl", dachte der heimliche Beobachter grimmig, „das steckt also hinter deinem steifen Bein!"
Die Taschenlampe erlosch wieder und Heimberger konnte hören, wie sich die Schritte durch den Wald entfernten. Im ersten Impuls wollte er ihm weiter folgen, doch dann überlegte er es sich anders. Kohrmann kannte seinen Weg offenbar ganz genau, sonst hätte er nicht auf das Licht verzichten können. Ihm, Heimberger, war es ganz unmöglich, auf Dauer unbemerkt zu bleiben. Bekam der Kerl die Verfolgung aber spitz, dann wurde es äußerst schwer, wenn nicht unmöglich, ihn zu überführen.
Mit Wut ihm Bauch drehte sich der Bauer um und ging auf Umwegen langsam nach Hause. Dabei schwirrten ihm allerlei Gedanken durch den Kopf. Die gewilderten Tiere mußten doch irgendwie an den Mann gebracht werden. Ein Reh ließ sich zwar ohne Schwierigkeiten in einem Rucksack befördern, wie aber war das mit größeren Stücken? Ohne Frage mußte eine gewisse Organisation dahinterstecken. Eine Bande, der es gelungen war, die Kontrollen der amerikanischen Ordnungsstellen zu unterlaufen. Einer alleine konnte das niemals schaffen. Der junge Mann beschloß, das Haus des Kohrmann nicht mehr aus den Augen zu lassen, koste es, was es wolle. Er mußte dieser Bande unbedingt auf die Schliche kommen, wollte er verhindern, daß sie seinen Wildbestand ruinierte.
In der Nacht quälten ihn schwere Träume.
Am nächsten Abend, es war ein Freitag, suchte er wieder sein Versteck auf. Obwohl er von der Feldarbeit rechtschaffen müde war, zwang er sich, wach zu bleiben.
Es kam ihm vor, als sei schon eine Ewigkeit vergangen, als er auf das Leuchtzifferblatt seiner Armbanduhr sah.

„Schon gleich 23.00 Uhr", dachte er schläfrig, „und noch immer hat sich nichts gerührt. Ich schätze, das wird heute nichts mehr."
Er beschloß, noch dreißig Minuten auszuharren, dann wollte er gehen. Im Interesse seines Hofes durfte er seinen Schlaf nicht allzusehr vernachlässigen.
Er hatte den Gedanken noch nicht zu Ende gebracht, als er auf dem Zufahrtsweg zum Kohrmann'schen Hof knirschende Schritte hörte. Sofort wurde er hellwach.
Es dauerte auch nicht lange, bis sich eine dunkle Gestalt dem Hoftor näherte. Deutlich konnte Heimberger einen bauchigen Auswuchs auf dem Rücken der unbekannten Person erkennen. Es war für den heimlichen Beobachter keine Frage, daß es sich hierbei um einen prallgefüllten Rucksack handelte.
Der Jäger äugte angestrengt durch sein Glas, konnte aber beim besten Willen den Mann nicht erkennen. Der späte Besucher betrat den Hof und verschwand im Haus.
Alle Müdigkeit war wie weggeblasen. Der Instinkt des Jägers sagte ihm, daß heute noch etwas Bedeutungsvolles geschehen würde.
Tatsächlich, wenige Zeit später hörte er den Schotter auf dem Zufahrtsweg unter neuerlichen Schritten knirschen. Am Geräusch erkannte er, daß es sich diesmal um mindestens zwei Personen handeln mußte. Hier fand ja eine regelrechte Versammlung statt! Er spürte, wie das Jagdfieber nach ihm griff.
Heimberger hatte richtig gehört. Es handelte sich diesmal um zwei Männer, die, ebenfalls mit gefüllten Rucksäcken beladen, das Haus betraten.
In diesem Augenblick hätte Heimberger ein Vermögen dafür gegeben, zu erfahren, was gerade hinter den Mauern des Hauses vor sich ging.
Es verfloß eine weitere Stunde. Die Bande schien vollzählig zu sein, denn mittlerweile hatte niemand mehr das Haus betreten. – Es war aber auch keiner herausgekommen. Dem junge Bauern war nun alles egal, er würde so lange hier ausharren, bis die drei Kerle wieder das Haus verlassen hatten.
Plötzlich hörte er in der Ferne Motorengeräusch, das sich zügig näherte. Während Heimberger noch herumrätselte, um was für ein Fahrzeug es sich wohl handeln könnte, sah er auch schon das gedämpfte Licht zweier Scheinwerfer herankommen. Er mußte sich sehr täuschen, wenn es sich hierbei nicht um ein Militärfahrzeug

handelte. Als der Wagen vor dem Hoftor zum Stillstand kam, sah er, daß ihn seine Ohren nicht getrogen hatten. Ohne Mühe konnte er erkennen, daß es sich um einen amerikanischen Jeep handelte. Der große fünfzackige Stern auf der Motorhaube war auch in der Nacht nicht zu übersehen.
Dem Bauern verschlug es fast die Sprache, als der Wagen auf den Hof rollte und zwei Männer in amerikanischen Felduniformen ausstiegen. Ohne Umschweife verschwanden auch sie im Haus. Unmerklich war dem Beobachter der Szene der Schweiß auf die Stirne getreten. Er lehnte sich gegen den Strauch und fuhr sich mit dem Ärmel über das Gesicht.
„Da bin ich ja auf ein sauberes Wespennest gestoßen!" flüsterte er vor sich hin. „Die Saukerle knallen mein Wild ab und verscheuern es an die Amis!" Deshalb funktionierte alles so reibungslos, verschwand das Wild ohne Spur. Daher kam also der plötzliche Wohlstand Kohrmanns. Die Soldaten zahlten mit guten Dollars und was vielleicht noch mehr wert war, mit Zigaretten. Heimberger knirschte vor Zorn mit den Zähnen.
Seine Geduld wurde auf keine harte Probe mehr gestellt. Kurze Zeit später kamen alle Männer aus dem Haus und der Bauer konnte sehen, wie sie mehrere Behältnisse in den Jeep luden. Dabei verhielt sich die Bande gar nicht besonders vorsichtig. Er konnte Wortfetzen hören und kehliges Lachen.
In seinem Magen ballte sich eine ungeheure Wut zusammen. Was sollte er gegen diese Bande unternehmen? Ging er zur Polizei, würde Kohrmann einfach alles ableugnen und die Komplizen bei den Amerikanern würden sie aus verständlichen Gründen decken. Es war zum Verzweifeln!
Kurze Zeit später fuhr der Jeep davon. Getrennt, wie sie gekommen waren, gingen die Bandenmitglieder auseinander. Einer, offenbar Kohrmann, blieb zurück, schloß das Hoftor von innen und verschwand wieder im Haus.
Der Bauer wartete noch einen Augenblick, dann kroch er steifgesessen aus seinem Versteck. Als er auf dem bekannten Umweg nach Hause marschierte, schwirrten die Gedanken durch seinen Kopf. Lange lag er noch wach und grübelte, doch es fiel ihm kein Ausweg aus dieser Sackgasse ein. Sehr bedrückt schlief er schließlich ein.

Es vergingen zwei arbeitsreiche Tage, an denen der junge Bauer bei jeder Gelegenheit an die Wildererbande dachte, dabei jedoch der Lösung des Problems keinen Schritt näher kam.
Während des Mittagessens hörte Heimberger draußen auf dem Hof ein Fahrzeug vorfahren. Er trat kauend vor die Türe und erkannte einen Jeep mit zwei amerikanischen Offizieren. Sie führten Jagdgewehre bei sich. Den einen, ein Major, kannte Pankraz bereits. Er war einer der leitenden Offiziere der Militärverwaltung. Die beiden Soldaten sprangen aus dem Fahrzeug und kamen auf das Haus zu. Der andere Offizier, den der Bauer noch nicht kannte, sprach ihn an. Sein Deutsch war etwas holprig, doch er konnte ihn verstehen.
„Hello", grüßte er, „this is Mister Coleman und ich heißen McLeary. Wir möchten gerne jagen hier. You willst uns führen?"
Heimberger, der aus verständlichen Gründen auf die Amerikaner insgesamt nicht besonders gut zu sprechen war, antwortete barscher als es sonst seine Art war: „Es wird mir wohl nichts anderes übrig bleiben!"
Die beiden Offiziere sahen sich kurz an, dann fuhr McLeary fort: „This is deine Farm?"
Heimberger nickte. Was sollte die Fragerei?
„Du liebst hunting, ...ich meine jagen?"
Der Bauer sah den Offizier prüfend in die Augen. War das vielleicht ein Verhör? Er überlegte, ob er die alte Flinte auch wieder gut verborgen hatte. Ohne Kenntnisse der Örtlichkeiten dürften die Amis sie kaum finden. Trotzdem war er auf der Hut. Er nickte nur.
„Es sein schlimme Zeit, daß du nix kannst jagen auf deine eigene Land."
Die beiden Männer sahen sich fest in die Augen. Eigentlich sieht er gar nicht so aus, als wolle er dich in die Pfanne hauen, dachte Heimberger, dann antwortete er: „Die Jagd war schon seit Generationen in unserer Familie und wir Heimberger haben alle gerne gejagt. – Aber damit ist es wohl für die nächste Zeit nichts."
McLeary unterhielt sich für kurze Zeit leise mit seinem Kameraden in seiner Landessprache, dann fragte er: „You wollen jagen mit uns, right now?"
Jetzt wollen sie mich doch aufs Kreuz legen, dachte der junge Bauer enttäuscht, aber mit mir nicht!
„Thank you", antwortete er höflich, aber ernst, „wir Deutschen haben den Krieg verloren und die Sieger haben uns unsere Jagd-

waffen abgenommen. Ich habe keine Lust, am Galgen zu enden." Damit wollte er sich umdrehen, um seine Jacke zu holen. Doch McLeary sprang hinzu, faßte ihn am Arm und meinte eindringlich: „Wir nix Police. Wir Kamerad. Wir wissen, daß nix können jagen ist sehr schwer. Wir dir geben Gewehr, wir fein jagen und du und wir halten Mund. Okay?"

Pankraz Heimberger sah den Soldaten lange an. Schließlich kam er zu der Überzeugung, daß hinter der offenen Miene des Offiziers kein Falsch verborgen war. Er beschloß, ihm Vertrauen zu schenken. Die Versuchung, nach so langer Zeit wieder einmal offen mit der Büchse durch des Revier laufen zu können, war einfach zu groß.

Die beiden Offiziere machten allerdings dann doch große Augen, als er mit seiner alten Flinte aus der Scheune kam. Sie stutzten einen Augenblick, dann mußten beide herzhaft lachen. Verständnisvoll zwinkerten sie sich zu.

Lange Zeit nach Einbruch der Dämmerung kamen die drei Männer aus dem Walde zurück. Coleman hatte einen jungen Rehbock geschossen. McLeary hatte den seinigen gefehlt. Der junge Bauer hatte keinen Anblick gehabt, aber alleine das Gefühl, wieder einmal auf der Jagd gewesen zu sein, war überwältigend. So lud er in seiner aufgeräumten Stimmung die beiden Männer ein, mit ihm zu Abend zu essen. Nachdem sie den Rehbock auf den Hof zur Strecke gelegt hatten, holte Pankraz sein Jagdhorn aus dem Jagdzimmer und seit langer Zeit klang wieder einmal das Signal „Reh tot" über den Hof. Später, nach dem Abendessen, bei einem Glas Apfelmost, als die Völkerverständigung bereits mit Händen und Füßen ihren Fortgang genommen hatte, faßte sich Pankraz Heimberger plötzlich ein Herz. Ehe er sich versehen hatte, war das Geheimnis heraus. Erwartungsvoll sah er die beiden Offiziere an. McLeary war noch eifrig damit beschäftigt, seinem Kameraden die Worte des jungen Deutschen zu übersetzen. Der gab heftig Antwort, und es entspann sich ein reger Wortwechsel, von dem Heimberger kein Wort verstand. Schließlich wandte sich McLeary wieder an ihn: „Der Major und ich sind der Meinung, that man muß blow up diese Gang. It is, ...es ist eine big Schweinerei! We will blow up together, ...werden sie gemeinsam hochnehmen!"

Pankraz fiel ein Stein vom Herzen. Nun begann eine heftige Diskussion darüber, wie man es anstellen könne, die Bande auffliegen zu lassen. Als man sich geeinigt hatte, war der Krug mit Most lange leer und die Luft im Zimmer rauchgeschwängert. Der Bauer sollte den Hof weiter beobachten und herausfinden, an welchen Tagen sich die Bande traf. Wenn er sicher war, daß wieder eine größere Ladung Wild übergeben werden sollte, wollte man zuschlagen. Die folgenden Wochen forderten von Pankraz Heimberger fast alle Reserven. Tagsüber bestellte er seine Felder und nach Einbruck der Dunkelheit bezog er sein Versteck, um das Haus des Kohrmann zu beobachten. Zähneknirschend registrierte er, wenn Kohrmann zum Wildern auszog und mit geballten Fäusten sah er zu, wenn nachts die dunklen Gestalten kamen, um ihre Beutestücke abzuliefern. Dies geschah regelmäßig am Freitag und am gleichen Tag wurde auch die Übergabe des Wildbrets an die amerikanischen Hehler vorgenommen. Die Bande bestand offenbar nur aus den vier Deutschen und den beiden Amerikanern.

An einem Donnerstag kamen die beiden freundlichen Offiziere zu Heimberger auf den Hof. Sie beschlossen, am nächsten Tag den Schlag gegen die Bande zu führen. McLeary kam es besonders darauf an, außer den Deutschen auch die amerikanischen Soldaten zu fangen, um den Wildererring endgültig zu sprengen. Da es um 20.00 Uhr dunkel wurde, sollten um 21.00 Uhr sämtliche Posten rund um das Haus besetzt sein. Vor 23.00 Uhr würden die Verbrecher sich nicht treffen, das hatte Pankraz herausgefunden. Der junge Bauer, der das Gelände ja sehr gut kannte, zeigte den Offizieren auf einem Plan, wo man die Militärpolizisten aufstellen mußte. Er erklärte sich bereit, sie an Ort und Stelle einzuweisen. Nachdem alle Einzelheiten geklärt waren, trennte man sich wieder.
Pünktlich um 20.00 Uhr des nächsten Tages fuhr ein Jeep und ein Militärlaster auf dem Heimbergerhof vor. Halblaute Kommandos erklangen, dann standen etwa zwanzig Militärpolizisten in Linie vor ihrem Fahrzeug. Alle trugen tarnfarbene Kampfanzüge, Stahlhelme und waren mit Maschinenpistolen bewaffnet. Mit ernsten Blicken warteten sie auf Befehle.
Heimberger, der schon lange bereit war, trat zu McLeary. „Are you ready?“ fragte der Soldat den Bauern. Dieser nickte. Über den Rücken trug er seine Schrotflinte. Kein Mensch verlor ein Wort darüber. Mit einer Handbewegung bedeutete er den Männern, ihm zu folgen. Auf dem gleichen Weg, den er immer genommen hatte, um

zu seinem Beobachtungsposten zu kommen, führte er das Kommando zu Kohrmanns Anwesen. Kurz vor dem Grundstück blieb er stehen und begleitete dann jeden der Männer an den abgesprochenen Standort. Die Soldaten waren ausgezeichnet ausgebildet und machten kein unnötiges Geräusch.
Wenig später saß Heimberger mit McLeary in seinem Versteck. Wenn der Offizier seine Taschenlampe anknipste, würden die Militärpolizisten das Anwesen stürmen und die Bande festnehmen. Was nun kam, war ein nervenzehrendes Warten.
Pankraz Heimberger wußte nicht mehr, wie oft er schon auf seine Uhr gesehen hatte, als das erste Bandenmitglied knirschend durch die Nacht schritt. Wenig später kamen die beiden anderen – wieder gemeinsam.
Jetzt fehlten nur noch die Amerikaner!
Kurz nach Mitternacht, die Turmuhr der alten Kirche war gerade verklungen, kamen abgeblendete Lichter über den Weg. Heimberger gab seinem Nebenmann einen leichten Stoß. Der Jeep hielt wie gewohnt vor dem Haus, und die beiden Soldaten stiegen aus.
Während die Wilderer den Geländewagen beluden, rauchten die beiden Amerikaner eine Zigarette. Deutlich konnte man die Glut aufleuchten sehen, wenn sie zogen. Als alle für einen Augenblick vereint um das Fahrzeug standen, ließ McLeary seine Taschenlampe aufblitzen. Grell durchschnitt der Lichtstrahl die Nacht und fand sein Ziel.
Der Schrecken hatte die Bandenmitglieder gelähmt. McLeary forderte alle im barschen Befehlston auf, sich zu ergeben. Seine Männer, die sich zwischenzeitlich im Halbkreis um die Wilderer formiert hatten, verliehen seinen Worten den nötigen Nachdruck.
Keiner machte Anstalten, sich zu wehren. Der Reihe nach mußten sich die Verbrecher mit ausgestreckten Händen und gespreizten Beinen an den Jeep stellen und wurden nach Waffen durchsucht. Anschließend bekamen sie Handschellen verpaßt.
Während der ganzen Festnahmeaktion entstand für kurze Zeit ein gewisses Durcheinander. Keiner konnte hinterher genau sagen, wie es geschehen war.
Jedenfalls warf sich Kohrmann, der in der Nähe des Tores stand und noch nicht durchsucht worden war, plötzlich herum und rannte in Richtung seines Hauses. Heimberger, der sich etwas abseits gehalten hatte, um die Aktion nicht zu stören, konnte die Flucht des Wilderers

sofort sehen. Augenblicklich stürmte er hinter dem Flüchtigen her. Im Laufen riß er sich die Doppelflinte vom Rücken. Kohrmann war nicht in das Haus gerannt, sondern um es herum. Heimberger, der in der Dunkelheit fast nichts sehen konnte, stolperte, und stürzte über einen herumliegenden Gegenstand. Dadurch bekam der Wilderer einen kleinen Vorsprung. Als der junge Bauer die Verfolgung wieder aufnehmen konnte und hinter dem Haus ankam, sah er, wie eine kleine Pforte an der Rückseite des Grundstücks sich noch leicht bewegte. Heimberger vergaß alle Vorsicht und stürmte hinterher. Plötzlich stand er auf dem freien Feld. Keuchend blieb er nach einigen Metern stehen und versuchte zu lauschen. Er vernahm aber nur das Rauschen seines Blutes und die Kommandos von McLeary, der einen Teil seiner Männer auf die Verfolgung schickte.
Da kam der erste Soldat auch schon durch die kleine Pforte, in der Hand eine angeschaltete Taschenlampe. Ehe Pankraz Heimberger ihm eine Warnung zurufen konnte, peitschte ein Schuß durch die Nacht und der Soldat brach stöhnend zusammen. Kohrmann mußte sich im Haus bewaffnet haben. Der junge Bauer hatte sich sofort zu Boden fallen lassen. Durch Zufall hatte er das Mündungsfeuer des Wilderers aufblitzen sehen. In der tiefsten Gangart eines Soldaten robbte er über die feuchten Schollen, das Gewehr quer in den Armen. Die Amerikaner schwärmten aus. Der junge Bauer hörte das metallische Klicken der Maschinenpistolenverschlüsse. Hoffentlich trafen sie in ihrem Übereifer nicht den Falschen! Kohrmann mußte das Durchladen auch vernommen haben, denn er beantwortete es mit einem blinden Schuß. Es wurde niemand getroffen. Die Antwort aus den vollautomatischen Waffen kam sofort. Heimberger hörte einen erstickten Schrei. Augenblicklich rief er: „Stop! Nicht schießen!"
Das Feuer verstummte, und Taschenlampen leuchteten auf. Der junge Bauer knipste seine Lampe ebenfalls an und ging, das Gewehr im Anschlag, langsam vor.
Fast wäre er über den Wilderer gestolpert, der in einer tiefen Ackerfurche lag und leise wimmerte. Neben ihm lag der Militärkarabiner. Zwei der Soldaten trugen den Getroffenen davon. Wie sich später herausstellte, war er nur unwesentlich an einer bestimmten Körperstelle getroffen, auf der man für gewöhnlich sitzt. Die bald stattfindende Gerichtsverhandlung mußte er stehend hinter sich bringen.
Die Strafen für die Bandenmitglieder waren hart. In Heimbergers Revier war jedoch fortan Ruhe.

Ein paar Monate später durften die deutschen Jäger wieder die Jagd ausüben.

Andreas Heimberger gab noch einige Tropfen Waffenöl auf die Scharniere der alten Flinte und stellte sie dann behutsam an ihren Platz zurück.